El Sutra del Corazón: Descubriendo la Naturaleza Búdica Interna

Dhamma Buddha

Published by Dhamma Buddha, 2024.

EL SUTRA DEL CORAZÓN: DESCUBRIENDO LA NATURALEZA BÚDICA INTERNA

First edition. May 18, 2024.

Copyright © 2024 Dhamma Buddha.

ISBN: 979-8224393923

Written by Dhamma Buddha.

Tabla de Contenido

El Buda interior

¡HOMENAJE A LA PERFECCIÓN DE LA SABIDURÍA, A LA BELLA, A LA SANTA!

AVALOKITA, EL SANTO SEÑOR Y BODHISATTVA, SE MOVÍA EN EL CURSO PROFUNDO DE LA SABIDURÍA QUE HA IDO MÁS ALLÁ.

MIRÓ DESDE LO ALTO, NO VIO MÁS QUE CINCO MONTONES, Y VIO QUE EN SU PROPIO SER ESTABAN VACÍOS.

Saludo al Buda que llevas dentro. Puede que no seas consciente de ello, puede que nunca hayas soñado con ello: que eres un Buda, que nadie puede ser otra cosa, que la budeidad es el núcleo esencial de tu ser, que no es algo que vaya a suceder en el futuro, que ya ha sucedido. Es la fuente misma de la que procedes; es también la fuente y la meta. Es a partir de la budeidad que nos movemos, y es hacia la budeidad que nos movemos. Esta palabra, budeidad, lo contiene todo: el círculo completo de la vida, desde el alfa hasta el omega.

Pero estás profundamente dormido, no sabes quién eres. No es que tengas que convertirte en Buda, sino sólo que tienes que reconocerlo, que tienes que volver a tu propia fuente, que tienes que mirar dentro de ti. Una confrontación contigo mismo te revelará tu budeidad. El día que uno llega a verse a sí mismo, toda la existencia se ilumina. No es que una persona se ilumine, ¿cómo puede una persona iluminarse? La idea misma de ser una persona forma parte de la mente no iluminada. No es que yo me haya iluminado; el "yo" tiene que ser abandonado antes de que uno pueda iluminarse, así que

1

¿cómo puedo yo iluminarme? Eso es absurdo. El día que me iluminé, toda la existencia se iluminó. Desde ese momento no he visto otra cosa que Budas, en muchas formas, con muchos nombres, con mil y un problemas, pero Budas al fin y al cabo.

Así que saludo al Buda que llevas dentro.

Me alegra inmensamente que tantos Budas se hayan reunido aquí. El mero hecho de que hayáis venido a verme es el comienzo del reconocimiento. El respeto en tu corazón por mí, el amor en tu corazón por mí, es respeto y amor por tu propia budeidad. La confianza en mí no es confianza en algo extrínseco a ti, la confianza en mí es autoconfianza. Confiando en mí aprenderás a confiar en ti mismo. Acercándote a mí te acercarás a ti mismo. Sólo tienes que reconocerlo. El diamante está ahí - lo has olvidado, o nunca lo has recordado desde el principio.

Hay un dicho muy famoso de Emerson: "El hombre es Dios en ruinas". Estoy de acuerdo y en desacuerdo.

La idea tiene algo de verdad: el hombre no es como debería ser. La visión está ahí, pero un poco al revés. El hombre no es Dios en ruinas, el hombre es Dios en formación; el hombre es un Buda en ciernes.

El capullo está ahí, puede florecer en cualquier momento: sólo un poco de esfuerzo, sólo un poco de ayuda... Y la ayuda no va a provocarlo, ¡ya está ahí! Tu esfuerzo sólo te lo va a revelar, te va a ayudar a desplegar lo que está ahí, escondido. Es un descubrimiento, pero la verdad ya está ahí. La verdad es eterna.

Escucha estos sutras porque son los sutras más importantes de la gran literatura budista. De ahí que se les llame El Sutra del Corazón; es el corazón mismo del mensaje budista.

Pero me gustaría empezar por el principio. Sólo a partir de este punto el budismo adquiere relevancia: que esté ahí, en tu corazón, que eres un Buda. Sé que puede parecer presuntuoso, muy hipotético; no puedes confiar totalmente en ello. Es natural, lo comprendo. Deja que esté ahí, pero como una semilla. Alrededor de ese hecho empezarán a suceder muchas cosas, y sólo alrededor de ese hecho serás capaz de comprender estos sutras. Son inmensamente poderosos, muy pequeños, muy condensados, como una semilla. Pero con esta tierra, con esta visión en la mente, de que eres un Buda, de que eres un Buda en ciernes, de que eres potencialmente capaz de convertirte en uno, de que no falta nada, de que todo está listo, de que las cosas sólo tienen que ponerse en el orden correcto, de que se necesita un poco más de conciencia, un poco más de consciencia... El tesoro está ahí; tienes que llevar una pequeña lámpara al interior de tu casa. Una vez que la oscuridad desaparezca ya no serás un mendigo, serás un Buda; serás un soberano, un emperador. Todo este reino es tuyo y sólo tienes que pedirlo; sólo tienes que reclamarlo.

Pero no puedes reclamar si crees que eres un mendigo. No puedes reclamar, ni siquiera puedes soñar con reclamar si crees que eres un mendigo. Esta idea de que eres un mendigo, que eres un ignorante, que eres un pecador, ha sido predicada desde tantos púlpitos a través de los tiempos que se ha convertido en una profunda hipnosis en ti. Esta hipnosis tiene que ser rota.

Para romperlo empiezo con: Saludo al Buda que llevas dentro.

Para mí, sois Budas. Todos vuestros esfuerzos por iluminaros son ridículos si no aceptáis este hecho básico. Esto tiene que convertirse en un entendimiento tácito, ¡que vosotros lo sois! Este es el comienzo correcto, de lo contrario te extraviarás. ¡Este es el comienzo correcto! Empieza con esta visión, y no te preocupes de que esto pueda crear algún tipo de ego - que "yo soy un Buda". No te preocupes, porque todo el proceso del Sutra del Corazón te dejará claro que el ego es lo único que no existe -¡lo único que no existe! Todo lo demás es real.

Ha habido maestros que dicen que el mundo es ilusorio y que el alma es existencial: el yo es verdadero y todo lo demás es ilusorio, maya. Buda dice justo lo contrario: dice que sólo el yo es falso y que todo lo demás es real. Y estoy más de acuerdo con Buda que con el otro punto de vista.

La perspicacia de Buda es muy penetrante, la más penetrante. Nadie ha penetrado jamás en esos reinos, profundidades y alturas de la realidad.

Pero empieza con la idea, con este clima que te rodea, con esta visión. Que se declare en cada célula de tu cuerpo y en cada pensamiento de tu mente; que se declare en cada rincón de tu existencia: "¡Soy un Buda!". Y no te preocupes por el "yo"... nosotros nos ocuparemos de ello.

El "yo" y la budeidad no pueden existir juntos. Una vez que se revela la budeidad, el yo desaparece, igual que desaparece la oscuridad cuando se enciende una luz.

Antes de entrar en los sutras, será útil comprender un poco el marco, un poco la estructura.

Las antiguas escrituras budistas hablan de siete templos. Al igual que los sufíes hablan de siete valles y los hindúes de siete chakras, los budistas hablan de siete templos.

El primer templo es el físico, el segundo templo es el psico-somático, el tercer templo es el psicológico, el cuarto templo es el psico-espiritual, el quinto templo es el espiritual, el sexto templo es el espiritual-trascendental, y el séptimo templo y el último - el templo de los templos - es el trascendental.

Los sutras pertenecen al séptimo. Son declaraciones de alguien que ha entrado en el séptimo templo, el trascendental, el absoluto. Ése es el significado de la palabra sánscrita pragyaparamita: la sabiduría del más allá, del más allá, en el más allá; la sabiduría que sólo llega cuando has trascendido todo tipo de identificaciones -inferiores o superiores, de este mundo o de aquél-; cuando has trascendido todo tipo de identificaciones, cuando no estás identificado en absoluto, cuando sólo queda una llama pura de consciencia sin humo a su alrededor. Por eso los budistas adoran este pequeño libro, este libro muy, muy pequeño; y lo han llamado El Sutra del Corazón - el corazón mismo de la religión, el núcleo mismo.

El primer templo, el físico, puede corresponder en el mapa hindú con el chakra muladhar; el segundo, el psicosomático, con el chakra svadisthan; el tercero, el psicológico, con manipura; el cuarto, el psicoespiritual, con anahatta; el quinto, el espiritual, con vishudha; el sexto, el espiritual-trascendental, con agya; y el séptimo, el trascendental, con sahasrar. Sahasrar" significa loto de mil pétalos. Es el símbolo del florecimiento definitivo: nada ha permanecido oculto, todo se ha desocultado, se ha manifestado.

El loto de mil pétalos se ha abierto, todo el cielo está lleno de su fragancia, su belleza, su bendición.

En el mundo moderno se ha iniciado una gran labor en busca del núcleo más íntimo del ser humano. Será bueno comprender hasta dónde nos llevan los esfuerzos modernos.

Pavlov, B.F. Skinner y los demás conductistas, siguen dando vueltas alrededor de lo físico, de lo muladhar. Piensan que el hombre es sólo el cuerpo. Se involucran demasiado en el primer templo, se involucran demasiado con lo físico, se olvidan de todo lo demás. Estas personas intentan explicar al hombre sólo a través de lo físico, de lo material. Esta actitud se convierte en un obstáculo porque no están abiertos. Cuando desde el principio niegas que no hay nada más que el cuerpo, entonces niegas la exploración misma. Esto se convierte en un prejuicio. Un comunista, un marxista, un conductista, un ateo - gente que cree que el hombre es sólo el cuerpo - su misma creencia cierra las puertas a realidades más elevadas. Se vuelven ciegos. Y lo físico está ahí, lo físico es lo más aparente; no necesita pruebas. El cuerpo físico está ahí, no necesitas probarlo. Como no necesita ser probado, se convierte en la única realidad. Eso no tiene sentido.

Entonces el hombre pierde toda dignidad. Si no hay nada en lo que crecer o hacia lo que crecer, no puede haber dignidad en la vida. Entonces el hombre se convierte en una cosa. Entonces no eres una abertura, entonces no te va a pasar nada más - eres un cuerpo: comerás, y defecarás, y comerás y harás el amor y producirás hijos, y esto seguirá y seguirá, y un día morirás. Una repetición mecánica de lo mundano, de lo trivial: ¿cómo puede haber significado, sentido, poesía? ¿Cómo puede haber danza?

Skinner ha escrito un libro, Más allá de la libertad y la dignidad. Debería llamarse Por debajo de la libertad y la dignidad, no Más allá. Está por debajo, es el punto de vista más bajo sobre el hombre, el más feo. El cuerpo no tiene nada de malo, recuérdalo. No estoy en contra del cuerpo, es un templo hermoso. La fealdad entra cuando piensas que esto es todo.

El hombre puede concebirse como una escalera con siete peldaños, y te identificas con el primer peldaño. Entonces no vas a ninguna parte. Y la escalera está ahí, y la escalera tiende un puente entre este mundo y el otro; la escalera tiende un puente entre la materia y Dios. El primer peldaño es perfectamente bueno si se utiliza en relación con toda la escalera. Si funciona como primer peldaño es inmensamente bello:

uno debe estar agradecido al cuerpo. Pero si empiezas a adorar el primer peldaño y te olvidas de los seis restantes, te olvidas de que existe toda la escalera y te cierras, confinado en el primer peldaño, entonces ya no es un peldaño en absoluto... porque un peldaño es un peldaño sólo cuando conduce a otro peldaño, un peldaño es un peldaño sólo cuando forma parte de una escalera. Si deja de ser un peldaño, te quedas con él. Por lo tanto, las personas materialistas siempre están atascadas, siempre sienten que les falta algo, no sienten que vayan a ninguna parte. Se mueven en rondas, en círculos, y vuelven una y otra vez al mismo punto. Se cansan y se aburren. Empiezan a pensar en cómo suicidarse. Y todo su esfuerzo en la vida es encontrar algunas sensaciones, para que algo nuevo pueda suceder. ¿Pero qué "nuevo" puede ocurrir? Todas las cosas que nos ocupan no son más que juguetes con los que jugar.

Piensa en estas palabras de Frank Sheed: "El alma del hombre clama por un propósito o un significado.

Y el científico dice: 'Aquí hay un teléfono'. O "¡Mira! La televisión", exactamente igual que cuando se intenta distraer a un bebé que llora por su madre ofreciéndole palitos de azúcar y haciéndole muecas.

La corriente saltarina de la invención ha servido extraordinariamente bien para mantener al hombre ocupado, para evitar que recuerde aquello que le preocupa."

Todo lo que el mundo moderno te ha proporcionado no es más que palitos de azúcar, juguetes con los que jugar - y tú llorabas por la madre, llorabas por amor, y llorabas por conciencia, y llorabas por algún significado en la vida. Y ellos dicen: "¡Mira! el teléfono. Mira, la televisión. Mira, te hemos traído tantas cosas bonitas".

Y juegas un poco; otra vez te hartas, otra vez te aburres, y otra vez siguen buscando nuevos juguetes para que juegues con ellos.

Esta situación es ridícula. Es tan absurdo que parece casi inconcebible cómo seguimos viviendo en él. Estamos atrapados en el primer peldaño.

Recuerda que estás en el cuerpo, pero que no eres el cuerpo; que eso sea una conciencia continua en ti. Vives en el cuerpo, y el cuerpo es una hermosa morada. Recuerda, no estoy insinuando ni por un momento que te vuelvas anticuerpo, que empieces a negar el cuerpo como han hecho los llamados espiritualistas a lo largo de los siglos. Los materialistas siguen pensando que el cuerpo es todo lo que es, y hay personas que se mueven al extremo opuesto, y empiezan a decir que el cuerpo es ilusorio, ¡el cuerpo no es! "Destruye el cuerpo para que la ilusión sea destruida, y puedas volverte realmente real".

Este otro extremo es una reacción. El materialista crea su propia reacción en el espiritualista, pero son socios en el mismo negocio; no son personas muy diferentes. El cuerpo es bello, el cuerpo es real, el cuerpo tiene que ser vivido, el cuerpo tiene que ser amado. El cuerpo es un gran don de Dios. Ni por un momento te opongas a él, ni por un momento pienses que eres sólo él. Eres mucho más grande. Utiliza el cuerpo como trampolín.

La segunda es: psicosomática, svadisthan. El psicoanálisis freudiano funciona ahí. Va un poco más allá que Skinner y Pavlov. Freud entra un poco más en los misterios de lo psicológico. No es sólo un conductista, pero nunca va más allá de los sueños. Sigue analizando los sueños.

El sueño existe como una ilusión en ti. Es indicativo, es simbólico, tiene un mensaje del inconsciente para ser revelado al consciente. Pero no sirve de nada quedarse atrapado en él. Utiliza el sueño, pero no te conviertas en el sueño. Tú no eres el sueño.

Y no hay necesidad de hacer tanto alboroto al respecto, como siguen haciendo los freudianos. Todo su esfuerzo parece moverse en la dimensión del mundo onírico. Toma nota de ello, adopta un punto de vista muy, muy claro al respecto, comprende su mensaje, y en realidad no hay necesidad de acudir a nadie más para el análisis de tus sueños. Si tú no puedes analizar tu sueño, nadie más podrá hacerlo, porque tu sueño es tu sueño. Y tu sueño es tan personal que nadie más puede soñar como tú sueñas. Nadie ha soñado nunca como tú sueñas, nadie soñará nunca como tú sueñas; nadie puede explicártelo. Su interpretación será su interpretación.

Sólo tú puedes analizarlo. Y de hecho no hay necesidad de analizar el sueño: mira el sueño en su totalidad, con claridad, con alerta, y verás el mensaje. ¡Es tan fuerte! No hay necesidad de ir al psicoanálisis durante tres, cuatro, cinco, siete años.

Una persona que sueña todas las noches y durante el día acude al psicoanalista para que la analice, se ve rodeada de cosas oníricas.

Así como el primero se obsesiona demasiado con el muladhara, lo físico, el segundo se obsesiona demasiado con lo sexual... porque el segundo -el reino de la realidad psicosomática- es el sexo. El segundo empieza a interpretar todo en términos de sexo. Hagas lo que hagas, acude al freudiano y lo reducirá al sexo. Para él no existe nada más elevado. Vive en el barro, no cree en el loto. Si le llevas una flor de loto, la mirará y la reducirá al barro. Dirá: "Esto no es nada, es sólo barro sucio. ¿No ha salido del barro sucio? Si ha salido de barro sucio, entonces tiene que ser barro sucio". Reduce todo a su causa, y eso es lo real.

Entonces todo poema se reduce al sexo, todo lo bello se reduce al sexo y a la perversión y a la represión. ¿Miguel Ángel es un gran artista? - entonces su arte tiene que ser reducido a alguna sexualidad. Y los freudianos llegan a extremos absurdos. Dicen: Miguel Ángel o Goethe o Byron, todas sus grandes obras de arte que proporcionan gran alegría a millones de personas, no son más que sexo reprimido -quizá Goethe iba a masturbarse y se lo impidieron.

Millones de personas dejan de masturbarse, pero no se convierten en Goethes. Es absurdo. Pero Freud es el amo del mundo del retrete. Vive allí, es su templo. El arte se convierte en patología, la poesía se convierte en patología, todo se convierte en perversión. Si el análisis freudiano tiene éxito, entonces no habrá Kalidas, ni Shakespeare, ni Miguel Ángel, ni Mozart, ni Wagner, porque todo el mundo será normal. Estas personas son anormales. Estas personas están psicológicamente enfermas, según Freud. Los más grandes son reducidos a lo más bajo. Buda está enfermo, según Freud, porque todas las cosas de las que habla no son más que sexo reprimido.

Este enfoque reduce la grandeza humana a la fealdad. Cuidado con ello. Buda no está enfermo; de hecho, Freud está enfermo. El silencio de Buda, la alegría de Buda, la celebración de Buda, no es enfermedad, es el pleno florecimiento del bienestar.

Pero para Freud la persona normal es aquella que nunca ha cantado una canción, que nunca ha bailado, que nunca ha celebrado, nunca ha rezado, nunca ha meditado, nunca ha hecho nada creativo, es simplemente normal: va a la oficina, vuelve a casa, come, bebe, duerme y muere; no deja ni rastro de su creatividad, no deja ni una sola firma en ninguna parte. Este hombre normal parece muy mediocre, aburrido y muerto. Existe la sospecha en Freud de que, como él mismo no podía crear -era una persona poco creativa-, condenaba la creatividad en sí misma como patología.

Hay muchas posibilidades de que fuera una persona mediocre. Es su mediocridad la que se siente ofendida por todas las grandes personas del mundo.

La mente mediocre intenta reducir toda grandeza. La mente mediocre no puede aceptar que pueda haber un ser más grande que él. Eso duele. Es una venganza del mediocre - todo este psicoanálisis y su interpretación de la vida humana. Cuidado con ello. Es mejor que el primero, sí, un poco por delante del primero, pero hay que ir, y seguir yendo, más allá y más allá.

El tercero es psicológico. Adler vive en el mundo de lo psicológico, la voluntad de poder; al menos algo -muy egoísta, pero al menos algo-; un poco más abierto que Freud. Pero el problema es que, al igual que Freud reduce todo al sexo, Adler sigue reduciendo todo al complejo de inferioridad. La gente intenta hacerse grande porque se siente inferior. Una persona que trata de iluminarse es una persona que se siente inferior, y una persona que trata de iluminarse es una persona que está en el viaje del poder. Esto es totalmente erróneo, porque hemos visto personas -un Buda, un Cristo, un Krishna- que están tan completamente entregadas que su viaje no puede llamarse un viaje de poder. Y cuando Buda florece no tiene ideas de superioridad, en absoluto. Se inclina ante toda la existencia. No tiene la idea de ser más santo que tú, en absoluto. Todo es sagrado, incluso el polvo es divino. No, no se cree superior, y no se esfuerza por ser superior. No se sentía inferior en absoluto. Había nacido rey; no había cuestión de inferioridad. Estaba en la cima desde el principio, no había cuestión de inferioridad. Era el hombre más rico de su país, el hombre más poderoso de su país: no había más poder que alcanzar, no había más riquezas que alcanzar. Era uno de los hombres más bellos jamás nacidos en esta tierra, tenía como amada a una de las mujeres más bellas. Todo estaba a su disposición.

Pero Adler seguiría buscando alguna inferioridad porque no podía creer que un hombre pudiera tener otra meta que el ego. Es mejor... mejor que Freud, un poco más elevado. El ego es un poco más alto que el sexo; no mucho más alto, pero un poco más alto.

El cuarto es psicoespiritual, anahatta, el centro del corazón. Jung, Assagioli y otros penetran en ese reino. Van más allá que Pavlov, Freud y Adler, abren más posibilidades. Aceptan el mundo de lo irracional, de lo inconsciente: no se limitan a la razón. Son personas más razonables: también aceptan la "irracionalidad". Lo irracional no se niega, sino que se acepta. Aquí es donde se detiene la psicología moderna: en el cuarto peldaño. Y el cuarto peldaño está justo en medio de toda la escalera: tres peldaños a este lado y tres peldaños a aquel lado.

La psicología moderna aún no es una ciencia completa. Está a medio camino. Es muy inestable, no está segura de nada. Es más hipotética que experimental. Sigue luchando por serlo.

La quinta es espiritual: el islam, el hinduismo, el cristianismo... las religiones organizadas en masa siguen estancadas en la quinta. No van más allá de lo espiritual. Todas las religiones organizadas, las iglesias, se quedan ahí.

El sexto es el espiritual-trascendental - yoga y otros métodos. En todo el mundo, a lo largo de los siglos, se han desarrollado muchos métodos que se parecen menos a una organización eclesiástica, que no son dogmáticos sino más experienciales. Tienes que hacer algo con tu cuerpo y tu mente; tienes que crear una cierta armonía dentro de ti para que puedas cabalgar sobre esa armonía, puedas cabalgar sobre esa nube de armonía y alejarte de tu realidad ordinaria.

El yoga puede comprender todo eso; ese es el sexto.

Y la séptima es trascendental: Tantra, Tao, Zen. La actitud de Buda es la séptima: pragyaparamita. Significa sabiduría que es trascendental, sabiduría que te llega sólo cuando todos los cuerpos han sido atravesados y te has convertido sólo en una conciencia pura, sólo en un testigo, pura subjetividad.

A menos que el hombre llegue a lo trascendental, el hombre tendrá que ser provisto de juguetes, palitos de azúcar. Tendrá que proveerse de falsos significados.

El otro día me encontré con un anuncio de un coche americano. Dice - con un hermoso coche - en la parte superior del coche dice: Algo en lo que creer.

El hombre nunca ha caído tan bajo. ¡Algo en lo que creer! ¿Crees en un coche? Sí, la gente cree, la gente cree en sus casas, la gente cree en sus coches, la gente cree en sus balances bancarios. Si miras a tu alrededor te sorprenderás: Dios ha desaparecido, pero la creencia no ha desaparecido. Dios ya no está ahí: ¡ahora hay un Cadillac o un Lincoln! Dios ha desaparecido, pero el hombre ha creado nuevos dioses: Stalin, Mao. Dios ha desaparecido y el hombre ha creado nuevos dioses: las estrellas de cine.

Es la primera vez en la historia de la conciencia humana que el hombre cae tan bajo.

Y aunque a veces te acuerdes de Dios, no es más que una palabra vacía. Quizá cuando sientes dolor, quizá cuando te sientes frustrado, entonces utilizas a Dios, como si Dios fuera una aspirina. Eso es lo que las llamadas religiones te han hecho creer: dicen: "¡Toma a Dios tres veces al día y no sentirás ningún dolor!". Así, cada vez que sientas dolor, acuérdate de Dios. Dios no es una aspirina, Dios no es un analgésico.

Algunas personas recuerdan a Dios habitualmente, otras recuerdan a Dios profesionalmente. Un sacerdote - recuerda profesionalmente. No tiene nada que ver con Dios, le pagan por ello. Se ha convertido en un experto. Algunas personas recuerdan habitualmente, otras profesionalmente, pero nadie parece recordar a Dios con amor profundo. Unos pocos invocan su nombre cuando se sienten desgraciados; nadie se acuerda de él cuando están alegres, celebrando. Y ése es el momento adecuado para recordar, porque sólo cuando estás alegre, inmensamente alegre, estás cerca de Dios.

Cuando estás en la miseria estás lejos, cuando estás en la miseria estás cerrado. Cuando eres feliz estás abierto, fluyes; puedes coger la mano de Dios.

Así que o recuerdas habitualmente, porque te lo han enseñado desde la infancia, se ha convertido en una especie de hábito, como fumar. Si fumas no disfrutas mucho; si no fumas sientes que te falta algo. Si recuerdas a Dios cada mañana, cada noche, no consigues nada, porque el recuerdo no es del corazón, sólo verbal, mental, mecánico. Pero si no lo recuerdas empiezas a sentir que te falta algo. Se ha convertido en un ritual. Cuidado con convertir a Dios en un ritual, y cuidado con profesionalizarse al respecto.

He oído una historia muy famosa:

La historia trata de un gran yogui, muy famoso, al que un rey prometió que si podía entrar en samadhi profundo y permanecer bajo tierra durante un año, el rey le daría como recompensa el mejor caballo del reino. El rey sabía que el yogui tenía un corazón blando para los caballos, era un gran amante de los caballos.

El yogui aceptó y fue enterrado vivo durante un año. Pero en el transcurso del año el reino fue derrocado y nadie se acordó de desenterrar al yogui.

Unos diez años después alguien se acordó: "¿Qué pasó con el yogui?" El rey envió a algunas personas para averiguarlo. Desenterraron al yogui; seguía en su profundo trance. Se le susurró al oído un mantra previamente acordado, se le despertó y lo primero que dijo fue: "¿Dónde está mi caballo?".

Después de diez años de permanecer en silencio bajo la tierra... pero la mente no ha cambiado en absoluto: "¿Dónde está mi caballo?". ¿Estaba este hombre realmente en trance, en samadhi? ¿Estaba pensando en Dios? Debe haber estado pensando en el caballo. Pero él era profesionalmente competente, hábil. Debió de aprender la técnica de cómo detener la respiración y cómo entrar en una especie de muerte, pero era técnica.

Permanecer diez años en un silencio tan profundo, ¡y la mente no ha cambiado un ápice! Es exactamente lo mismo que si estos diez años no hubieran pasado. Si técnicamente recuerdas a Dios, si profesionalmente recuerdas a Dios, habitualmente, mecánicamente recuerdas a Dios, entonces nada va a suceder. Todo es posible, pero todas las posibilidades pasan por el corazón. De ahí el nombre de esta escritura: El Sutra del Corazón.

A menos que hagas algo con gran amor, con gran implicación, con gran compromiso, con sinceridad, con autenticidad, con todo tu ser, no va a pasar nada.

Para algunos, la religión es como un miembro artificial: no da calor ni vida. Y aunque les ayuda a avanzar a trompicones, nunca llega a formar parte de ellos; hay que ponérsela cada día.

Recuerda, esto le ha pasado a millones de personas en la tierra, también te puede pasar a ti. No crees un miembro artificial, deja que crezcan en ti miembros reales. Sólo entonces tu vida tendrá calor, sólo entonces tu vida tendrá alegría - no una falsa sonrisa en los labios, no un pseudo tipo de felicidad que finges, no una máscara, sino en realidad. Normalmente sigues llevando cosas:

alguien lleva una sonrisa bonita, alguien lleva una cara muy compasiva, alguien lleva una personalidad muy, muy cariñosa... pero son como ropa que te pones a ti mismo.

En el fondo sigues siendo el mismo.

Estos sutras pueden convertirse en una revolución.

Lo primero, el principio, es siempre la pregunta: "¿Quién soy yo?". Y hay que seguir preguntando. Cuando primero se pregunta: "¿Quién soy yo?", el muladhar responderá: "¡Eres un cuerpo! ¡Qué tontería! No hay necesidad de preguntar, ya lo sabes". Entonces el segundo dirá: "Eres sexualidad". Luego el tercero dirá: "Eres un viaje de poder, un ego", y así sucesivamente.

Recuerda, tienes que parar sólo cuando no venga ninguna respuesta, no antes. Si viene alguna respuesta que diga: "Tú eres esto, tú eres esto", entonces sabe bien que algún centro te está dando una respuesta. Cuando todos los seis centros han sido atravesados y todas sus respuestas canceladas, sigues preguntando: "¿Quién soy yo?" y no viene ninguna respuesta de ninguna parte, es el silencio absoluto. Tu pregunta resuena en ti mismo: "¿Quién soy yo?" y hay silencio, no surge ninguna respuesta de ninguna parte, de ningún rincón. Estás absolutamente presente, absolutamente en silencio, y no hay ni siquiera una vibración. "¿Quién soy yo?" - y sólo silencio. Entonces ocurre un milagro: ni siquiera puedes formular la pregunta. Las respuestas se han vuelto absurdas; entonces, finalmente, la pregunta también se vuelve absurda. Primero desaparecen las respuestas, luego desaparece también la pregunta, porque sólo pueden vivir juntas. Son como las dos caras de una moneda: si una cara desaparece, la otra no puede conservarse. Primero desaparecen las respuestas, luego desaparece la pregunta. Y con la desaparición de la pregunta y la respuesta, te das cuenta de que eso es trascendental. Lo sabes, pero no puedes decirlo; lo sabes, pero no puedes articularlo. Sabes desde tu propio ser quién eres, pero no puedes verbalizarlo. Es el conocimiento de la vida; no es de las escrituras, no es prestado, no es de otros. Ha surgido en ti.

Y con este surgimiento, eres un Buda. Y entonces empiezas a reírte porque llegas a saber que has sido un Buda desde el principio;

sólo que nunca habías mirado tan profundamente. Estabas dando vueltas y vueltas fuera de tu ser, nunca habías vuelto a casa.

El filósofo Arthur Schopenhauer caminaba por una calle solitaria. Sumido en sus pensamientos, choca accidentalmente con otro peatón. Enfadado por la sacudida y la aparente despreocupación del filósofo, el peatón gritó: "¡Vaya! ¿Quién te crees que eres?".

Todavía ensimismado, el filósofo dijo: "¿Quién soy? Cómo me gustaría saberlo".

Nadie lo sabe.

Sabiendo esto, que no sé quién soy, empieza el viaje.

El primer sutra:

¡HOMENAJE A LA PERFECCIÓN DE LA SABIDURÍA, A LA BELLA, A LA SANTA!

Esto es una invocación. Todas las escrituras indias comienzan con una invocación por una cierta razón.

No es así en otros países y en otras lenguas; no es así en Grecia. La comprensión india es ésta: que somos bambúes huecos, sólo el infinito fluye a través de nosotros. El infinito tiene que ser invocado; nos convertimos en meros instrumentos para él. Lo invocamos, lo llamamos para que fluya a través de nosotros. Por eso nadie sabe quién escribió este Sutra del Corazón. No ha sido firmado porque la persona que lo escribió no creía ser su autor. Sólo fue un instrumento. Era como un taquígrafo; el dictado venía del más allá. Se lo dictaron, él lo escribió fielmente, pero no es el autor; como mucho, sólo el escritor.

¡HOMENAJE A LA PERFECCIÓN DE LA SABIDURÍA, A LA BELLA, A LA SANTA!

Esta es la invocación, unas pocas palabras, pero cada palabra está muy, muy cargada de significado.

HOMENAJE A LA PERFECCIÓN DE LA SABIDURÍA...

Perfección de la sabiduría" es la traducción de pragyaparamita. Pragya significa sabiduría.

Recuerda, no significa conocimiento. El conocimiento es lo que viene a través de la mente, el conocimiento es lo que viene de fuera. El conocimiento nunca es original. No puede ser original, por su propia naturaleza; es prestado. La sabiduría es tu visión original: no viene de fuera, crece en ti. No es como una flor artificial de plástico que compras en el mercado. Es una rosa real que crece en el árbol, a través del árbol. Es la canción del árbol. Proviene de su núcleo más íntimo; surge de su profundidad. Un día no se expresa, otro día se expresa; un día no se manifestaba, otro día se manifiesta.

Pragya significa sabiduría, pero en inglés incluso la sabiduría tiene una connotación diferente. En inglés, conocimiento significa sin experiencia: vas a la universidad, reúnes conocimientos. Sabiduría significa que vas a la vida y adquieres experiencia. Así que un joven puede tener conocimientos pero nunca ser sabio, porque la sabiduría necesita tiempo. Un joven puede tener títulos: puede ser doctor o licenciado, no es difícil, pero sólo un anciano puede ser sabio.

Sabiduría significa conocimiento adquirido a través de la propia experiencia, pero sigue procediendo del exterior.

Pragya no es ni conocimiento ni sabiduría tal y como se entienden normalmente. Es un florecimiento interior, no a través de la experiencia, no a través de los demás, no a través de la vida y los encuentros de la vida, no, sino simplemente yendo hacia dentro en absoluto silencio, y permitiendo que lo que está oculto allí explote. Llevas la sabiduría como una semilla dentro de ti; sólo necesita una tierra adecuada para que pueda brotar. La sabiduría es siempre original. Siempre es tuya y sólo tuya.

Pero recuerda de nuevo que cuando digo "tuyo" no quiero decir que haya un ego implicado en ello. Es tuyo en el sentido de que sale de tu naturaleza, pero no tiene nada que ver con el ego, porque el ego forma parte de la mente, no de tu silencio interior. Paramita significa del más allá, desde el más allá, más allá del tiempo y del espacio; cuando pasas a un estado en el que el tiempo desaparece, cuando pasas a un lugar interior en el que el espacio desaparece, cuando no sabes dónde estás ni cuándo, cuando ambas referencias han desaparecido. El tiempo está fuera de ti, el espacio también. Hay un punto de cruce dentro de ti en el que el tiempo desaparece.

Alguien preguntó a Jesús: "Dinos algo sobre el reino de Dios. ¿Qué habrá de especial allí?" Se cuenta que Jesús dijo: "Ya no habrá tiempo". Existe la eternidad, un momento sin tiempo. Eso es el más allá: un espacio sin espacio y un momento sin tiempo. Ya no estás confinado, así que no puedes decir dónde estás.

Ahora mírame a mí: No puedo decir que estoy aquí, porque también estoy allí. Y no puedo decir que estoy en India, porque también estoy en China. Y no puedo decir que estoy en este planeta, porque no lo estoy.

Cuando el ego desaparece eres simplemente uno con el todo. Estás en todas partes y en ninguna. No existes como una entidad separada, estás disuelto.

Mira! Por la mañana, en una hermosa hoja, hay una gota de rocío que brilla al sol de la mañana, absolutamente hermosa. Y entonces empieza a resbalar, y se desliza hacia el océano. Estaba allí, en la hoja:

había tiempo y espacio, tenía una definición, una personalidad propia. Ahora, una vez que ha caído en el océano, no puedes encontrarlo en ninguna parte, no porque se haya vuelto inexistente, no. Ahora está en todas partes; por eso no puedes encontrarlo en ningún sitio. No puedes localizarlo porque todo el océano se ha convertido en su ubicación. Ahora no existe por separado.

Cuando no existes en separación del todo, surge pragyaparamita, la sabiduría que es perfecta, la sabiduría que es del más allá.

¡HOMENAJE A LA PERFECCIÓN DE LA SABIDURÍA, A LA BELLA, A LA SANTA!

Una hermosa provocación... Dice: Mi homenaje es a esa sabiduría que llega cuando te mueves hacia el más allá. Y es hermosa y sagrada: sagrada porque te has convertido en uno con el todo;

hermosa porque ese ego que creó todo tipo de fealdad en tu vida ya no existe.

Satyam, shivam, sunderam: es verdadero, es bueno, es bello. Estas son las tres cualidades.

HOMENAJE A LA PERFECCIÓN DE LA SABIDURÍA - verdad...

Eso es la verdad: la perfección de la sabiduría, lo bello, lo hermoso, lo santo, lo bueno.

¿Por qué se llama sagrado? - Porque de ella nacen los Budas. Es la matriz de los Budas. Te conviertes en Buda en el momento en que participas de esta perfección de la sabiduría. Te conviertes en Buda cuando la gota de rocío desaparece en el océano, pierde la separación, ya no lucha contra el todo, se rinde, está con el todo, ya no está contra él. De ahí mi insistencia en estar con la naturaleza; nunca estar contra ella. Nunca intentes superarla, nunca intentes conquistarla, nunca intentes derrotarla. Si intentas vencerla estás condenado al fracaso, porque la parte no puede vencer al todo, y eso es lo que todo el mundo intenta hacer. De ahí que haya tanta frustración, porque todo el mundo parece fracasar. Todo el mundo intenta conquistar el todo, intenta empujar el río. Naturalmente, un día te cansas, te agotas: tienes una fuente de energía muy limitada; el río es inmenso. Un día te lleva, pero te rindes frustrado.

Si puedes ceder con alegría, se convierte en rendición. Entonces ya no es una derrota, es una victoria.

Sólo se gana con Dios, nunca contra Dios. Y recuerda, Dios no está tratando de derrotarte.

Tu derrota es autogenerada. Estás derrotado porque luchas. Si quieres ser derrotado, lucha; si quieres ganar, ríndete. Esta es la paradoja: que los que están dispuestos a rendirse se convierten en los ganadores. Los perdedores son los únicos ganadores en este juego. Si intentas ganar, tu derrota es absolutamente segura: sólo es cuestión de tiempo, de cuándo, pero es seguro que va a ocurrir.

Es sagrado porque eres uno con el todo. Palpitas con él, bailas con él, cantas con él. Eres como una hoja en el viento: la hoja simplemente baila con el viento, no tiene voluntad propia. Esta falta de voluntad es lo que yo llamo sannyas, lo que el sutra llama santo.

La palabra sánscrita para santo es bhagavati. Esto es aún más importante de entender que la palabra santo, porque la palabra santo puede tener alguna connotación cristiana.

Bhagavati...

Bhagavati es el femenino de bhagavan. En primer lugar, el sutra no utiliza la palabra bhagavan, sino bhagavati, el femenino, porque la fuente de todo es femenina, no masculina. Es yin, no yang, es madre, no padre.

El concepto cristiano de Dios como padre no es tan bello. No es más que ego masculino. El ego masculino no puede pensar que Dios pueda ser un "ella"; el ego masculino quiere que Dios sea un "él". Y ves toda la trinidad cristiana: las tres personas son hombres, la mujer no está incluida allí - Dios el padre, y Cristo el hijo, y el Espíritu Santo. Es un club exclusivamente masculino. Y recuerda bien que lo femenino es mucho más fundamental en la vida que el hombre, porque sólo la mujer tiene el útero, sólo la mujer puede dar a luz a la vida, a una nueva vida. Viene a través de lo femenino.

¿Por qué viene a través de lo femenino? No es casual. Viene a través de lo femenino porque sólo lo femenino puede permitir que venga, porque lo femenino es receptivo.

Lo masculino es agresivo; lo femenino puede recibir, absorber, puede convertirse en un pasaje.

El sutra dice bhagavati, no bhagavan. Es de inmensa importancia. Esa sabiduría perfecta de la que proceden todos los budas es un elemento femenino, una madre. El útero tiene que ser una madre. Una vez que piensas en Dios como padre, parece que no entiendes lo que estás haciendo.

El padre es una institución antinatural. La paternidad no existe en la naturaleza. La paternidad sólo existe desde hace unos miles de años; es una institución humana. La madre existe en todas partes, la madre es natural.

El padre vino al mundo por la propiedad privada. El padre forma parte de la economía, no de la naturaleza. Y una vez que desaparezca la propiedad privada -si es que alguna vez desaparece- el padre desaparecerá. La madre seguirá ahí siempre y para siempre. No podemos concebir un mundo sin la madre, podemos concebir un mundo sin el padre muy fácilmente. Y la idea misma es agresiva. ¿No lo has visto? Sólo los alemanes llaman a su país "patria", todos los demás países lo llaman "madre patria". ¡Es gente peligrosa!

'Patria' está bien. Llamando a tu país 'patria' estás empezando algo peligroso, estás poniendo algo peligroso en pie. Tarde o temprano llegará la agresión, llegará la guerra. La semilla está ahí.

Todas las religiones que han pensado en Dios como padre han sido religiones agresivas.

El cristianismo es agresivo, el islam también. Y sabes perfectamente que el Dios judío es un Dios muy enojado y arrogante. Y el Dios judío declara: Si no estás para mí, entonces estás contra mí, y te destruiré. Y soy un Dios muy celoso; ¡sólo adoradme a mí! Los pueblos que han considerado a Dios como madre han sido pueblos no violentos.

Los budistas nunca han librado una guerra en nombre de la religión. Nunca han intentado convertir a un solo ser humano por la fuerza, por coacción de ningún tipo. Los mahometanos han intentado convertir a la gente con la espada, contra su voluntad, contra su conciencia, contra su consciencia. Los cristianos han intentado manipular a la gente para que se haga cristiana de todas las formas posibles: a veces con la espada, a veces con el pan, a veces con otras persuasiones. El budismo es la única religión que no ha convertido a un solo ser humano en contra de su conciencia. Sólo el budismo es una religión no violenta, porque el concepto de la realidad última es femenino.

¡HOMENAJE A LA PERFECCIÓN DE LA SABIDURÍA, A LA BELLA, A LA SANTA!

Y recuerda, la verdad es bella. La verdad es belleza porque la verdad es una bendición. La verdad no puede ser fea, y lo feo no puede ser verdad; lo feo es ilusorio.

Cuando veas a una persona fea no te dejes engañar por su fealdad; busca un poco más profundo y encontrarás a una persona hermosa escondida allí. No te dejes engañar por la fealdad. La fealdad está en tu interpretación. La vida es bella, la verdad es bella, la existencia es bella, no conoce la fealdad.

Y es hermoso, es femenino y es sagrado. Pero recuerda, lo que se entiende por "santo" no es lo que se entiende normalmente, como si fuera de otro mundo, como si fuera sagrado frente a lo mundano y lo profano, no. Todo es sagrado. No hay nada que pueda llamarse mundano o profano. Todo es sagrado porque todo está impregnado de uno.

¡Hay budas y budas! - Budas-árboles y budas-perros y budas-pájaros y budas-hombres y budas-mujeres - pero todos son Budas. Todos están en el camino. El hombre no es Dios en ruinas, el hombre es Dios en construcción, en camino.

El segundo sutra:

AVALOKITA, EL SANTO SEÑOR Y BODHISATTVA, SE MOVÍA EN EL CURSO PROFUNDO DE LA SABIDURÍA QUE HA IDO MÁS ALLÁ.

MIRÓ DESDE LO ALTO, NO VIO MÁS QUE CINCO MONTONES, Y VIO QUE EN SU PROPIO SER ESTABAN VACÍOS.

Avalokita es un nombre de Buda. Literalmente significa el que mira desde arriba - avalokita - el que mira desde arriba, el que está en el séptimo centro, sahasrar, lo trascendental, y mira desde allí.

Naturalmente, todo lo que ves está contaminado por tu punto de vista, está contaminado por el espacio en el que te encuentras.

Si un hombre que vive en el primer peldaño -el cuerpo físico- mira algo, mira desde ese punto de vista. Un hombre que vive en lo físico sólo mira tu cuerpo cuando te mira a ti, no puede mirar más que eso, no puede ver más que eso. Tu visión de las cosas depende de desde dónde estés mirando.

Un hombre sexualmente perturbado, sexualmente envuelto en fantasías, sólo mira desde ese punto de vista. Un hombre hambriento mira desde ese punto de vista. Observa en tu propio ser. Miras las cosas, y cada vez que las miras parecen diferentes porque tú eres diferente. Por la mañana el mundo parece un poco más hermoso que por la tarde. Por la mañana estás fresco, y por la mañana has salido de una profundidad de gran sueño, el sueño profundo, el sueño sin sueños. Has saboreado algo de lo trascendental, aunque inconscientemente. Así que por la mañana todo parece hermoso. La gente es más compasiva, más amorosa; la gente es más pura por la mañana, la gente es más inocente por la mañana. Cuando llega la noche esas mismas personas se vuelven más corruptas, más astutas, listas, manipuladoras, feas, violentas, engañosas. Son las mismas personas, pero por la mañana estaban muy cerca de lo trascendental. Al anochecer han vivido demasiado en lo mundano, en lo mundano, en lo físico, y se han centrado en ello.

El hombre de la perfección es aquel que puede moverse a través de estos siete chakras con facilidad -ese es el hombre de la libertad- que no está fijo en ningún punto, que es como un dial: puedes ajustarlo a cualquier visión. Eso es lo que se llama un mukta, alguien que es realmente libre. Puede moverse en todas las dimensiones y, sin embargo, no ser tocado por ellas. Su pureza nunca se pierde, su pureza permanece de lo trascendental.

Buda puede venir y tocar tu cuerpo y curar tu cuerpo. Puede convertirse en un cuerpo, pero ésa es su libertad. Puede convertirse en una mente y puede hablarte y explicarte cosas, pero nunca es la mente. Él viene y se para detrás de la mente, la usa, igual que tú conduces tu coche - nunca te conviertes en el coche. Utiliza todos estos peldaños, es toda la escalera. Pero su punto de vista último sigue siendo lo trascendental. Esa es su naturaleza.

Avalokita" significa "el que mira al mundo desde el más allá".

AVALOKITA, EL SANTO SEÑOR Y BODHISATTVA, SE MOVÍA EN EL CURSO PROFUNDO DE LA SABIDURÍA QUE HA IDO MÁS ALLÁ.

El sutra dice que este estado de más allá no es algo estático. Es un movimiento, un proceso, como un río. No es un sustantivo, es un verbo. Se va desplegando. Por eso los hindúes lo llaman el loto de los mil pétalos: "mil" significa simplemente infinito, es un símbolo del infinito.

Pétalos sobre pétalos, pétalos sobre pétalos siguen abriéndose, sin fin. El viaje comienza pero nunca termina. Es una peregrinación eterna.

AVALOKITA, EL SANTO SEÑOR Y BODHISATTVA, SE MOVÍA EN EL CURSO PROFUNDO DE LA SABIDURÍA QUE HA IDO MÁS ALLÁ.

Fluía como un río hacia el mundo del más allá. Se le llama el señor sagrado y bodhisattva. De nuevo hay que recordar la palabra sánscrita. La palabra sánscrita es iswara, que se traduce como "señor santo". Iswara' significa aquel que se ha enriquecido absolutamente con sus propias riquezas, cuyas riquezas son de su propia naturaleza; nadie puede arrebatárselas, nadie puede robarlas, no pueden perderse. Todas las riquezas que tienes pueden perderse, pueden ser robadas, se perderán; un día llegará la muerte y se lo llevará todo. Cuando alguien ha llegado a ese diamante interior que es su propio ser, la muerte no puede llevárselo. La muerte es irrelevante. No se puede robar, no se puede perder. Entonces uno se ha convertido en iswara, entonces uno se ha convertido en un señor sagrado. Entonces uno se ha convertido en bhagavan.

La palabra bhagavan significa simplemente "el bendito". Entonces uno se ha convertido en el bendito.

Ahora su bendición es eternamente suya; no depende de nada, es independiente. No es causada por nada, por lo que no puede ser arrebatada. Es incausada, es la naturaleza intrínseca de uno.

Y se le llama bodhisattva. Bodhisattva es un concepto muy hermoso en el budismo.

Bodhisattva significa alguien que se ha convertido en Buda, pero que aún se mantiene en el mundo del tiempo y el espacio para ayudar a los demás. Bodhisattva significa "esencialmente un Buda", sólo está listo para dejarse caer y desaparecer, está listo para entrar en el nirvana. No le queda nada por resolver, todos sus problemas están resueltos. No hay necesidad de que esté aquí, pero sigue aquí. No hay nada más que aprender aquí, pero él sigue aquí. Y se mantiene en la forma del cuerpo, en la forma de la mente, mantiene toda la escalera. Ha ido más allá, pero mantiene toda la escalera, para ayudar, por compasión.

Se cuenta que Buda llegó a las puertas de lo último, el nirvana. Las puertas se abrieron, los ángeles danzaban y cantaban para recibirle, porque rara vez ocurre en millones de años que un ser humano se convierta en Buda. Esas puertas se abren, y ese día es naturalmente un gran día de celebración. Todos los antiguos Budas se habían reunido, y había gran regocijo, y llovían flores, y se tocaba música, y todo estaba decorado - era un día de celebración.

Pero Buda no entró por la puerta. Y los antiguos Budas, todos con las manos cruzadas, le preguntaron, le pidieron que entrara: "¿Por qué está parado afuera?" Y se cuenta que Buda dijo: "A menos que entren todos los que vienen detrás de mí, yo no voy a entrar. Me quedaré fuera, porque una vez que entre, desapareceré. Entonces no podré ayudar a esta gente. Veo a millones de personas tropezando y buscando a tientas en la oscuridad. Yo mismo he andado a tientas de la misma manera durante millones de vidas. Me gustaría darles mi mano. Por favor, cierra la puerta. Cuando todos hayan venido yo mismo llamaré, entonces podrán recibirme".

Una bella historia... A esto se le llama el estado de bodhisattva: aquel que está preparado para desaparecer pero que aún se mantiene -en cuerpo, en mente, en el mundo, en el tiempo y en el espacio- para ayudar a los demás.

Buda dice: La meditación es suficiente para resolver tus problemas, pero falta algo en ella: la compasión. Si también hay compasión, entonces puedes ayudar a los demás a resolver sus problemas. Dice: La meditación es oro puro; tiene una perfección propia. Pero si hay compasión, el oro también tiene fragancia, una perfección superior, un nuevo tipo de perfección, oro con fragancia. El oro se basta a sí mismo, es muy valioso, pero con compasión, la meditación tiene fragancia.

La compasión hace que un Buda siga siendo un bodhisattva, justo en el límite. Sí, durante unos días, unos años, uno puede aguantar, pero no mucho tiempo, porque con el tiempo las cosas empiezan a desaparecer por sí solas. Cuando uno no está apegado al cuerpo, se disloca de él. A veces puedes venir, con esfuerzo. Puedes usar el cuerpo, con esfuerzo, pero ya no estás establecido allí. Cuando ya no estás en la mente, puedes usarla a veces, pero ya no funciona tan bien como antes. Ya no fluyes en ella.

Cuando no lo usas, se queda ahí: es un mecanismo, empieza a acumular óxido.

Cuando un hombre ha llegado al séptimo, durante unos días, durante unos años, puede utilizar los seis peldaños. Puede volver atrás y utilizarlos, pero poco a poco empiezan a romperse. Poco a poco, empiezan a morir. Un bodhisattva sólo puede estar aquí una vida, como máximo. Después tiene que desaparecer, porque el mecanismo desaparece.

Pero todos los que han alcanzado han intentado, en la medida de sus posibilidades, utilizar el cuerpo-mente para ayudar a los que están en cuerpo y mente, para ayudar a los que sólo pueden comprender el lenguaje del cuerpo y de la mente, para ayudar a los discípulos.

AVALOKITA, EL SANTO SEÑOR Y BODHISATTVA, SE MOVÍA EN EL CURSO PROFUNDO DE LA SABIDURÍA QUE HA IDO MÁS ALLÁ.

MIRÓ DESDE LO ALTO, NO VIO MÁS QUE CINCO MONTONES, Y VIO QUE EN SU PROPIO SER ESTABAN VACÍOS.

Cuando miras desde ese punto... Por ejemplo, os decía que saludo al Buda que hay en vosotros. Esa es una visión desde el más allá: que os veo como Budas potenciales. Y otra visión es simplemente que os veo como cáscaras vacías.

Lo que crees que eres no es más que una cáscara vacía. Alguien cree que es un hombre; ésa es una idea vacía. La conciencia no es ni masculina ni femenina. Alguien piensa que tiene un cuerpo muy hermoso, que es bello, fuerte, esto y lo otro - es una idea vacía, sólo el ego engañándote. Si alguien cree que sabe mucho, no tiene sentido. Su mecanismo ha acumulado recuerdos y es engañado por los recuerdos. Todo eso son cosas vacías.

Así que, vistos desde la trascendencia, por un lado os veo como budas en ciernes, por otro os veo sólo como cáscaras vacías.

Buda ha dicho que el hombre consta de cinco elementos, cinco skandhas, que están todos vacíos.

Y debido a la combinación de los cinco, surge un subproducto llamado el ego, el yo. Es como el funcionamiento de un reloj: sigue haciendo tictac. Puedes escuchar y el tic-tac está ahí; puedes abrir el reloj, puedes separar todas las partes para encontrar de dónde viene el tic-tac. ¿Dónde está el tictac? No lo encontrarás en ninguna parte. El tic es un subproducto. No es más que la combinación de varias cosas. Unas cuantas cosas funcionando juntas crean un tic.

Eso es lo que es tu "yo": cinco elementos que funcionan juntos creando la garrapata llamada "yo". Pero está vacío, no contiene nada. Si buscas algo sustancial en él, no lo encontrarás.

Esta es una de las intuiciones más profundas de Buda: que la vida está vacía, que la vida tal y como la conocemos está vacía. Y la vida también está llena, pero no sabemos nada de ella. Desde este vacío tienes que avanzar hacia una plenitud, pero esa plenitud es inconcebible ahora mismo, porque esa plenitud desde este estado sólo parecerá vacía. Desde ese estado tu plenitud parece vacía - un rey parece un mendigo; un hombre de conocimiento, un hombre entendido, parece estúpido, ignorante.

Una pequeña historia:

Cierto hombre santo aceptó a un alumno y le dijo: "Sería bueno que intentaras escribir todo lo que entiendes sobre la vida religiosa y lo que te ha llevado a ella."

El alumno se marchó y empezó a escribir. Un año después volvió al maestro y le dijo: "He trabajado mucho en esto, y aunque está lejos de estar completo, estas son las principales razones de mi lucha."

El maestro leyó el trabajo, que tenía muchos miles de palabras, y luego le dijo al joven: "Está admirablemente razonado y claramente expuesto, pero es algo largo. Intenta acortarlo un poco". Así que el novicio se marchó y, al cabo de cinco años, regresó con apenas cien páginas.

El maestro sonrió y, tras leerlo, dijo: "Ahora sí que te acercas al meollo de la cuestión. Tus pensamientos tienen claridad y fuerza. Pero aún es un poco largo; trata de condensarlo, hijo mío".

El novicio se marchó triste, pues había trabajado duro para alcanzar la esencia. Pero al cabo de diez años regresó, e inclinándose ante el maestro le ofreció sólo cinco páginas y le dijo: "Éste es el núcleo de mi fe, el núcleo de mi vida, y pido tus bendiciones por haberme llevado hasta él."

El maestro lo leyó despacio y con atención: "Es verdaderamente maravilloso", dijo, "en su simplicidad y belleza, pero aún no es perfecto. Intenta llegar a una aclaración final".

Y cuando el maestro hubo llegado a la hora señalada y se preparaba para su fin, su alumno volvió de nuevo a él, y arrodillándose ante él para recibir sus bendiciones le entregó una sola hoja de papel en la que no había nada escrito.

Entonces el maestro puso las manos sobre la cabeza de su amigo y dijo: "Ahora... ahora lo has entendido".

Desde esa visión trascendental, lo que tú tienes está vacío. Desde tu visión, tu visión neurótica, lo que tengo está vacío.

Buda te parece vacío, puro vacío. A causa de tus ideas, a causa de tus aferramientos, a causa de tu posesividad sobre las cosas, Buda parece vacío. Buda está lleno: tú estás vacío. Y su visión es absoluta; la tuya es muy relativa.

El sutra dice:

AVOLOKITA, EL SANTO SEÑOR Y BODHISATTVA, SE MOVÍA EN EL CURSO PROFUNDO DE LA SABIDURÍA QUE HA IDO MÁS ALLÁ.

MIRÓ DESDE LO ALTO, NO VIO MÁS QUE CINCO MONTONES, Y VIO QUE EN SU PROPIO SER ESTABAN VACÍOS.

El vacío es la clave del budismo: shunyata. Nos adentraremos en ella cada vez más a medida que nos adentremos en los reinos más profundos del Sutra del Corazón.

Medita sobre estos sutras - medita con amor, con simpatía, no con lógica y razonamiento. Si te acercas a estos sutras con lógica y razonamiento matarás su espíritu. No los disecciones. Trata de entenderlos tal como son, y no traigas tu mente - tu mente será una interferencia.

Si puedes mirar estos sutras sin tu mente, te sucederá una gran claridad.

Suficiente por hoy.

Rendirse es comprender

La primera pregunta:

Pregunta 1:

AMADO MAESTRO, A VECES MIENTRAS SOLO ESTAS SENTADO, LA PREGUNTA SURGE EN LA MENTE: ¿QUE ES LA VERDAD?

PERO CUANDO VENGO AQUI ME DOY CUENTA DE QUE NO SOY CAPAZ DE PREGUNTAR. PERO PUEDO PREGUNTAR QUE PASA EN ESOS MOMENTOS EN LOS QUE LA PREGUNTA SURGE CON TANTA FUERZA QUE SI HUBIERAS ESTADO CERCA LA HABRIA HECHO.

O SI NO HUBIERAS CONTESTADO, TE HABRÍA AGARRADO DE LA BARBA O DEL CUELLO Y TE HABRÍA PREGUNTADO: "¿QUÉ ES LA VERDAD, MAESTRO?".

Esa es la pregunta más importante que puede surgir en la mente de cualquiera, pero no tiene respuesta. La pregunta más importante, la pregunta última, no puede tener respuesta; por eso es última.

Cuando Poncio Pilato preguntó a Jesús: "¿Qué es la verdad?". Jesús permaneció en silencio. No sólo eso, la historia dice que cuando Poncio Pilato hizo la pregunta, "¿Qué es la verdad?" no esperó a escuchar la respuesta. Salió de la habitación y se fue. Esto es muy extraño. Poncio Pilato también piensa que no puede haber una respuesta para ello, por eso no esperó la respuesta. Jesús guardó silencio porque también sabe que no puede haber respuesta.

Pero estos dos entendimientos no son lo mismo, porque estas dos personas son diametralmente opuestas. Poncio Pilato piensa que no se puede responder porque no hay verdad; ¿cómo se puede responder? Esa es la mente lógica, la mente romana. Jesús guarda silencio no porque no haya verdad, sino porque la verdad es tan vasta que no se puede definir. La verdad es tan inmensa, enorme, que no se puede encerrar en una palabra, no se puede reducir al lenguaje. Está ahí.

Uno puede serlo, pero no puede decirlo.

Por dos razones diferentes se comportaron casi de la misma manera: Poncio no esperó a oír la respuesta, ya sabía que no hay verdad. Jesús calla porque conoce la verdad, y sabe que no se podía decir.

Chidvilas ha hecho esta pregunta. La pregunta es absolutamente significativa. No hay pregunta más elevada que esa, porque no hay religión más elevada que la verdad. Hay que comprenderla; hay que analizar la pregunta. Analizando la pregunta, tratando de comprender la pregunta misma, puedes tener una visión de lo que es la verdad. No voy a responderla, no puedo responderla; nadie puede responderla. Pero podemos profundizar en la pregunta. Al profundizar en la pregunta, ésta empezará a desaparecer. Cuando la pregunta desaparezca, encontrarás la respuesta en lo más profundo de tu corazón: tú eres la verdad, así que, ¿cómo puedes perdértela? Tal vez te hayas olvidado de ella, tal vez la hayas perdido de vista, tal vez hayas olvidado cómo entrar en tu propio ser, en tu propia verdad.

La verdad no es una hipótesis, la verdad no es un dogma. La verdad no es hindú ni cristiana ni mahometana. La verdad no es mía ni tuya. La verdad no pertenece a nadie, pero todo el mundo pertenece a la verdad. Verdad significa lo que es: ése es exactamente el significado de la palabra. Proviene de una raíz latina, verus. Verus significa: lo que es. En inglés hay algunas palabras que son derivaciones de la raíz latina verus: was, were - vienen de verus. En alemán, war, viene de verus. Verus significa lo que es, sin interpretar. Una vez que entra la interpretación, lo que conoces es la realidad, no la verdad. Esa es la diferencia entre verdad y realidad. La realidad es la verdad interpretada.

Así que en el momento en que respondes a la pregunta "¿Qué es la verdad?", se convierte en realidad; ya no es verdad. La interpretación ha entrado en ella, la mente la ha coloreado. Y realidades hay tantas como mentes; hay multirrealidades. La verdad es una porque la verdad sólo se conoce cuando la mente no está ahí. Es la mente la que te mantiene separado de mí, separado de los demás, separado de la existencia. Si miras a través de la mente, entonces la mente te dará una imagen de la verdad.

Será sólo una imagen, una fotografía de lo que es. Y, por supuesto, la fotografía depende de la cámara, de la película utilizada, de los productos químicos, de cómo se ha revelado, de cómo se ha impreso, de quién lo ha hecho. Entran mil y una cosas más; se convierte en realidad.

La palabra realidad también es hermosa de entender. Proviene de la raíz, res; significa cosa o cosas. La verdad no es una cosa. Una vez interpretada, una vez que la mente la ha asido, definido, demarcado, se convierte en una cosa.

Cuando te enamoras de una mujer hay algo de verdad - si te has enamorado absolutamente desprevenido, si no lo has "hecho" de ninguna manera, si no has actuado, gestionado, si ni siquiera has pensado en ello. De repente ves a una mujer, la miras a los ojos, ella te mira a los ojos, y algo hace clic. No eres tú quien lo hace, simplemente estás poseído por ello, simplemente caes en ello. No tiene nada que ver contigo. Tu ego no está implicado, al menos no al principio, cuando el amor es virgen. En ese momento hay verdad, pero no hay interpretación. Por eso el amor sigue siendo indefinible.

Pronto entra la mente, empieza a manejar las cosas, toma posesión de ti. Empiezas a pensar en la chica como tu novia, empiezas a pensar en cómo casarte, empiezas a pensar en la mujer como tu esposa. Ahora son cosas; la novia, la esposa, son cosas. La verdad ya no está ahí, ha retrocedido. Ahora las cosas son más importantes. Lo definible es más seguro, lo indefinible es inseguro. Habéis empezado a matar, a envenenar la verdad. Tarde o temprano habrá una esposa y un marido, dos cosas. Pero la belleza se ha ido, la alegría ha desaparecido, la luna de miel ha terminado.

La luna de miel se acaba en ese momento exacto en que la verdad se convierte en realidad, en que el amor se convierte en una relación. Desgraciadamente, la luna de miel es muy corta, no me refiero a la luna de miel a la que se va. La luna de miel es muy corta. Tal vez estuvo ahí por un momento, pero su pureza, su pureza cristalina, su divinidad, su más allá, es de la eternidad, no es del tiempo. No forma parte de este mundo mundano, es como un rayo que entra en un agujero oscuro. Viene de lo trascendental. Es absolutamente apropiado llamar al amor Dios, porque el amor es verdad. Lo más cerca que estás de la verdad en la vida ordinaria es el amor.

Chidvilas pregunta: "¿Qué es la verdad?"

Preguntar tiene que desaparecer; sólo entonces se sabe.

Si preguntas: "¿Qué es la verdad?", ¿qué estás preguntando? Si digo que A es la verdad, B es la verdad, C es la verdad, ¿será ésa la respuesta? Si digo que A es la verdad, entonces ciertamente A no puede ser la verdad: es otra cosa lo que estoy utilizando como sinónimo de verdad. Si es absolutamente sinónimo, entonces será una tautología. Entonces puedo decir: "La verdad es la verdad", pero eso es una tontería, no tiene sentido. No resuelve nada. Si es exactamente lo mismo, si A es verdad, entonces significará que la verdad es verdad. Si A es diferente, no es exactamente la verdad, entonces estoy falsificando. Entonces decir que A es verdad será sólo aproximado. Y recuerda, no puede haber nada aproximado. O la verdad es o no es. Así que no puedo decir que A es verdad.

Ni siquiera puedo decir: "Dios es la verdad", porque si Dios es la verdad entonces es una tautología: "La verdad es la verdad". Entonces no estoy diciendo nada. Si Dios es diferente de la verdad, entonces estoy diciendo algo, pero entonces estoy diciendo algo equivocado. Entonces Dios es diferente, ¿cómo puede ser verdad? Si digo que es aproximado, lingüísticamente queda bien, pero no es correcto.

Aproximadamente' significa que hay alguna mentira, que hay algo falso. Si no, ¿por qué no es verdad al cien por cien? Si es un noventa y nueve por ciento verdad, entonces hay algo que no es verdad. Y la verdad y la falsedad no pueden existir juntas, igual que la oscuridad y la luz no pueden existir juntas, porque la oscuridad no es más que ausencia. La ausencia y la presencia no pueden existir juntas, la verdad y la falsedad no pueden existir juntas. La falsedad no es más que la ausencia de verdad.

Así que no hay respuesta posible, de ahí que Jesús permaneciera en silencio. Pero si lo miras con profunda simpatía, si te fijas en el silencio de Jesús, tendrás una respuesta. El silencio es la respuesta.

Jesús dice: "Callad, como yo callo, y lo sabréis", sin decirlo con palabras. Es un gesto, es muy, muy zen. En ese momento en que Jesús guarda silencio, se acerca mucho al enfoque zen, al enfoque budista. En ese momento es Buda. Buda nunca respondió a estas preguntas. Tenía una lista de once preguntas: allá donde iba, sus discípulos iban y decían a la gente: "Nunca hagáis estas once preguntas a Buda", preguntas que son fundamentales, preguntas que son realmente significativas. Podías preguntar cualquier otra cosa, y Buda siempre estaba dispuesto a responder. Pero no preguntes lo fundamental, porque lo fundamental sólo puede experimentarse. Y la verdad es lo más fundamental; la sustancia misma de la existencia es lo que es la verdad.

Entra en la pregunta. La pregunta es significativa, está surgiendo en tu corazón: "¿Qué es la verdad?" - Está surgiendo el deseo de conocer lo que es. No lo apartes, entra en él. Chidvilas, cada vez que vuelva a ocurrir, cierra los ojos, entra en la pregunta. Deja que la pregunta se vuelva muy, muy concentrada: "¿Qué... es... la verdad?". Que surja una gran concentración. Olvídate de todo, como si toda tu vida dependiera de esta simple pregunta: "¿Qué es la verdad?". Deja que se convierta en una cuestión de vida o muerte. Y no intentes responderla, porque no conoces la respuesta.

Las respuestas pueden llegar -la mente siempre intenta dar respuestas-, pero fíjate en el hecho de que no lo sabes, por eso estás preguntando. Entonces, ¿cómo puede tu mente darte una respuesta? La mente no sabe, así que dile a la mente: "Cállate". Si lo sabes, entonces no hay necesidad de la pregunta. No lo sabes, de ahí la pregunta.

Así que no te dejes engañar por los juguetes de la mente. La mente suministra juguetes: dice: "Mira, está escrito en la Biblia. Mira, está escrito en los Upanishads. Esta es la respuesta. Mira, está escrito por Lao Tzu, ésta es la respuesta". La mente puede arrojarte todo tipo de escrituras: la mente puede citar, la mente puede suministrar de la memoria. Has oído muchas cosas, has leído muchas cosas; la mente lleva todos esos recuerdos. Puede repetir de forma mecánica. Pero fíjate en este fenómeno: que la mente no sabe, y todo lo que la mente está repitiendo es prestado.

Y lo prestado no puede ayudar.

Ocurrió en un cruce de ferrocarril. Las puertas estaban cerradas, iba a pasar un tren, y un hombre estaba sentado en su coche, esperando a que pasara el tren, leyendo un libro. Un borracho que estaba sentado junto a la verja se acercó y llamó a la ventanilla del coche climatizado.

El hombre abrió la ventanilla y dijo: "¿Qué puedo hacer por usted? ¿Necesita ayuda?"

Y el vagabundo dijo: "Sí, llevo dos días sin comer nada. ¿Puedes darme dos rupias? Eso me bastará, sólo dos rupias".

El hombre se rió y dijo: "Nunca pidas prestado y nunca prestes dinero", y le mostró el libro al vagabundo y le dijo: "Shakespeare - Shakespeare lo dice. Mira".

El vagabundo sacó de su bolsillo un libro de bolsillo muy sucio y le dijo al hombre: "Hijo de puta: D. H. Lawrence".

Cuidado con la mente. La mente sigue citando, la mente lo sabe todo sin saber nada. La mente es una farsante. Observa este fenómeno: a esto lo llamo percepción. No es cuestión de pensar. Si piensas en ello, es de nuevo la mente. Tienes que ver a través de todo.

Tienes que examinar profundamente el fenómeno mismo, el funcionamiento de la mente, cómo funciona la mente. Toma prestado de aquí y de allá, sigue tomando prestado y acumulando. Es una acumuladora, una acumuladora de conocimiento. La mente se convierte en una gran conocedora, y entonces, cada vez que haces una pregunta que es realmente importante, la mente te da una respuesta muy poco importante: fútil, superficial, basura.

Un hombre compra un loro en una tienda de animales. El dueño de la tienda le aseguró que el pájaro aprendería a saludar en media hora. De vuelta a casa, se pasó una hora "saludando" al loro, pero ni una palabra del pájaro. Cuando se daba la vuelta, desesperado, el pájaro le dijo: "Número prometido".

Un loro es un loro. Debió de oírlo en la tienda de animales. Y este hombre seguía y seguía: "Hola, hola, hola", y el pájaro escuchaba y esperaba a que parara. Entonces pudo decir: "¡Número comprometido!"

Puedes seguir preguntándole a la mente: "¿Qué es la verdad, qué es la verdad, qué es la verdad?". Y en el momento en que te detengas, la mente dirá inmediatamente: "Número comprometido" o algo así. La mente te dará una respuesta. Ten cuidado con la mente.

La mente es el diablo, no hay otro diablo. Y es tu mente. Hay que desarrollar esta perspicacia - de mirar a través y a través. Corta la mente en dos con un fuerte golpe de espada. Esa espada es la conciencia. Corta la mente en dos y ve a través de ella, ¡ve más allá de ella! Y si puedes ir más allá de la mente, a través de la mente, y surge en ti un momento de no-mente, ahí está la respuesta, no una respuesta verbal, no una cita bíblica, no entre comillas, sino auténticamente tuya, una experiencia. La verdad es una experiencia existencial.

La pregunta es inmensamente significativa, pero tendrás que ser muy respetuoso con ella. No tengas prisa por encontrar ninguna respuesta, de lo contrario alguna tontería acabará con la respuesta.

No permitas que tu mente mate la pregunta. Y la forma en que la mente mata la pregunta es dando respuestas no vividas, no experimentadas.

¡Tú eres la verdad! Pero sólo puede ocurrir en el silencio absoluto, cuando no se mueve ni un solo pensamiento, cuando la mente no tiene nada que decir, cuando no hay ni una sola onda en tu conciencia. Cuando no hay ninguna onda en tu conciencia, tu conciencia permanece sin distorsión. Cuando hay una onda, hay una distorsión.

Ve a un lago. De pie en la orilla, mira tu reflejo. Si hay olas, ondas en el lago y sopla el viento, tu reflejo es inestable. No puedes saber qué es qué, dónde está tu nariz y dónde tus ojos, sólo puedes adivinarlo. Pero cuando el lago está en silencio y el viento no sopla y no hay ni una sola ondulación en la superficie, de repente estás ahí. En absoluta perfección, el reflejo está ahí. El lago se convierte en un espejo.

Siempre que hay un pensamiento moviéndose en tu conciencia, se distorsiona. Y hay muchos pensamientos, millones de pensamientos, corriendo continuamente, y siempre es hora punta. Veinticuatro horas al día es hora punta, y el tráfico sigue y sigue y sigue, y cada pensamiento está asociado con miles de otros pensamientos. Todos están cogidos de la mano, unidos e interconectados, y toda la multitud se apresura a tu alrededor. ¿Cómo puedes saber qué es la verdad?

Sal de esta multitud.

Eso es la meditación, en eso consiste la meditación: una consciencia sin mente, una consciencia sin pensamientos, una consciencia sin vacilación alguna, una consciencia inquebrantable. Entonces está ahí en toda su belleza y bendición. Entonces la verdad está ahí - llámalo Dios, llámalo nirvana, o como quieras llamarlo. Está ahí, y está ahí como una experiencia. Tú estás en ella y ella está en ti.

Utiliza esta pregunta. Hazla más penetrante. Hazla tan penetrante; ponlo todo en juego para que la mente no pueda engañarte con sus respuestas superficiales. Una vez que la mente desaparezca, una vez que la mente ya no esté jugando sus viejos trucos, sabrás lo que es la verdad. La conocerás en silencio. La conocerás en la conciencia irreflexiva.

La segunda pregunta:

Pregunta 2:

AMADO MAESTRO,

MI ENTREGA ESTÁ ORIENTADA A UN OBJETIVO. ME ESTOY RINDIENDO PARA GANAR LIBERTAD, ASÍ QUE NO ES UNA RENDICIÓN REAL EN ABSOLUTO. LO ESTOY OBSERVANDO, PERO EL PROBLEMA ES QUE SIEMPRE SOY YO QUIEN LO OBSERVA.

POR LO TANTO, CADA REALIZACIÓN DE ESA OBSERVACIÓN ES UN REFUERZO DEL EGO. ME SIENTO ENGAÑADO POR MI EGO.

No has entendido lo que es la rendición.

Lo primero que hay que recordar sobre la rendición es: no puedes hacerla, no es un hacer. Puedes evitar que suceda, pero no puedes conseguir que suceda. Tu poder sobre la rendición es sólo negativo: puedes evitarla, pero no puedes hacer que suceda.

La entrega no es algo que puedas hacer. Si lo haces, no es rendición, porque el hacedor está ahí. La entrega es una gran comprensión de que "yo no soy". La entrega es la comprensión de que el ego no existe, de que "no estoy separado". La entrega no es un acto, sino una comprensión.

En primer lugar eres falso, la separación es falsa. Ni por un solo momento puedes existir separado del universo. El árbol no puede existir si es arrancado de la tierra. El árbol no puede existir si el sol desaparece mañana. El árbol no puede existir si no llega agua a sus raíces. El árbol no puede existir si no puede respirar. El árbol está enraizado en los cinco elementos, lo que los budistas llaman skandhas, los cinco grupos de los que hablábamos el otro día.

Avalokita... cuando Buda llegó a la visión trascendental, cuando pasó por todas las etapas, cuando pasó por todos los peldaños de la escalera y llegó al séptimo -desde allí miró hacia abajo, miró hacia atrás-, ¿qué vio? Sólo vio cinco montones sin nada sustancial en ellos, sólo vacío, shunyata.

El árbol no puede existir si estos cinco elementos no están constantemente vertiendo energía en él. El árbol no es más que una combinación de estos cinco elementos. Si el árbol empieza a pensar: "Yo soy", entonces será desgraciado. El árbol creará un infierno para sí mismo. Pero los árboles no son tan tontos, no tienen ninguna mente. Están ahí, y si mañana desaparecen, simplemente desaparecen. No se aferran; no hay nadie a quien aferrarse. El árbol está constantemente entregado a la existencia. Por entregado quiere decir que nunca está separado, que no ha llegado a esa estúpida idea del ego. Y así son los pájaros, así son las montañas, así son las estrellas. Sólo el hombre ha convertido su gran oportunidad de ser consciente en ser autoconsciente. El hombre tiene conciencia. Si la conciencia crece, puede traerle la mayor dicha posible. Pero si algo sale mal y la conciencia se agria y se convierte en autoconciencia, entonces crea el infierno, entonces crea la miseria. Ambas alternativas están siempre abiertas; eres tú quien debe elegir.

Lo primero que hay que entender sobre el ego es que no existe. Nadie existe en la separación.

Eres tan uno con el universo como lo soy yo, como lo es Buda, como lo es Jesús. Yo lo sé, tú no lo sabes; la diferencia es sólo de reconocimiento. La diferencia no es existencial, ¡en absoluto! Así que tienes que analizar esta estúpida idea de la separación. Ahora bien, si empiezas a intentar rendirte, sigues arrastrando la idea de la separación. Ahora estás pensando: "Voy a rendirme, ahora voy a rendirme" - pero crees que lo estás haciendo.

Al examinar la idea misma de separación, un día descubres que no estás separado, así que ¿cómo puedes rendirte? No hay nadie a quien rendirse. Nunca ha habido nadie que se rinda. El que se rinde no está ahí, en absoluto, no se encuentra en ninguna parte. Si entras en ti mismo no encontrarás al que se rinde en ninguna parte. En ese momento está la rendición. Cuando no encuentras al que se rinde, en ese momento es la rendición. No puedes hacerlo. Si lo haces, es algo falso. De la falsedad sólo surge la falsedad. Tú eres falso, así que cualquier cosa que hagas será falsa, más falsa. Y una falsedad lleva a otra, y así sucesivamente. Y la falsedad fundamental es el ego, la idea: "Estoy separado".

Usted pregunta: "Mi rendición está orientada a objetivos".

El ego siempre está orientado hacia un objetivo. Siempre es codicioso, siempre está agarrando. Siempre está buscando más y más y más; vive en el más. Si tienes dinero, quiere tener más dinero; si tienes una casa, quiere tener una casa más grande; si tienes una mujer, quiere tener una mujer hermosa, pero siempre quiere más. El ego está constantemente hambriento. Vive en el futuro y en el pasado. En el pasado vive como un acaparador: "Tengo esto y esto y esto". Obtiene una gran satisfacción: "Tengo algo": poder, prestigio, dinero. Esto le da una especie de realidad. Le da la noción de que: "Cuando tenga estas cosas, debo estar allí". Y vive en el futuro con la idea de más. Vive como recuerdo y como deseo.

¿Qué es un objetivo? Un deseo: "Tengo que llegar allí, tengo que ser eso, tengo que lograrlo". El ego no vive, no puede vivir en el presente, porque el presente es real y el ego es falso, nunca se encuentran. El pasado es falso, ya no existe. Una vez lo fue, pero cuando estaba presente, el ego no estaba allí. Una vez que ha desaparecido, ya no es existencial, el ego empieza a agarrarlo, a acumularlo.

Agarra y acumula cosas muertas. El ego es un cementerio: colecciona cadáveres, huesos muertos.

O vive en el futuro. Una vez más, el futuro aún no existe: es imaginación, fantasía, sueño.

El ego puede vivir con eso también, muy fácilmente; las falsedades van juntas perfectamente bien, suavemente bien.

Si traemos algo existencial, el ego desaparece. De ahí la insistencia de estar en el presente, de ser herenow. Justo en este momento... Si eres inteligente no hay necesidad de pensar en lo que estoy diciendo; ¡simplemente puedes ver en este mismo momento! ¿Dónde está el ego? Hay silencio, y no hay pasado, y no hay futuro, sólo este momento... y este perro ladrando. Este momento, y tú no eres. Deja que este momento sea, y tú no eres. Y hay un inmenso silencio, hay un profundo silencio, dentro y fuera. Y entonces no hay necesidad de rendirse porque sabes que no eres. Saber que no eres es rendirse.

No se trata de rendirse a mí, no se trata de rendirse a Dios. No se trata de rendirse en absoluto. Rendirse es una percepción, una comprensión de que "no soy". Al ver: "No soy, soy la nada, el vacío", crece la entrega. La flor de la entrega crece en el árbol de la vacuidad. No puede estar orientada hacia un objetivo.

El ego está orientado a los objetivos. El ego anhela el futuro. Puede anhelar incluso la otra vida, puede anhelar el cielo, puede anhelar el nirvana. No importa lo que anhele: anhelar es lo que es, desear es lo que es, proyectar hacia el futuro es lo que es.

¡Míralo! ¡Míralo! No digo que pienses en ello. Si piensas en ello te pierdes. Pensar de nuevo significa pasado y futuro. Mira dentro -

¡avalokita! - mira dentro. La palabra inglesa look viene de la misma raíz que avalokita. Investiga y hazlo ahora mismo. No te digas a ti mismo: "Vale, iré a casa y lo haré". El ego ha entrado, la meta ha llegado, el futuro ha entrado. Siempre que entra el tiempo estás cayendo en esa falsedad de la separación.

Que sea aquí, en este mismo momento. Y de repente ves que estás, y que no vas a ninguna parte, y que no vienes de ninguna parte. Siempre has estado aquí. Aquí está el único tiempo, el único espacio. El ahora es la única existencia. En ese ahora, hay rendición.

"Mi rendición está orientada a un objetivo", dices; "me rindo para ganar la libertad".

Pero tú eres libre. Nunca has dejado de ser libre. Eres libre, pero de nuevo existe el mismo problema: quieres ser libre, pero no comprendes que sólo puedes ser libre cuando eres libre de ti mismo, no hay otra libertad. Cuando piensas en la libertad, piensas como si fueras a estar allí y ser libre. No estarás allí; habrá libertad. Libertad significa libertad del yo, no libertad del yo. En el momento en que la prisión desaparece, el prisionero también desaparece, ¡porque el prisionero es la prisión! En el momento en que sales de la prisión, tú tampoco eres. Existe el cielo puro, el espacio puro. Ese espacio puro se llama nirvana, moksha, liberación.

Trata de comprender en lugar de intentar conseguir.

"Me rindo para ganar la libertad".

Entonces estás utilizando la rendición como un medio, y la rendición es la meta, es el fin en sí mismo.

Cuando digo que la rendición es la meta, no estoy diciendo que la rendición tenga que lograrse en algún momento en el futuro. Estoy diciendo que la rendición no es un medio, es un fin en sí mismo. No es que la entrega traiga la libertad, ¡la entrega es la libertad! Son sinónimos, significan lo mismo. Estás viendo la misma cosa desde dos ángulos diferentes.

"Así que no es una rendición real en absoluto".

No es real ni irreal. No es rendición en absoluto. Ni siquiera es irreal.

"Lo observo, pero el problema es que siempre soy yo quien lo observa. Por lo tanto, cada realización que surge de esa observación es un refuerzo del ego. Me siento engañado por mi ego".

¿Quién es ese "yo" del que hablas que se siente engañado por el ego? Es el propio ego. El ego es tal que puede dividirse en fragmentos, en partes, y entonces empieza el juego. Tú eres el perseguidor y tú eres el perseguido. Es como un perro que intenta agarrar su propia cola y sigue saltando. Y tú miras y ves lo absurdo que es, pero tú ves lo absurdo, el perro no puede verlo. Cuanto más le cuesta agarrarse a la cola, más se vuelve loco, más salta. Y cuanto más rápido y más grande es el salto, más rápido y más grande salta también la cola. Y el perro no puede concebir lo que está sucediendo: es un gran cazador de todo, y esta cola ordinaria, ¿y no puede agarrarla?

Esto es lo que te está ocurriendo. Soy yo el que intenta atrapar, y el que atrapa y el atrapado. Ve lo ridículo de ello, y en ese mismo ver libérate de ello.

No hay nada que hacer, nada, digo, porque ya sois aquello en lo que queréis convertiros. Sois Budas, nunca habéis sido de otra manera. Ver es suficiente.

Y cuando dices: "Estoy mirando", es otra vez el yo. Observando, el "yo" se creará de nuevo, porque observar de nuevo es un acto, hay un esfuerzo implicado. Tú estás observando, ¿quién está observando entonces? La relajación. En la relajación -cuando no hay nada que observar y nadie como observador, cuando no estás dividido en una dualidad- surge una cualidad diferente de presenciar. No es observar, es sólo conciencia pasiva; pasiva, digo -recuerda-. No tiene nada de agresivo. Observar es muy agresivo: se necesita esfuerzo, tienes que estar tenso.

Pero no estés tenso, relájate. Simplemente estate ahí. En esa conciencia cuando simplemente estás ahí, sentado sin hacer nada, llega la primavera y la hierba crece por sí misma.

Ese es todo el enfoque budista: que cualquier cosa que hagas creará y realzará al hacedor: observar también, pensar también, entregarse también. Cualquier cosa que hagas creará la trampa. No necesitas hacer nada. Simplemente sé... y deja que las cosas sucedan. No trates de manejar, no trates de manipular. Deja que la brisa pase, deja que los rayos del sol vengan, deja que la vida baile, y deja que la muerte venga y tenga su baile en ti también.

Este es mi significado de sannyas: no es algo que haces, sino cuando dejas de hacer y ves lo absurdo de hacer. ¿Quién eres tú para hacer? No eres más que una ola en este océano. Un día estás, otro día desaparecerás; el océano continúa. ¿Por qué deberías preocuparte tanto? Vienes y desapareces. Mientras tanto, por este pequeño intervalo, te preocupas tanto y te pones tan tenso, y llevas todas las cargas sobre tus hombros, y cargas rocas en tu corazón - sin razón alguna.

¡Eres libre en este mismo momento!

Te declaro iluminado en este mismo momento. Pero no confiáis en mí. Dices: "Así es, Maestro, pero dinos cómo iluminarse".

Ese llegar a ser, ese alcanzar, ese desear, sigue saltando sobre cualquier objeto que puedas encontrar. A veces es dinero, a veces es Dios. A veces es el poder, a veces es la meditación - pero cualquier objeto, y empiezas a agarrarlo. No agarrar es la manera de vivir la vida real, la verdadera vida, no agarrar, no poseer.

Deja que las cosas sucedan, que la vida sea un acontecimiento, y hay alegría, hay regocijo - porque entonces no hay frustración, nunca, porque nunca habías esperado nada en primer lugar.

Todo lo que viene es bueno, es bienvenido. No hay fracaso ni éxito. Se ha abandonado el juego del fracaso y el éxito. El sol viene por la mañana y te despierta, y la luna viene por la tarde y te canta una canción de cuna y te vas a dormir. Llega el hambre y comes, y así sucesivamente. Eso es lo que quieren decir los maestros Zen cuando dicen: Cuando tengas hambre, come, cuando tengas sueño, duerme, y no hay nada más que hacer.

Y no os estoy enseñando la inacción. No estoy diciendo que no vayas a trabajar, no estoy diciendo que no te ganes el pan, no estoy diciendo que renuncies al mundo y dependas de otros y te conviertas en un explotador; no, en absoluto. Pero no seas un hacedor. Sí, cuando tienes hambre tienes que comer, y cuando tienes que comer tienes que ganarte el pan; pero no hay nadie que lo haga. Es el hambre misma la que está trabajando; no hay nadie más haciéndolo. Es la propia sed la que te lleva hacia el pozo o hacia el río. Es la propia sed la que se mueve; no hay nadie que tenga sed. Abandona los sustantivos y pronombres en tu vida y deja vivir a los verbos.

Buda dice: La verdad es que cuando ves a una bailarina, no hay bailarina sino sólo una danza.

Cuando ves un río, no hay río, sino sólo fluir. Cuando ves un árbol, no hay ningún árbol, sólo árboles. Cuando ves una sonrisa, no hay nadie que sonría, sólo hay sonrisa, sonriendo. Cuando ves amor, no hay nadie que sea amante, sólo hay amor. La vida es un proceso.

Pero estamos acostumbrados a pensar en términos de sustantivos estáticos. Eso crea problemas. Y no hay nada estático, todo es flujo y fluir. Fluye con esto, fluye con este río, y nunca seas un hacedor. Incluso cuando estés haciendo, no seas un hacedor. Hay hacer pero no hay hacedor. Una vez que esta percepción se asienta en ti, no hay nada más.

La iluminación no es una meta que haya que alcanzar. Es la vida ordinaria, esta vida sencilla que te rodea. Pero cuando no estás luchando, esta vida ordinaria se vuelve extraordinariamente hermosa. Entonces los árboles son más verdes, entonces los pájaros cantan en tonos más ricos, entonces todo lo que ocurre alrededor es precioso... entonces los guijarros ordinarios son diamantes.

Acepta esta vida sencilla y ordinaria. Deja de ser un hacedor. Y cuando digo que dejes al hacedor, ¡no te conviertas en un dejador! Viendo en la realidad de ello, desaparece.

La tercera pregunta:

Pregunta 3:

AMADO MAESTRO,

¿EXISTE ALGUNA DIFERENCIA ENTRE EL "SHUNYAVADA" DE NAGARJUNA Y EL "AVYAKRITOPADESH", LA ENSEÑANZA TÁCITA E INDEFINIBLE DEL SEÑOR BUDA?

No hay ninguna diferencia. Si parece haber una diferencia, es sólo debido a la formulación. Nagarjuna es un gran filósofo, uno de los más grandes del mundo. Solo unas pocas personas en el mundo, muy pocas, tienen esa cualidad de penetración que tiene Nagarjuna. Por lo tanto, su forma de hablar es muy filosófica, lógica, absolutamente lógica. Buda es un místico, no un filósofo. Su forma de decir las cosas es más poética que filosófica. El enfoque es diferente, pero Nagarjuna está diciendo exactamente lo mismo que Buda. Su formulación es ciertamente diferente, pero hay que entender lo que están diciendo.

Usted pregunta - la pregunta es de Omanath Bharti - "¿Hay alguna diferencia entre shunyavada..." shunyavada significa la teoría, la filosofía de la nada. En español no hay palabra que pueda ser equivalente, apropiadamente equivalente, a shunya. Shunya significa vacío; pero no negativo, vacío muy positivo. Significa nada, pero no significa simplemente nada; significa no-cosa. Shunya significa vacío, vacío de todo. Pero el vacío en sí mismo está ahí, con total presencia, así que no es sólo vacío. Es como el cielo que está vacío, que es puro espacio, pero que es. Todo entra y sale, y permanece.

Shunya es como el cielo: pura presencia. No puedes tocarlo aunque vivas en él. No puedes verlo aunque nunca puedes estar sin él.

Tú existes en él; igual que el pez existe en el océano, tú existes en el espacio, en shunya. Shunyavada significa que todo surge de la nada.

Hace unos minutos te hablaba de la diferencia entre verdad y realidad. Realidad significa el mundo de las cosas, y verdad significa el mundo de la nada. Todas las cosas surgen de la nada y vuelven a disolverse en la nada.

En los Upanishads hay una historia:

Svetaketu ha vuelto de la casa de su amo, de vuelta con sus padres. Lo ha aprendido todo. Su padre, Uddalaka, un gran filósofo, le mira y le dice: "Svetaketu, sal fuera y trae una fruta de aquel árbol".

Sale, trae una fruta. Y el padre le dice: "Rómpela. ¿Qué ves en ella?" Tiene muchas semillas. Y el padre dice: "Toma una semilla y rómpela. ¿Qué ves en ella?"

Y él dice: "Nada".

Y el padre dice: "Todo surge de esta nada. Este gran árbol, tan grande que mil carros de bueyes pueden descansar debajo de él, ha surgido de una simple semilla. Rompes la semilla y no encuentras nada. Este es el misterio de la vida: todo surge de la nada.

Y un día el árbol desaparece, y no sabes dónde; no lo encuentras por ninguna parte".

Lo mismo ocurre con el hombre: surgimos de la nada, no somos nada y desaparecemos en la nada.

Esto es shunyavada.

¿Y cuál es el avyakritopadesh de Buda, la enseñanza tácita e indefinible? Es la misma. Él nunca lo hizo tan filosóficamente claro como Nagarjuna lo ha hecho. Por eso nunca ha hablado de ello. Por eso dice que es indefinible; no puede ser llevada al nivel del lenguaje. Ha guardado silencio al respecto.

¿Conoces el Sermón de la Flor? Un día llega con una flor de loto en la mano y se sienta en silencio, sin decir nada. Y los diez mil discípulos están allí, los diez mil bhikkhus están allí, y están esperando que diga algo, y él sigue mirando la flor de loto. Hay un gran silencio, y también una gran inquietud. La gente empieza a inquietarse: "¿Qué está haciendo? Nunca ha hecho eso antes".

Y entonces un discípulo, Mahakashyapa, sonríe.

Buda llama a Mahakashyapa, le da la flor de loto y dice a la asamblea: "Lo que se puede decir os lo he dicho a vosotros, y lo que no se puede decir se lo he dado a Mahakashyapa."

Esto es avyakritopadesh, esto es el mensaje indefinible. Este es el origen del budismo zen, la transmisión. Algo fue transmitido por Buda a Mahakashyapa, algo que no es nada; en el plano visible nada -ni palabra, ni escritura, ni teoría- pero algo ha sido transmitido. ¿Qué cosa?

Los monjes zen llevan dos mil quinientos años meditando sobre esto: "¿Qué?

¿Qué se transmitió? ¿Qué se ha transmitido exactamente?". De hecho, nada ha sido dado de Buda a Mahakashyapa; Mahakashyapa ciertamente ha comprendido algo. Comprendió el silencio, comprendió el silencio penetrante. Comprendió ese momento de claridad, ese momento de total irreflexión. Se hizo uno, en ese momento, con Buda. Eso es la entrega. No es que él lo hiciera: Buda estaba en silencio y él estaba en silencio, y los silencios se encontraron, y los dos silencios se disolvieron el uno en el otro. Y dos silencios no pueden permanecer separados, recuerda, porque un silencio no tiene límites, un silencio es ilimitado, un silencio es simplemente abierto, abierto por todos lados. En aquella gran asamblea de diez mil monjes había ese día dos silencios: Buda y Mahakashyapa. Los demás permanecieron fuera. Mahakashyapa y Buda se encontraron: por eso sonrió - porque aquel fue el mayor sermón que Buda había predicado nunca. No dijo ni una sola cosa y lo había dicho todo, todo lo que se podía decir - y todo lo que no se podía decir, eso también.

Mahakashyapa comprendió y rió. En esa risa Mahakashyapa desapareció totalmente, se convirtió en Buda. La llama de la lámpara de Buda saltó dentro de Mahakashyapa.

Es lo que se llama la "transmisión más allá de las escrituras", el Sermón de la Flor. Es único en la historia de la conciencia humana. Es lo que se llama avyakritopadesh: la palabra no dicha, la palabra no pronunciada.

El silencio se hizo tan sustancial, tan sólido; el silencio se hizo tan real, tan existencial; el silencio se hizo tangible en ese momento. Buda era una nada, Mahakashyapa también comprendió lo que significa ser una nada, estar completamente vacío.

No hay diferencia entre el shunyavada de Nagarjuna y el mensaje no expresado de Buda.

Nagarjuna es uno de los más grandes discípulos de Buda, y uno de los intelectos más penetrantes de todos los tiempos. Sólo muy pocas personas -de vez en cuando, un Sócrates, un Shankara- pueden compararse con Nagarjuna. Era muy, muy inteligente. Lo máximo que puede hacer el intelecto es suicidarse; lo más grande, el mayor crescendo que puede alcanzar el intelecto es ir más allá de sí mismo - eso es lo que ha hecho Nagarjuna. Ha atravesado todos los reinos del intelecto, y más allá.

Los positivistas lógicos dicen que la nada es una mera abstracción. En los diversos casos de afirmaciones negativas -por ejemplo: esto no es dulce, no estoy sano, no estuve allí, no le gusté, etcétera, etcétera- la negación no tiene sustancia propia. Esto es lo que dicen los positivistas lógicos. Buda no está de acuerdo, Nagarjuna no está de acuerdo. Martin Heidegger, uno de los intelectos más penetrantes de la era moderna, no está de acuerdo.

Heidegger dice que hay una experiencia real de la nada. No es sólo algo creado por el lenguaje; hay una experiencia real de la nada. Está inseparablemente unida al ser. La experiencia que lo atestigua es la del espanto. Kierkegaard, el filósofo danés, también se pregunta: "¿Qué efecto produce la nada?" y responde: "Engendra el espanto".

Nada es una experiencia real. Se puede experimentar en meditación profunda o cuando llega la muerte. La muerte y la meditación son las dos posibilidades de experimentarla. Sí, a veces también se puede experimentar en el amor. Si te disuelves en alguien en el amor profundo puedes experimentar una especie de nada. Por eso la gente tiene miedo del amor: sólo llegan hasta cierto punto, entonces surge el pánico y se asustan. Por eso muy pocas personas han permanecido orgásmicas, porque el orgasmo te da una experiencia de la nada. Desapareces, te fundes en algo y no sabes lo que es. Entras en lo indefinible, avyakrit. Vas más allá de lo social. Entras en una unidad donde la separación ya no es válida, donde el ego no existe. Y es aterrador, porque es como la muerte.

Así que es una experiencia, ya sea en el amor, que la gente ha aprendido a evitar -tantos siguen anhelando el amor y siguen destruyendo todas las posibilidades para ello debido al miedo a la nada- o, en meditación profunda, cuando el pensamiento se detiene. Simplemente ves que no hay nada dentro, pero esa nada tiene una presencia; no es simplemente ausencia de pensamiento, es presencia de algo desconocido, misterioso, algo muy grande. O puedes experimentarlo en la muerte, si estás alerta. Normalmente, la gente muere inconsciente. Debido al miedo a la nada se vuelven inconscientes. Si mueres conscientemente... Y puedes morir conscientemente sólo si aceptas el fenómeno de la muerte, y para eso uno tiene que aprender durante toda la vida, prepararse. Hay que amar para estar preparado para morir, y hay que meditar para estar preparado para morir. Sólo un hombre que ha amado y meditado será capaz de morir conscientemente. Y una vez que mueres conscientemente entonces no hay necesidad de que vuelvas, porque has aprendido la lección de la vida. Entonces desapareces en el todo; eso es el nirvana.

Los positivistas lógicos parecen muy lógicos, pero se les escapa algo, porque la realidad es mucho más que lógica. En la experiencia ordinaria sólo llegamos a lo que ellos dicen: esta silla está aquí, esto se quitará, entonces dirás que allí no hay silla. Simplemente indica ausencia - la silla ha sido retirada. Estos son casos ordinarios de la nada: antes había una casa y luego ha sido desmantelada, ya no está ahí. Es sólo una ausencia.

Pero hay nada en lo más profundo de tu ser, en el núcleo mismo. En el núcleo mismo de la vida existe la muerte. La muerte es el centro del ciclón. En el amor te acercas a ella, en la meditación te acercas a ella, en la muerte física también te acercas a ella. En el sueño profundo, cuando los sueños desaparecen, te acercas a ella. Es muy vivificante, mejora la vida. Un hombre que no pueda dormir profundamente enfermará, porque sólo en el sueño profundo, cuando muere en lo más profundo, recupera la vida, la energía, la vitalidad. Por la mañana, vuelve a estar fresco y lleno de entusiasmo, vibrante, otra vez vibrante.

¡Aprende a morir! Ese es el mayor arte que se puede aprender, la mayor habilidad que existe.

El punto de vista de Heidegger se acerca mucho al de Buda, y su lenguaje es muy moderno, por eso lo cito. Dice: "Todo ser, en la medida en que es un ser, está hecho de la nada". Hay una doctrina cristiana paralela también - muy descuidada, porque los teólogos cristianos no pueden manejarla, es demasiado. La doctrina es creatio ex nihilo: la creación es de la nada.

Si preguntas a un físico moderno, estará de acuerdo con Buda: cuanto más te adentras en la materia, las cosas empiezan a desaparecer. Llega un momento en que el átomo se divide y las cosas desaparecen por completo. Entonces hay electrones, pero ya no son cosas, son no-cosas. Es muy difícil de entender. Pero la física, la física moderna, se ha acercado mucho a la metafísica, porque cada día se acerca más a la realidad. Se acerca a través de la materia, pero llega a la nada. Sabes que la materia ya no existe en la física moderna.

La materia no es más que una ilusión: sólo aparece, no existe. Su solidez, su sustancialidad, es todo ilusión; nada es sustancial, todo es flujo y energía. La materia no es más que energía.

Y cuando profundizas en la energía, la energía no es una cosa, es una no-cosa.

La muerte es el punto en el que falla el conocimiento y nos abrimos al ser: ésa ha sido la experiencia budista a lo largo de los tiempos. Buda solía enviar a sus discípulos, cuando alguien había muerto, a ver el cuerpo ardiendo en la pira funeraria: "Meditad allí, meditad sobre la nada de la vida". La muerte es el punto en el que falla el conocimiento, y cuando falla el conocimiento, falla la mente. Y cuando la mente falla, existe la posibilidad de que la verdad penetre en ti.

Pero la gente no lo sabe. Cuando alguien muere no sabes qué hacer, estás muy avergonzado. Cuando alguien muere es un gran momento para meditar.

Siempre he pensado que cada ciudad necesita un Centro de la Muerte. Cuando alguien se está muriendo y su muerte es muy, muy inminente, debería ser trasladado al Centro de la Muerte. Debería ser un pequeño templo donde la gente que puede profundizar en la meditación se siente a su alrededor, le ayude a morir y participe en su ser cuando desaparezca en la nada. Cuando alguien desaparece en la nada se libera una gran energía. La energía que estaba allí, rodeándole, se libera. Si estás en un espacio silencioso a su alrededor, harás un gran viaje. Ningún psicodélico puede llevarte allí. Si puedes absorber esa energía, también morirás con él. Y verás lo último: la fuente y la meta, el principio y el fin.

"El hombre es el ser por el que nada viene al mundo", dice Jean-Paul Sartre.

La conciencia no es tal o cual objeto, no es ningún objeto en absoluto; pero, ¿seguro que es ella misma? "No", dice Sartre, "eso es precisamente lo que no es. La conciencia nunca es idéntica a sí misma. Así, cuando reflexiono sobre mí mismo, el yo que se refleja es otro que el yo que se refleja. Cuando intento afirmar lo que soy, fracaso, porque mientras hablo, aquello de lo que hablo se desliza hacia el pasado y se convierte en lo que fui. Soy mi pasado y mi futuro, y sin embargo no lo soy. He sido lo uno y seré lo otro. Pero en el presente no hay nada".

Si alguien te pregunta: "¿Quién eres?", ¿qué vas a responder? Puedes responder desde el pasado, que ya no existe, o desde el futuro, que aún no eres.

Pero, ¿quién eres en este momento? Un don nadie, una nada. Esta nada es el núcleo, el corazón, el corazón de tu ser.

La muerte no es el hacha que tala el árbol de la vida, sino el fruto que crece en él. La muerte es la sustancia de la que estás hecho. La nada es tu propio ser. Alcanza esta nada a través del amor o la meditación, y continúa teniendo vislumbres de ella. Esto es lo que Nagarjuna entiende por shunya. Esto es lo que Buda transfirió aquel día cuando pronunció el Sermón de la Flor. Esto es lo que Mahakashyapa comprendió cuando se rió. Vio la nada y su pureza, su inocencia, su inocencia primigenia, su resplandor, su inmortalidad, porque la nada no puede morir. Las cosas mueren; la nada es inmortal, eterna.

Si te identificas con algo, sufrirás la muerte. Pero si sabes que eres la muerte, ¿cómo puedes sufrir la muerte? Entonces nada puede destruirte; la nada es indestructible.

Una parábola budista narra que el rey del infierno preguntó a un espíritu recién llegado si durante su vida había conocido a los tres mensajeros celestiales. Y cuando respondió: "No, mi Señor, no los conocí", le preguntó si alguna vez había visto a un anciano encorvado por la edad, o a un enfermo pobre y sin amigos, o a un muerto.

Los budistas llaman a estos tres "los mensajeros de Dios": la vejez, la enfermedad, la muerte - tres mensajeros de Dios. ¿Por qué? - Porque sólo a través de estas experiencias en la vida tomas conciencia de la muerte. Y si tomas conciencia de la muerte y empiezas a aprender cómo entrar en ella, cómo acogerla, cómo recibirla, te liberas de la esclavitud, de la rueda de la vida y la muerte.

Heidegger dice, y también Sören Kierkegaard, que la nada crea pavor. Eso es sólo la mitad de la historia. Porque estas dos personas son sólo filósofos, por eso crea pavor.

Si le preguntas a Buda, a Mahakashyapa, a Nagarjuna, si me preguntas a mí, la muerte vista sólo parcialmente crea pavor; vista absolutamente, totalmente, te libera de todo pavor, de toda angustia, de toda ansiedad, te libera del SAMSARA... porque si miras parcialmente entonces se crea el miedo de que vas a morir, de que te convertirás en una nada, de que pronto desaparecerás. Y naturalmente te sientes nervioso, sacudido, desarraigado. Si miras a la muerte totalmente, entonces sabes que eres la muerte, que estás hecho de ella. Así que nada va a desaparecer, nada va a permanecer. Sólo la nada es.

El budismo no es una religión pesimista como han pensado muchas personas. El budismo es el camino para librarse tanto del optimismo como del pesimismo, para librarse de la dualidad.

Empieza a meditar sobre la muerte. Y siempre que sientas la muerte cerca, entra en ella a través de la puerta del amor, a través de la puerta de la meditación, a través de la puerta de un hombre muriendo. Y si algún día estás muriendo -y el día va a llegar algún día- recíbela con alegría, con bendición. Y si puedes recibir la muerte con alegría y bendición, alcanzarás la cima más grande, porque la muerte es el crescendo de la vida. En ella se esconde el mayor orgasmo, porque en ella se esconde la mayor libertad.

La muerte es hacer el amor con Dios, o Dios haciendo el amor contigo. La muerte es el orgasmo cósmico, total.

Así que abandona todas las ideas que tengas sobre la muerte: son peligrosas. Te hacen antagonista de la mayor experiencia que necesitas tener. Si echas de menos la muerte, nacerás de nuevo.

A menos que hayas aprendido a morir, seguirás naciendo una y otra y otra vez.

Esto es la rueda, el samsara, el mundo. Una vez que has conocido el mayor orgasmo, entonces no hay necesidad; desapareces, y permaneces en ese orgasmo para siempre. No permaneces como tú, no permaneces como una entidad, no permaneces definido, identificado con nada. Permaneces como el todo, no como la parte.

Este es el shunyavada de Nagarjuna, y este es el mensaje tácito de Buda, la palabra tácita. Ambos son lo mismo.

La última pregunta:

Pregunta 4:

AMADO MAESTRO, TENGO MIEDO DE TOMAR SANNYAS, AUNQUE ME SIENTO INMENSAMENTE ATRAIDA. TENGO MIEDO POR MI MARIDO. NO CREO QUE EL SEA CAPAZ DE ENTENDERLO.

No eres muy respetuosa con tu marido. ¿Crees que es estúpido o algo así?

¿Por qué no podría entenderlo? Si te ama, lo entenderá. El amor es comprensión. Si él no te ama, entonces tomes sannyas o no, él no te va a entender.

Lo segundo: si no entiende tu sannyas, es su problema. Tienes que vivir tu vida. Nunca te comprometas, de lo contrario perderás mucho. Nunca te comprometas. Si tienes ganas de hacerte sannyasin, hazte sannyasin. Arriésgate. Si él te ama, no hay problema, lo entenderá, porque el amor da libertad. Si él no te ama, entonces habrá dificultades para él, porque sentirá que estás saliendo de su posesión, que te estás volviendo independiente, que estás tratando de ser tú mismo. Pero plegarse a esas expectativas es suicida. Ese es su problema. Tú tienes que vivir tu vida, él tiene que vivir la suya. Nadie debe tratar de imponer cosas al otro.

Pero mi sensación es que tú también debes estar imponiéndole cosas, por eso tienes miedo.

Si no le impones nada, puedes ser independiente. Pero es un acuerdo mutuo: las personas son esclavas las unas de las otras, y siempre que te conviertes en esclavo de alguien, recuerda que también estás convirtiendo a alguien en tu amo. Es un acuerdo mutuo. Debes estar intentando manipular a tu marido, debes estar intentando forzarle, debes estar convirtiéndole en un lisiado. Ahora quieres ser independiente, él también afirmará su independencia. Entonces a él le gustaría seguir su propio camino, y eso no te lo puedes permitir. Ese es el verdadero miedo.

Pero si no haces algo que te gusta, que querías hacer, que querías ser, nunca podrás perdonarle. Y te vengarás, y te enfadarás, y estarás furioso - porque pensarás constantemente que querías convertirte en sannyasin, y que es sólo por este hombre... Y te sentirás atrapado, prisionero. A nadie le gusta estar encarcelado. Entonces uno odia a la persona que es la causa de tu encarcelamiento, entonces uno trata de vengarse de maneras sutiles. Eso destruirá tu matrimonio.

Nunca crees una situación en la que no puedas perdonar al otro. Sólo dos personas independientes pueden perdonarse. Los esclavos no pueden perdonar. Y quién sabe, puede que a él también le ayude de alguna manera.

El otro día leía una anécdota:

Dos exploradores se encontraron en las selvas del Amazonas. Se produjo el siguiente intercambio.

Primer explorador: "Vine aquí porque llevo en la sangre el impulso de vagar. La civilización me da asco. Me gusta ver la naturaleza en su forma primitiva. Me gustaría plantar mis huellas donde ningún ser humano ha llegado antes". ¿Y tú? ¿Por qué has venido aquí?"

Segundo explorador: "Mi mujer se ha hecho sannyasin de Maestro, y está haciendo Meditación Dinámica por la mañana y Kundalini por la tarde, ¡por eso!".

¡Pero bueno! Si tu marido se va al Amazonas y se convierte en explorador, esto es darle una buena oportunidad de hacer algo.

Suficiente por hoy.

Negación del conocimiento

AQUÍ, OH SARIPUTRA, LA FORMA ES VACUIDAD Y LA VACUIDAD MISMA ES FORMA; LA VACUIDAD NO DIFIERE DE LA FORMA, LA FORMA NO DIFIERE DE LA VACUIDAD; TODO LO QUE ES FORMA, ESO ES VACUIDAD, TODO LO QUE ES VACUIDAD, ESO ES FORMA; LO MISMO OCURRE CON LOS SENTIMIENTOS, LAS PERCEPCIONES, LOS IMPULSOS Y LA CONCIENCIA.

AQUÍ, OH SARIPUTRA, TODOS LOS DHARMAS ESTÁN MARCADOS CON LA VACUIDAD; NO SE PRODUCEN NI SE DETIENEN, NO ESTÁN CONTAMINADOS NI INMACULADOS, NO SON DEFICIENTES NI COMPLETOS.

El conocimiento es la maldición, la calamidad, el cáncer. Es a través del conocimiento que el hombre se divide del todo. El conocimiento crea la distancia.

Te encuentras con una flor silvestre en las montañas, no sabes lo que es, tu mente no tiene nada que decir al respecto, la mente está en silencio. Miras la flor, la ves, pero no surge en ti ningún conocimiento: hay asombro, hay misterio. La flor está ahí, tú estás ahí.

A través del asombro no estáis separados, estáis unidos.

Si sabes que es una rosa o una caléndula, o cualquier otra cosa, ese mismo conocimiento te desconecta. La flor está ahí, tú estás aquí, pero no hay puente: ¡lo sabes!

El conocimiento crea distancia. Cuanto más sabes, mayor es la distancia; cuanto menos sabes, menor es la distancia. Y si estás en el momento de no saber, no hay distancia, estás conectado.

Te enamoras de una mujer o de un hombre: el día que te enamoras no hay distancia.

Sólo hay asombro, emoción, excitación, éxtasis, pero no conocimiento. No sabes quién es esta mujer. Sin conocimiento, no hay nada que te separe. De ahí la belleza de esos primeros momentos de amor. Has vivido con la mujer sólo veinticuatro horas; ha surgido el conocimiento. Ahora tienes algunas ideas sobre la mujer: sabes quién es, hay una imagen. Veinticuatro horas han creado un pasado. Esas veinticuatro horas han dejado marcas en la mente: miras a la misma mujer, ya no hay el mismo misterio. Estás bajando la colina, esa cima se ha perdido.

Comprender esto es comprender mucho. Comprender que el conocimiento divide, que el conocimiento crea distancia, es comprender el secreto mismo de la meditación. La meditación es un estado de no saber. La meditación es espacio puro, no perturbado por el conocimiento. Sí, la historia bíblica es cierta: que el hombre ha caído por el conocimiento, al comer el fruto del árbol del conocimiento. Ninguna otra escritura del mundo supera eso. Esa parábola es la última palabra; ninguna otra parábola ha alcanzado esa altura y esa perspicacia.

Parece tan ilógico que el hombre haya caído por el conocimiento. Parece ilógico porque la lógica es parte del conocimiento. La logica es todo en apoyo del conocimiento. Parece ilógico, porque la lógica es la causa raíz de la caída del hombre. Un hombre que es absolutamente lógico, absolutamente cuerdo, siempre cuerdo, nunca permite ninguna ilógica en su vida, es un loco. La cordura necesita ser equilibrada por la locura; la lógica necesita ser equilibrada por la ilógica. Los opuestos se encuentran y se equilibran. Un hombre que sólo es racional no es razonable: se perderá muchas cosas. De hecho, seguirá perdiéndose todo lo bello y todo lo verdadero. Coleccionará trivialidades, su vida será una vida mundana. Será un hombre mundano.

Esa parábola bíblica tiene una inmensa perspicacia. ¿Por qué ha caído el hombre por el conocimiento? - Porque el conocimiento crea distancia, porque el conocimiento crea "yo" y "tú", porque el conocimiento crea sujeto y objeto, el conocedor y lo conocido, el observador y lo observado. El conocimiento es básicamente esquizofrénico; crea una división. Y entonces no hay manera de salvarla. Por eso, cuanto más instruido está el hombre, menos religioso es. Cuanto más culto es un hombre, menos posibilidades tiene de acercarse a Dios.

Jesús tiene razón cuando dice: "Sólo los niños podrán entrar en mi reino"... sólo los niños.

¿Cuál es la cualidad que tiene un niño y tú has perdido? El niño tiene la cualidad del no conocimiento, la inocencia. Mira con asombro, sus ojos son absolutamente claros. Mira profundamente, pero no tiene prejuicios, ni juicios, ni ideas a priori. No proyecta, de ahí que llegue a conocer lo que es.

El otro día hablábamos de la distinción entre realidad y verdad. El niño conoce la verdad, tú sólo conoces la realidad. La realidad es lo que has creado a tu alrededor, proyectando, deseando, pensando. La realidad es tu interpretación de la verdad. La verdad es simplemente lo que es; la realidad es lo que has llegado a comprender - es tu idea de la verdad. La realidad consiste en cosas, todas separadas. La verdad consiste en una sola energía cósmica. La verdad consiste en la unidad, la realidad consiste en la multiplicidad. La realidad es una multitud, la verdad es integración.

Antes de entrar en los sutras, esto tiene que convertirse en el fundamento: que el conocimiento es una maldición.

J. Krishnamurti ha dicho: "Negar es silencio". ¿Negar qué? - Negar el conocimiento, negar la mente, negar esta ocupación constante dentro de ti; crear un espacio desocupado.

Cuando estás desocupado, estás en sintonía con el todo. Cuando estás ocupado, has perdido la sintonía. Por eso, cada vez que consigues un momento de silencio, sientes una inmensa alegría. En ese momento la vida tiene significado, en ese momento la vida tiene una grandeza más allá de las palabras. En ese momento la vida es una danza. En ese momento, si incluso la muerte llega, será una danza y una celebración, porque ese momento no conoce nada más que la alegría. Ese momento es alegre, es dichoso.

Hay que negar el conocimiento, pero no porque lo diga yo o porque lo diga J. Krishnamurti o porque lo haya dicho Gautam Buda. Si niegas porque yo lo digo, entonces negarás tu conocimiento, y lo que yo diga se convertirá en tu conocimiento en su lugar; lo sustituirás. La negación no tiene que venir de la mente, de lo contrario la mente es muy tramposa. Entonces todo lo que digo se convierte en tu conocimiento, y empiezas a aferrarte a ello. Tiras tus viejos ídolos y los sustituyes por otros nuevos. Pero es el mismo juego con nuevas palabras, nuevas ideas, nuevos pensamientos.

Entonces, ¿cómo negar el conocimiento? No con otro conocimiento: basta con ver el hecho de que el conocimiento crea distancia, con ver este hecho intensamente, totalmente. No es que tengas que sustituirlo por otra cosa; esa intensidad es fuego, esa intensidad reducirá tu conocimiento a cenizas. Esa intensidad es suficiente. Esa intensidad es lo que se conoce como "perspicacia".

El insight quemará tu conocimiento, y no será reemplazado por otro conocimiento. Entonces hay vacío, shunyata. Entonces no hay nada, porque entonces no hay contenido; hay verdad no perturbada, no distorsionada.

Tienes que ver lo que digo, no aprender lo que digo. Aquí, sentado conmigo todos los días, escuchándome, no empieces a acumular conocimientos. Aquí, escuchándome, no empieces a acumular. Escucharme debe ser un experimento de perspicacia. Debes escucharme con intensidad, con totalidad, con tanta conciencia como te sea posible. En esa misma conciencia verás un punto, y ese mismo ver es transformación. No es que tengas que hacer algo más después; la visión en sí misma trae la mutación. Si se necesita algún esfuerzo, eso simplemente demuestra que has fallado. Si vienes mañana y me preguntas: "He comprendido que el conocimiento es la maldición, que el conocimiento crea distancia. Ahora, ¿cómo dejarlo?" - entonces has fallado. Si surge el "cómo", entonces has fallado. El "cómo" no puede surgir, porque el "cómo" está pidiendo más conocimiento. El "cómo" pide métodos, técnicas: "¿Qué hay que hacer? Y la perspicacia es suficiente; no necesita ser ayudada por ningún esfuerzo. Su fuego es más que suficiente para quemar todo el conocimiento que llevas dentro. Sólo hay que ver el punto.

Escúchame, acompáñame. Escúchame, tómame de la mano y muévete en los espacios en los que intento ayudarte a moverte. Y mira lo que te digo, no discutas. No digas sí, no digas no. No estés de acuerdo, no estés en desacuerdo. Solo estate conmigo en este momento - y de repente la percepcion esta ahi. Si estás escuchando atentamente... y por atención no quiero decir concentración; por atención quiero decir simplemente que estás escuchando con conciencia, no con una mente embotada; estás escuchando con inteligencia, con vivacidad, con apertura. Estás aquí, ahora, conmigo. Eso es lo que quiero decir con atención: no estás en ningún otro sitio. No estás comparando en la mente lo que estoy diciendo con tus viejos pensamientos. No estás comparando en absoluto, no estás juzgando. No estás juzgando dentro de ti si lo que estoy diciendo es correcto o no, o cuánto es correcto.

El otro día hablaba con un buscador. Tiene la cualidad de un buscador, pero está agobiado por el conocimiento. Mientras hablaba con él, sus ojos se llenaron de lágrimas. Su corazón estaba a punto de abrirse, y en ese mismo momento la mente saltó y destruyó toda su belleza. Se estaba acercando al corazón y abriéndose, pero inmediatamente entró su mente. Esas lágrimas que estaban a punto de caer, desaparecieron. Sus ojos se secaron. ¿Qué había ocurrido? - Le dije algo con lo que no estaba de acuerdo. Estaba de acuerdo conmigo, hasta cierto punto. Entonces dije algo que iba en contra de su formación judía, que iba en contra de la Cábala, e inmediatamente toda la energía cambió. Dijo: "Todo es correcto. Todo lo que dices es correcto, pero esto: que Dios no tiene propósito, que la existencia existe sin propósito -con esto no puedo estar de acuerdo, porque la Cábala dice justo lo contrario: que la vida tiene un propósito, que Dios tiene un propósito, que nos conduce hacia un destino determinado, que hay un destino".

Es posible que ni siquiera lo haya visto de esta manera: que se perdió en ese momento porque entró la comparación. ¿Qué tiene que ver la Cábala conmigo? Cuando estés conmigo, deja de lado todo tu conocimiento de la Cábala, del yoga, del tantra, de esto y de aquello. Cuando estés conmigo, estate conmigo. Si estás totalmente conmigo... y no estoy diciendo que estés de acuerdo conmigo, recuerda. No estoy diciendo que estés de acuerdo conmigo: no hay cuestión de acuerdo o desacuerdo.

Cuando ves una flor de rosa, ¿estás de acuerdo o en desacuerdo? Cuando ves el amanecer, ¿estás de acuerdo o en desacuerdo? Cuando ves la luna por la noche, ¡simplemente la ves! O la ves o no la ves, pero no hay cuestión de acuerdo o desacuerdo.

De esa manera, estate conmigo; esa es la manera de estar con un maestro. Sólo estate conmigo. No intento convencerte de nada. No estoy tratando de convertirte a alguna teoría, filosofía, dogma, a alguna iglesia, ¡no! Simplemente estoy compartiendo lo que me ha sucedido a mí, y en ese mismo compartir, si participas, puede sucederte a ti también. Es contagioso. La percepción transforma.

Cuando digo que el conocimiento es una maldición puedes estar de acuerdo o no, ¡y has fallado!

Sólo tienes que escucharlo, sólo tienes que ver en él, entrar en todo el proceso del conocimiento. Ves cómo el conocimiento crea distancia, cómo el conocimiento se convierte en una barrera, cómo el conocimiento se interpone, cómo el conocimiento sigue aumentando y la distancia sigue aumentando, cómo la inocencia se pierde a través del conocimiento, cómo la maravilla es destruida, lisiada, asesinada a través del conocimiento, cómo la vida se convierte en un asunto aburrido a través del conocimiento. Se pierde el misterio, y con el misterio se pierde Dios.

El misterio desaparece porque empiezas a tener la idea de que sabes. Cuando sabes, ¿cómo puede haber misterio? El misterio sólo es posible cuando no sabes.

Y recuerda, ¡el hombre no ha sabido nada! Todo lo que hemos reunido no es más que basura. Lo último permanece fuera de nuestro alcance. Lo que hemos reunido son sólo hechos, la verdad permanece intacta por nuestros esfuerzos. Y esa es la experiencia no sólo de Buda, Krishna, Krishnamurti y Ramana; esa es la experiencia incluso de Edison, Newton, Albert Einstein.

Esa es la experiencia de los poetas, de los pintores, de los bailarines. Todas las grandes inteligencias del mundo -pueden ser místicos, pueden ser poetas, pueden ser científicos- están absolutamente de acuerdo en una cosa: que cuanto más sabemos, más comprendemos que la vida es un misterio absoluto. Nuestro conocimiento no destruye su misterio. Sólo la gente estúpida piensa que, porque sabe un poco, ya no hay misterio en la vida. Es sólo la mente mediocre la que se apega demasiado al conocimiento; la mente inteligente permanece por encima del conocimiento.

Lo utiliza, ciertamente lo utiliza - es útil, es utilitario - pero sabe perfectamente que todo lo que es verdadero está oculto, permanece oculto. Nosotros podemos seguir sabiendo y sabiendo, pero Dios permanece inagotable.

Escucha con visión, atención, totalidad. Y en esa misma visión verás algo, y ese ver te cambia. No preguntes cómo.

Ese es el significado cuando Krishnamurti dice: "Negar es silencio". La percepción niega. Y cuando se niega algo y en su lugar no se postula nada, algo ha sido destruido y nada ha sido puesto, reemplazado en su lugar, hay silencio - porque hay espacio. Hay silencio porque lo viejo ha sido arrojado y lo nuevo no ha sido traído. Ese silencio Buda lo llama shunyata. Ese silencio es el vacío, la nada. Y sólo esa nada puede operar en el mundo de la verdad.

El pensamiento no puede operar allí. El pensamiento sólo funciona en el mundo de las cosas, porque el pensamiento también es una cosa, sutil, pero también material. Por eso el pensamiento puede ser grabado, por eso el pensamiento puede ser transmitido. Yo puedo lanzarte un pensamiento; tú puedes sostenerlo, puedes tenerlo. Se puede tomar y dar, es transferible, porque es una cosa. Es un fenómeno material.

El vacío no se te puede dar, el vacío no se te puede arrojar. Puedes participar en él, puedes entrar en él, pero nadie puede dártelo. Es intransferible. Y sólo la vacuidad opera en el mundo de la verdad. La verdad sólo se conoce cuando la mente no está. Para conocer la verdad la mente tiene que cesar, tiene que dejar de funcionar. Tiene que estar tranquila, quieta, inmóvil.

El pensamiento no puede operar en la verdad, pero la verdad puede operar a través del pensamiento. No puedes alcanzar la verdad pensando, pero cuando la has alcanzado puedes utilizar el pensamiento a su servicio. Eso es lo que estoy haciendo, eso es lo que ha hecho Buda, eso es lo que han hecho todos los maestros.

Lo que estoy diciendo es un pensamiento, pero detrás de este pensamiento está la vacuidad. Ese vacío no ha sido producido por el pensamiento, ese vacío está más allá del pensamiento. El pensamiento no puede tocarlo, el pensamiento ni siquiera puede mirarlo.

¿Has observado un fenómeno? - Que no puedes pensar en la vacuidad, no puedes hacer de la vacuidad un pensamiento. No puedes pensar en ello, es impensable. Si puedes pensar en ello, no será vacío en absoluto. El pensamiento tiene que desaparecer para que aparezca la vacuidad; nunca se encuentran. Una vez que la vacuidad ha llegado, puede utilizar todo tipo de recursos para expresarse.

La percepción es un estado de no-pensamiento. Siempre que ves algo, lo ves cuando no hay pensamiento. Aquí también, escuchándome, estando conmigo, a veces ves. Pero esos momentos son lagunas, intervalos. Un pensamiento se ha ido, otro no ha llegado, y hay un hueco; y en ese hueco algo golpea, algo empieza a vibrar. Es como si alguien tocara un tambor: el tambor está vacío por dentro, por eso se puede tocar. Ese vacío vibra.

Ese hermoso sonido que sale se produce desde el vacío. Cuando eres, sin un pensamiento, entonces algo es posible, inmediatamente posible. Entonces puedes ver lo que estoy diciendo. Entonces no será sólo una palabra escuchada, entonces se convertirá en una intuición, una visión, una visión. Lo has mirado, lo has compartido conmigo.

La percepción es un estado de no-pensamiento, de no-pensamiento. Es una brecha, un intervalo en el proceso del pensamiento, y en esa brecha está el vislumbre, la verdad.

La palabra inglesa empty procede de una raíz que significa en el ocio, desocupado. Es una palabra hermosa si vamos a la raíz. La raíz es muy pregnante: significa en el ocio, desocupado.

Siempre que estás desocupado, en el ocio, estás vacío. Y recuerda, el proverbio que dice que la mente vacía es el taller del diablo es una tontería. La verdad es justo lo contrario: la mente ocupada es el taller del diablo. La mente vacía es el taller de Dios, no del diablo.

Pero tienes que entender lo que quiero decir con "vacío": en reposo, relajado, sin tensión, sin moverse, sin desear nada, sin ir a ninguna parte, sólo estar aquí, completamente aquí. Una mente vacía es una presencia pura. Y todo es posible en esa presencia pura, porque toda la existencia surge de esa presencia pura.

Estos árboles crecen de esa presencia pura, estas estrellas nacen de esa presencia pura; nosotros estamos aquí - todos los Budas han salido de esa presencia pura. En esa presencia pura estás en Dios, eres Dios. Ocupado, caes; ocupado, tienes que ser expulsado del jardín del Edén. Desocupado vuelves al jardín, desocupado vuelves a casa.

Cuando la mente no está ocupada por la realidad, por las cosas, por los pensamientos, entonces existe lo que es. Y eso que es, es la verdad. Sólo en el vacío hay un encuentro, una fusión. Sólo en el vacío te abres a la verdad y la verdad entra en ti. Sólo en el vacío te embarazas de verdad.

Estos son los tres estados de la mente. El primero es el contenido y la conciencia. Siempre hay contenido en la mente: un pensamiento que se mueve, un deseo que surge, ira, codicia, ambición. Siempre tienes algún contenido en la mente; la mente nunca está desocupada. El tráfico continúa, día tras día. Mientras estás despierto está ahí, mientras duermes está ahí. Mientras estás despierto lo llamas pensar, mientras estás dormido lo llamas soñar, es el mismo proceso. Soñar es un poco más primitivo, eso es todo, porque piensa en imágenes. No utiliza conceptos, sino imágenes. Es más primitivo, como los niños pequeños que piensan en imágenes. Así que en los libros para niños pequeños hay que hacer dibujos grandes, coloridos, porque piensan a través de imágenes. A través de las imágenes aprenderán palabras. Con el tiempo, los dibujos se hacen cada vez más pequeños y desaparecen.

El hombre primitivo también piensa en imágenes. Las lenguas más antiguas son lenguas pictóricas. El chino es una lengua pictórica: no tiene alfabeto. Es la lengua más antigua.

Por la noche vuelves a ser primitivo, olvidas tu sofisticación del día y empiezas a pensar en imágenes, pero es lo mismo.

Y es valiosa la visión del psicoanalista, que mira dentro de tus sueños. Entonces hay más verdad, porque eres más primitivo; no intentas engañar a nadie, eres más auténtico. Durante el día tienes una personalidad a tu alrededor que te oculta, capas y capas de personalidad. Es muy difícil descubrir al verdadero hombre. Tendrás que cavar hondo, y duele, y el hombre se resistirá. Pero por la noche, al igual que guardas tu ropa, también guardas tu personalidad. No es necesaria porque no te comunicarás con nadie, estarás solo en tu cama. Y no estarás en el mundo, estarás absolutamente en tu reino privado. No hay necesidad de esconderse ni de fingir. Por eso el psicoanalista intenta entrar en tus sueños, porque muestran mucho más claramente quién eres. Pero es el mismo juego jugado en diferentes idiomas; el juego no es diferente. Este es el estado ordinario de la mente: mente y contenido, conciencia más contenido.

El segundo estado de la mente es la conciencia sin contenido; eso es la meditación.

Estás totalmente alerta, y hay un vacío, un intervalo. No se encuentra ningún pensamiento, no hay ningún pensamiento ante ti. No estás dormido, estás despierto, pero no hay pensamiento. Esto es meditación. El primer estado se llama mente, el segundo estado se llama meditación.

Y luego hay un tercer estado. Cuando el contenido ha desaparecido, el objeto ha desaparecido, el sujeto no puede permanecer mucho tiempo, porque existen juntos. Se han producido mutuamente. Cuando el sujeto está solo, sólo puede quedarse un poco más, por el impulso del pasado. Sin el contenido, la conciencia no puede estar ahí mucho tiempo; no será necesaria, porque una conciencia es siempre una conciencia sobre algo. Cuando dices "consciente", se puede preguntar: "¿Sobre qué?". Dices: "Soy consciente de...". Ese objeto es necesario, es imprescindible para que el sujeto exista. Una vez que el objeto ha desaparecido, pronto desaparecerá también el sujeto. Primero desaparece el contenido, luego desaparece la conciencia.

Entonces el tercer estado se llama samadhi - sin contenido, sin consciencia. Pero recuerda, este no-contenido, no-conciencia, no es un estado de inconsciencia. Es un estado de superconciencia, de conciencia trascendental. La conciencia ahora sólo es consciente de sí misma. La conciencia se ha vuelto sobre sí misma; el círculo se ha completado. Ha vuelto a casa.

Este es el tercer estado, samadhi; y este tercer estado es lo que Buda entiende por shunyata.

Primero suelta el contenido - te vuelves medio vacío, luego suelta la conciencia - te vuelves completamente vacío. Y este vacío total es lo más hermoso que puede suceder, la mayor bendición.

En esta nada, en este vacío, en este desinterés, en este shunyata, hay completa seguridad y estabilidad. Te sorprenderá saber esto: completa seguridad y estabilidad cuando no estás. Todos los miedos desaparecen... porque ¿cuál es el miedo básico? El miedo básico es el miedo a la muerte. Todos los demás miedos son sólo reflejos del miedo básico. Todos los demás miedos pueden reducirse a uno solo: el miedo a la muerte, el miedo a que "un día tenga que desaparecer, un día tenga que morir". Soy, y se acerca el día en que no seré" - eso asusta, ése es el miedo.

Para evitar ese miedo empezamos a movernos de tal manera que podamos vivir el mayor tiempo posible.

Y tratamos de asegurar nuestras vidas - empezamos a comprometernos, empezamos a estar más y más seguros, a salvo, a causa del miedo. Nos paralizamos, porque cuanto más seguro estés, cuanto más a salvo estés, menos vivo estarás.

La vida existe en los desafíos, la vida existe en las crisis, la vida necesita inseguridad. Crece en el suelo de la inseguridad. Siempre que estés inseguro, te encontrarás más vivo, más alerta. Por eso los ricos se vuelven aburridos: les rodea una especie de estupidez y de estupor. Están tan seguros que no tienen ningún reto. Están tan seguros que no necesitan ser inteligentes. Están tan seguros, ¿para qué necesitan inteligencia? La inteligencia es necesaria cuando hay desafío, la inteligencia es provocada por el desafío.

Así que, por miedo a la muerte, nos esforzamos por tener seguridad, un saldo bancario, un seguro, un matrimonio, una vida estable, un hogar; formamos parte de un país, nos afiliamos a un partido político, nos unimos a una iglesia religiosa: nos hacemos hindúes, cristianos, mahometanos. Todas estas son formas de encontrar seguridad. Todas son formas de encontrar un lugar al que pertenecer: un país, una iglesia.

Debido a este miedo, los políticos y los sacerdotes siguen explotándote. Si no tienes miedo, ningún político ni sacerdote puede explotarte. Es sólo por el miedo que él puede explotar porque puede proporcionar - al menos puede prometer - que esto te hará seguro: "Esta será tu seguridad.

Puedo garantizarlo". Puede que la mercancía nunca se entregue -eso es otra cosa-, pero la promesa...

Y la promesa mantiene a la gente explotada, oprimida. La promesa mantiene a la gente en la esclavitud.

Una vez que has conocido este vacío interior entonces no hay miedo, porque la muerte ya ha sucedido. En ese vacío ha sucedido. En ese vacío has desaparecido. ¿Cómo puedes seguir teniendo miedo? ¿De qué? ¿De quién? ¿Y quién puede tener miedo? En ese vacío todo miedo desaparece porque la muerte ya ha sucedido. Ahora ya no hay muerte posible. Sientes una especie de inmortalidad, de atemporalidad. La eternidad ha llegado. Ahora no buscas seguridad; no hay necesidad.

Este es el estado de un sannyasin. Este es el estado donde un hombre no necesita ser parte de un país, no necesita ser parte de una iglesia, o cosas estúpidas como esas.

Sólo cuando te has convertido en nada puedes ser tú mismo. Parece paradójico.

Y no tienes por qué comprometerte, porque es por miedo y codicia por lo que uno se compromete.

Y puedes vivir en rebelión porque no hay nada que perder. Puedes convertirte en una rebelión; no hay nada que temer. Nadie puede matarte, eso ya lo has hecho tú mismo.

Nadie puede quitarte nada; has abandonado todo lo que se te puede quitar. Ahora estás en la nada, eres una nada. De ahí el fenómeno paradójico: que en esta nada surja una gran seguridad, una gran protección, una estabilidad, porque ya no hay muerte posible.

Y con la muerte desaparece el tiempo. Con la muerte desaparecen todos los problemas creados por la muerte y por el tiempo. Tras todas estas desapariciones, lo que queda es un cielo puro. Este cielo puro es samadhi, nirvana. Buda habla de esto.

Estos sutras han sido dirigidos a uno de los más grandes discípulos de Buda, Sariputra. ¿Por qué a Sariputra?

El primer día te dije que hay siete planos, siete peldaños de la escalera. El séptimo es el trascendental: Zen, Tantra, Tao. El sexto es el espiritual-trascendental: el yoga. Hasta el sexto, el método sigue siendo importante, el "cómo" sigue siendo importante. Hasta el sexto, la disciplina sigue siendo importante, el ritual sigue siendo importante, las técnicas siguen siendo importantes. Sólo cuando llegas al séptimo ves que para ser no hace falta nada.

Se habla de Sariputra en estos sutras porque Sariputra estaba en el sexto centro, el sexto peldaño. Fue uno de los más grandes discípulos de Buda. Buda tuvo ochenta grandes discípulos; Sariputra es uno de los principales entre esos ochenta. Era el hombre con más conocimientos en torno a Buda. Era el mayor erudito y experto en torno a Buda. Cuando llegó a Buda, él mismo tenía cinco mil discípulos.

Cuando acudió a Buda por primera vez, vino a discutir, a debatir y a derrotar a Buda. Había venido con sus cinco mil discípulos, para impresionar. Y cuando se presentó ante Buda, éste se rió. Y Buda le dijo: "Sariputra, sabes mucho, pero no sabes nada. Veo que has acumulado grandes conocimientos, pero estás vacío. Has venido a discutir y debatir y a derrotarme, pero si realmente quieres discutir conmigo, tendrás que esperar al menos un año."

Sariputra dijo: "¿Un año? ¿Para qué?"

Buda dijo: "Tendrás que permanecer en silencio durante un año; ése será el precio a pagar.

Si puedes permanecer en silencio durante un año, entonces podrás discutir conmigo, porque lo que voy a decirte saldrá del silencio. Necesitas un poco de experiencia al respecto. Y veo, Sariputra, que ni siquiera has probado un solo momento de silencio. Estás tan lleno de conocimiento que te pesa la cabeza. Siento compasión por ti, Sariputra. Has estado llevando tal carga durante muchas vidas. No eres un brahmán sólo en esta vida, Sariputra, has sido un brahmán durante muchas vidas. Y durante muchas vidas has llevado los Vedas y las escrituras. Ha sido tu estilo durante muchas vidas... pero veo una posibilidad. Eres conocedor, pero aún así la promesa está ahí.

Tienes conocimientos, pero tus conocimientos no han bloqueado completamente tu ser; aún quedan algunas ventanas. Me gustaría, durante un año, limpiar esas ventanas, y entonces existe la posibilidad de que nos encontremos, hablemos y seamos. Quédate aquí un año".

Esto era extraño. Sariputra había estado viajando por todo el país, derrotando a la gente. Esa era una de las cosas en la India: la gente conocedora solía viajar por todo el país y derrotar a otros en grandes debates y discusiones, debates maratónicos. Y eso se consideraba una de las mejores cosas que se podían hacer. Si alguien salía victorioso en todo el país y había derrotado a todos los eruditos, eso era una gran satisfacción para el ego. Se pensaba que ese hombre era más grande que reyes, emperadores. Se pensaba que ese hombre era más grande que la gente rica.

Sariputra estaba viajando. Y naturalmente, no puedes declararte victorioso si no has derrotado a Buda. Así que había venido para eso. Así que dijo: "Está bien, si tengo que esperar un año, esperaré". Y durante un año estuvo sentado en silencio con Buda. En un año, el silencio se asentó en él.

Y después de un año Buda le preguntó: "Ahora podemos discutir y puedes derrotarme, Sariputra. Seré inmensamente feliz de ser derrotado por ti".

Se rió, tocó los pies de Buda y dijo: "Iníciame. En este año de silencio, escuchándote, ha habido algunos momentos en los que me ha sucedido el insight.

Aunque había venido como antagonista, pensé: 'Ya que estoy aquí sentado durante un año, ¿por qué no escuchar a este hombre, lo que dice?'. Así que, por curiosidad, empecé a escuchar. Pero a veces llegaban esos momentos y me penetrabas, y tocabas mi corazón, y tocabas en mi órgano interior, y he oído la música. Me has vencido sin vencerme".

Sariputra se convirtió en discípulo de Buda, y sus cinco mil discípulos también se convirtieron en discípulos de Buda. Sariputra era uno de los eruditos más conocidos de la época. Estos sutras están dirigidos a Sariputra.

AQUÍ, OH SARIPUTRA, LA FORMA ES VACUIDAD Y LA VACUIDAD MISMA ES FORMA; LA VACUIDAD NO DIFIERE DE LA FORMA, LA FORMA NO DIFIERE DE LA VACUIDAD; TODO LO QUE ES FORMA, ESO ES VACUIDAD, TODO LO QUE ES VACUIDAD, ESO ES FORMA, LO MISMO OCURRE CON LOS SENTIMIENTOS, LAS PERCEPCIONES, LOS IMPULSOS Y LA CONCIENCIA.

AQUÍ, OH SARIPUTRA... ¿Qué quiere decir Buda con "aquí"? Se refiere a su espacio. Dice: "Desde la visión de mi mundo, desde el punto de vista trascendental, el espacio donde existo y la eternidad donde existo..."

AQUÍ, O SARIPUTRA, LA FORMA ES VACÍO Y EL MISMO VACÍO ES FORMA; Ésta es una de las afirmaciones más importantes. Todo el planteamiento budista depende de esto: que lo manifestado es lo no manifestado; que la forma no es más que la forma de la vacuidad misma, y la vacuidad tampoco es más que la forma, la posibilidad de la forma. La afirmación es ilógica y, obviamente, parece un sinsentido. ¿Cómo puede ser la forma la vacuidad?

Son opuestos. ¿Cómo puede el vacío ser forma? Son polaridades.

Hay que entender una cosa antes de poder entrar en el sutra correctamente: Buda no es lógico, Buda es dialéctico.

Hay dos enfoques de la realidad: uno es lógico. De ese enfoque, Aristóteles es el padre en Occidente. Se mueve simplemente en una línea, una línea clara. Nunca permite lo contrario; hay que descartar lo contrario. Este enfoque dice que A es A y nunca no A. A no puede no ser A.

Esta es la formulación de la lógica aristotélica - y parece perfectamente correcta, porque todos hemos sido educados con esa lógica en las escuelas, colegios, universidades. El mundo está dominado por Aristóteles: A es A y nunca no A.

El segundo enfoque de la realidad es dialéctico. En Occidente se asocia con los nombres de Heráclito y Hegel. El proceso dialéctico dice: la vida se mueve a través de polaridades, a través de opuestos, igual que un río fluye a través de dos orillas que se oponen, pero esas orillas opuestas mantienen el río fluyendo entre ellas. Esto es más existencial.

La electricidad tiene dos polos, positivo y negativo. Si la lógica de Aristóteles es la de la existencia, entonces la electricidad es muy, muy ilógica. Entonces Dios mismo es ilógico, porque produce nueva vida a partir del encuentro de un hombre y una mujer, que son opuestos - yin y yang, masculino y femenino. Si Dios hubiera sido educado por Aristóteles en una lógica aristotélica, en la lógica lineal, entonces la homosexualidad habría sido la norma y la heterosexualidad habría sido una perversión. Entonces el hombre amaría al hombre y la mujer amaría a la mujer. Entonces los opuestos no podrían encontrarse.

Pero Dios es dialéctico. En todas partes, los opuestos se encuentran. En ti, el nacimiento y la muerte se encuentran. En todas partes, los opuestos se encuentran: el día y la noche, el verano y el invierno. La espina y la flor se encuentran; están en la misma rama, salen de la misma fuente. El hombre y la mujer, la juventud y la vejez, la belleza y la fealdad, el cuerpo y el alma, el mundo y Dios, todos son opuestos. Es una sinfonía de los opuestos. Los opuestos no sólo se encuentran sino que crean una gran sinfonía - sólo los opuestos pueden crear una sinfonía. De lo contrario, la vida sería una monotonía, no una sinfonía. La vida sería un aburrimiento. Si sólo hubiera una nota que se repitiera continuamente, estaría destinada a crear aburrimiento. Hay notas opuestas: la tesis se encuentra con la antítesis, creando una síntesis; y a su vez, la síntesis vuelve a convertirse en tesis, crea una antítesis y evoluciona una síntesis superior. Así es como se mueve la vida.

Así pues, el enfoque de Buda es dialéctico, y es más existencial, más verdadero, más válido.

Un hombre ama a una mujer, una mujer ama a un hombre... entonces también hay que entender otra cosa. Ahora los biólogos dicen, y los psicólogos están de acuerdo, que el hombre no es sólo hombre, también es mujer.

Y la mujer no es simplemente mujer, también es hombre. Por eso, cuando un hombre y una mujer se encuentran, no se encuentran dos personas, sino cuatro. El hombre se encuentra con la mujer, pero el hombre tiene una mujer oculta en sí mismo; la mujer tiene un hombre oculto en sí misma; también se encuentran. El encuentro se produce en dos planos. Es más intrincado, más complejo, más entrelazado. Un hombre es hombre y mujer a la vez. ¿Por qué? Porque sale de ambos.

Algo te ha aportado tu padre y algo te ha aportado tu madre, seas quien seas. En tu sangre fluye un hombre y también una mujer. Tienes que ser ambos porque eres el encuentro de los polos opuestos. Eres una síntesis. Es imposible negar una cosa y ser la otra. Eso es lo que se ha hecho.

Se ha seguido a Aristóteles al pie de la letra, en todos los sentidos, y eso ha creado muchos problemas para el hombre, problemas que parecen irresolubles si se sigue a Aristóteles. Al hombre se le ha enseñado a ser sólo un hombre: nunca mostrar rasgos femeninos, nunca mostrar suavidad en el corazón, nunca mostrar receptividad, ser siempre agresivo. Al hombre se le ha enseñado a no llorar, a no llorar, porque las lágrimas son femeninas. A la mujer se le ha enseñado a no parecerse en nada al hombre: nunca mostrar agresividad, nunca mostrar expresión, permanecer siempre pasiva, receptiva. Esto va en contra de la realidad, y ha paralizado a ambos. En un mundo mejor, con una mejor comprensión, un hombre será ambas cosas, una mujer será ambas cosas, porque a veces un hombre necesita ser una mujer. Hay momentos en los que necesita ser suave, momentos tiernos, momentos de amor. Y hay momentos en los que una mujer necesita ser expresiva y agresiva: en la ira, en la defensa, en la rebelión. Si una mujer es simplemente pasiva, se convertirá automáticamente en una esclava. Una mujer pasiva está destinada a convertirse en esclava, eso es lo que ha ocurrido a lo largo de los tiempos. Y un hombre agresivo, enfáticamente agresivo y nunca tierno, está destinado a crear guerras, neurosis en el mundo, violencia.

El hombre ha estado luchando, luchando continuamente; parece que el hombre existe en la tierra sólo para luchar. En tres mil años ha habido cinco mil guerras. La guerra continúa en un lugar u otro, la Tierra nunca está sana y salva... nunca hay un momento sin guerra. O es en Corea, o es en Vietnam, o es en Israel, o en India, Pakistán, o en Bangladesh; en algún lugar la masacre tiene que continuar. El hombre tiene que matar. Para seguir siendo hombre, tiene que matar. El setenta y cinco por ciento de la energía se destina al esfuerzo bélico, a crear más bombas, bombas de hidrógeno, bombas de neutrones, etcétera, etcétera. Parece que todo el propósito del hombre aquí en la tierra es la guerra. Los héroes de guerra son los más respetados. Los políticos de guerra se convierten en los grandes nombres de la historia:

Adolf Hitler, Winston Churchill, Joseph Stalin, Mao Zedong - estos nombres van a permanecer. ¿Por qué? Porque libraron grandes guerras, destruyeron. Ya sea en agresión o en defensa - ese no es el punto - pero estos fueron los belicistas. Y nadie sabe nunca quién fue agresivo, si Alemania lo fue o no, todo depende de quién escriba la historia. El que gane escribirá la historia, y demostrará que el otro fue el agresor.

La historia sería totalmente diferente si Adolf Hitler hubiera salido victorioso. Sí, se habrían celebrado los juicios de Nuremberg, pero se habría juzgado a los estadounidenses y a los generales y políticos ingleses y franceses. Y la historia la habrían escrito alemanes; naturalmente, tendrían una visión diferente.

Nadie sabe lo que es cierto. Una cosa es cierta: ese hombre pone toda su energía en el esfuerzo bélico. ¿La razón? - La razón es que al hombre se le ha enseñado a ser sólo hombre, se le ha negado su mujer. Así que ningún hombre es completo. Y lo mismo ocurre con la mujer: ninguna mujer es completa. Se le ha negado su parte masculina. Cuando era pequeña no podía pelearse con los chicos, no podía subirse a los árboles; tenía que jugar con muñecas, tenía que jugar a las casitas. Es una visión muy, muy distorsionada.

El hombre es ambas cosas, la mujer también, y ambas son necesarias para crear un ser humano real y armonioso. La existencia es dialéctica; y los opuestos no son sólo opuestos, también son complementarios.

Buda dice: AQUÍ O SARIPUTRA - en mi mundo, Sariputra, en mi espacio, en mi tiempo, Sariputra, en el séptimo peldaño de la escalera, en este estado de no-mente, en este estado de samadhi, en este estado de nirvana, iluminación - LA FORMA ES VACÍO. El hombre es mujer y la mujer es hombre, y la vida es muerte y la muerte es vida. Los opuestos no son opuestos, Sariputra; se interpenetran, existen el uno a través del otro. Para mostrar este discernimiento básico Buda dice: La forma es la carencia de forma, y la carencia de forma es la forma; lo inmanifestado se hace manifiesto, y lo manifiesto vuelve a ser inmanifestado. No son diferentes, Sariputra, son uno. La dualidad es sólo aparente. En el fondo todo es uno.

LA VACUIDAD NO DIFIERE DE LA FORMA, LA FORMA NO DIFIERE DE LA VACUIDAD; TODO LO QUE ES FORMA, ESO ES VACUIDAD, TODO LO QUE ES VACUIDAD, ESO ES FORMA; LO MISMO OCURRE CON LOS SENTIMIENTOS, LAS PERCEPCIONES, LOS IMPULSOS Y LA CONCIENCIA.

Toda la vida y toda la existencia se componen de polos opuestos, pero sólo en apariencia son diferentes. Estos opuestos son como mis dos manos: Puedo oponerlos entre sí, incluso puedo manejar una especie de conflicto, una lucha entre ellos. Pero mi mano izquierda y mi mano derecha son mis dos manos. Dentro de mí, son una. Eso es exactamente así.

¿Por qué Buda le dice esto a Sariputra? - Porque si entiendes esto tus preocupaciones desaparecerán. Entonces no hay preocupación. La vida es muerte, la muerte es vida. Ser es un camino hacia no-ser, y no-ser es un camino hacia ser. Es el mismo juego. Entonces no hay miedo, entonces no hay problema. Con esta percepción surge una gran aceptación.

AQUÍ, OH SARIPUTRA, TODOS LOS DHARMAS ESTÁN MARCADOS CON LA VACUIDAD; NO SE PRODUCEN NI SE DETIENEN, NO ESTÁN CONTAMINADOS NI INMACULADOS, NO SON DEFICIENTES NI COMPLETOS.

Buda dice: Todos los dharmas están llenos de vacío. Que la nada existe en el núcleo de todo: que la nada existe en un árbol, que la nada existe en una roca, que la nada existe en una estrella.

Ahora los científicos estarán de acuerdo: dicen que cuando una estrella colapsa se convierte en un agujero negro, en la nada. Pero esa nada no es sólo nada; es inmensamente poderosa, está muy llena, desbordante.

El concepto, la hipótesis de un agujero negro, es de inmenso valor para comprender a Buda.

Una estrella existe durante millones y billones de años, pero un día tiene que morir. Todo lo que nace tiene que morir. El hombre existe durante setenta años, ¿y luego qué ocurre? Agotado, cansado, desaparece, vuelve a caer en la unidad original. Así sucederá con todo, tarde o temprano. El Himalaya desaparecerá un día, esta tierra desaparecerá un día, este sol desaparecerá un día. Pero cuando una gran estrella desaparece, ¿dónde desaparece? Se colapsa en sí misma. Es una masa tan grande que colapsa. Igual que un hombre caminando -un anciano- cae en la calle y se desploma, si dejas al hombre allí, tarde o temprano su cuerpo desaparecerá, se desintegrará en el barro, en la tierra. Si lo dejas allí durante muchos años, entonces los huesos también desaparecerán convertidos en polvo. El hombre estuvo allí un día, caminando, viviendo, amando, luchando, y ahora todo ha desaparecido en un agujero negro. Lo mismo ocurre con una estrella: cuando una estrella colapsa sobre sí misma se convierte en un agujero negro. ¿Por qué se llama agujero negro? - Porque ahora no hay masa, sólo hay vacío puro, lo que Buda llama shunyata. Y el shunyata, el vacío puro, es tan poderoso que si caes bajo su impacto, cerca de él, en sus inmediaciones, serás arrastrado, atraído hacia el vacío, y tú también colapsarás y desaparecerás.

Para los viajes espaciales esto va a ser un problema en el futuro, porque hay muchas estrellas que se han convertido en agujeros negros. Y no se puede ver porque no es nada, es sólo ausencia. No se puede ver, pero se puede encontrar. Si una nave espacial se acerca a él, bajo su gravitación, simplemente será atraída hacia dentro. Entonces no hay forma de salir de ella, es imposible encontrar una forma de salir de ella. La atracción es tan grande que simplemente será atraída hacia dentro, y desaparecerá y colapsará.

Y nunca oirás hablar de la nave espacial, a dónde fue, qué le pasó, qué les pasó a los viajeros espaciales.

Este agujero negro es muy, muy parecido al concepto de vacío de Buda. Todas las formas se colapsan y desaparecen en la negrura, y luego, cuando han descansado durante mucho tiempo, vuelven a burbujear: de nuevo nace una estrella. Y así sucesivamente: vida y muerte, vida y muerte. Así se mueve la existencia.

Primero se manifiesta, luego se cansa, pasa a la inmanifestación, luego revive su energía mediante el descanso, la relajación, y vuelve a manifestarse. Todo el día trabajas, te cansas; por la noche desapareces en el sueño en un agujero negro. Apagas las luces, te metes bajo la manta, cierras los ojos, y en un momento la conciencia desaparece. Te has desplomado en tu interior. Hay momentos en que ni siquiera los sueños existen; entonces el sueño es el más profundo. En ese sueño profundo estás en un agujero negro, estás muerto. Por el momento estás en la muerte, descansando en la muerte. Y luego, por la mañana, vuelves a estar de vuelta, lleno de energía y de vida, rejuvenecido. Si tienes un sueño realmente bueno y profundo, sin sueños, por la mañana estás tan fresco, tan vital, tan radiante, que vuelves a ser joven. Si sabes cómo dormir profundamente, sabes cómo reanimarte una y otra vez. Por la noche vuelves a estar desplomado, cansado, agotado por las actividades del día.

Lo mismo ocurre con todo. El hombre es una miniatura de toda la existencia. Lo que le ocurre al hombre le ocurre a toda la existencia a mayor escala, eso es todo. Cada noche desapareces en la nada, cada mañana cobras forma. Forma, no-forma, forma, no-forma; así es como se mueve la vida, estos son los dos pasos.

AQUÍ, OH SARIPUTRA, TODOS LOS DHARMAS ESTÁN MARCADOS CON LA VACUIDAD; NO SE PRODUCEN NI SE DETIENEN...

Y Buda está diciendo: No hay que hacer nada, sólo se necesita comprensión.

Es una afirmación radical. Puede transformar toda tu vida si eres capaz de verlo como una intuición.

... NO SE PRODUCEN NI SE DETIENEN...

Nadie está produciendo estas formas, y nadie está deteniendo estas formas. Buda no cree en un Dios como manipulador, como controlador, como creador, no. Eso sería una dualidad, una hipótesis innecesaria. Buda dice que está sucediendo por sí mismo; es natural, nadie lo está haciendo. No es que primero Dios piense: "Hágase la luz" -como dice en la Biblia-, entonces hay luz.

Y un día dice: "Que no haya luz", y la luz desaparece. ¿Por qué traer a este Dios? ¿Y por qué darle un trabajo tan feo? Y tendrá que hacerlo por siempre jamás: "Que haya luz, que no haya luz, que haya luz... Ahora que este hombre esté ahí, ahora que se muera" -¡piensa en él y en su aburrimiento! Buda le alivia, le dice que no es necesario.

Es algo natural. Los árboles traen semillas, las semillas traen árboles y los árboles traen semillas.

¿Qué es una semilla? La desaparición del árbol; el árbol ha pasado a la no-forma. Puedes llevar una semilla en el bolsillo, puedes llevar mil semillas en el bolsillo, pero no puedes llevar mil árboles en el bolsillo. Los árboles tienen forma, volumen, masa; la semilla no tiene nada. Y si miras dentro de la semilla no encontrarás nada. Si no hubieras visto, si no supieras que una semilla se convierte en un árbol, y alguien te da una semilla y te dice: "Mira, esta semilla es muy, muy mágica: puede convertirse en un gran árbol, y habrá muchos frutos durante muchos años, y gran follaje y flores y verdor, y los pájaros vendrán y harán nidos allí", dirás: "¿De qué estás hablando? ¿De esta piedrecita? ¿Crees que soy estúpido o algo así? ¿Cómo puede ocurrir? No puede ser".

Pero sabes que ocurre, por eso no le das importancia. Ocurre un milagro.

La pequeña semilla contiene todo el plano del árbol, de las hojas -la forma, el tamaño y el número-, de las ramas, de la forma de las ramas, de la longitud y la altura del árbol, de la vida, de cuántos frutos y cuántas flores saldrán de él y de cuántas semillas producirá finalmente esta única semilla. Los científicos dicen que una sola semilla es suficiente para reverdecer toda la tierra. Tiene un potencial inmenso. No sólo la Tierra entera, una sola semilla puede llenar de verdor todos los planetas, porque una semilla puede producir millones de semillas, y luego cada semilla producirá millones, y así sucesivamente. Toda la existencia puede volverse verde a partir de una sola semilla. Esa nada es muy potencial, ¡muy poderosa! ¡Inmensa! ¡Enorme! ¡Inmensa!

Buda dice que nadie lo produce y nadie lo impide. Buda dice que no hay necesidad de ir a un templo y rezar y decirle a Dios, "Haz esto, no hagas aquello" - no hay nadie.

¿Y cuál es su mensaje? Dice: "Acéptalo. Así es. Está en la naturaleza de las cosas. Es natural, las cosas van y vienen".

En esta aceptación, en este tathata, en esta talidad, todas las preocupaciones desaparecen; te liberas de las preocupaciones. Entonces no hay ningún problema. Y nada puede detenerse, y nada puede cambiarse, y nada puede producirse. Las cosas son como son y serán como serán, así que no tienes nada que hacer. Puedes simplemente observar cómo suceden estas cosas. Puedes participar en estas cosas. Sé... en ese ser hay silencio, en ese ser hay alegría. Ese ser es libertad.

ESTOS SON... NO CONTAMINADOS O INMACULADOS...

Esta existencia no es ni impura ni pura. No hay nadie que sea pecador ni nadie que sea santo.

La visión de Buda es totalmente revolucionaria: dice que nada puede ser impuro y nada puede ser puro; las cosas son como son. Todo son juegos mentales con los que jugamos, creamos la idea de pureza y luego viene la impureza. Creamos la idea del santo y luego viene el pecador.

¿Quieres que desaparezcan los pecadores? Sólo pueden desaparecer cuando tus santos hayan desaparecido, no antes. Existen juntos. ¿Quieres que desaparezca la inmoralidad? - entonces la moralidad tiene que desaparecer. Es la moral la que crea la inmoralidad. Son los ideales morales los que crean la condena para unas pocas personas que no pueden seguirlos, que no pueden ir con ellos. Y puedes hacer que cualquier cosa sea inmoral: basta con crear una idea: Esto es moral. Puedes convertir cualquier cosa en una vaca sagrada, y entonces se convierte en un problema.

Buda dice que nunca hay nada impuro ni inmaculado. Pureza, impureza, son actitudes de la mente. ¿Puedes decir de un árbol si es moral o inmoral? ¿Puedes decir de un animal que es pecador o santo? Intenta ver esta visión última: no hay pecador, no hay santo, no hay nada moral, no hay nada inmoral. En esta aceptación, ¿dónde está la posibilidad de preocuparse?

Tampoco hay nada que mejorar. Y no hay meta, porque no hay valor. Este viaje es un viaje sin meta. Es un viaje puro; es una obra de teatro, una leela. Y no hay nadie detrás, haciéndolo. Todo está sucediendo, y no hay nadie haciéndolo. Si el hacedor está ahí, entonces surge el problema: entonces reza al hacedor, entonces persuade al hacedor, entonces hazte amigo del hacedor. Entonces serás beneficiado, y aquellos que no son amigos del hacedor serán privados - sufrirán en el infierno. Eso es lo que piensan los cristianos, los hindúes y los mahometanos.

Los mahometanos piensan que los que son mahometanos van a ir al cielo y los que no lo son, pobres, van a ir al infierno. Y lo mismo ocurre con los cristianos y los hindúes:

los hindúes piensan que los que no son hindúes no tienen ninguna posibilidad; los cristianos piensan que los que no pasan por la iglesia, los que no pasan por la iglesia, van a sufrir el infierno eterno - no limitado, ilimitado, para siempre.

Buda dice: No hay pecador, no hay santo; nada es puro, nada es impuro, las cosas son como son. Intenta persuadir a un árbol, pregúntale: "¿Por qué eres verde? ¿Por qué no eres rojo?"

Y si el árbol te escucha, se volverá neurótico: "¿Por qué no soy rojo? ¿Por qué? En realidad, la pregunta es pertinente. ¿Por qué soy verde?". Condena lo verde y alaba lo rojo, y tarde o temprano encontrarás al árbol en el diván de algún psiquiatra siendo analizado, ayudado.

Primero se crea el problema y luego viene el salvador. Es un bonito negocio.

Buda corta la raíz misma. Dice: Eres como eres. No hay nada que mejorar, no hay adónde ir. Y este es también todo mi enfoque: eres tan perfecto como puedes ser, más no es posible. El 'más' sólo te creará problemas. La idea de 'más' te volverá loco. Acepta la naturaleza, vive con naturalidad, sencillez, espontaneidad, momento a momento, y habrá santidad, porque eres íntegro, no porque te hayas convertido en un santo.

... NI IMPURO NI INMACULADO, NI DEFICIENTE NI COMPLETO.

Nada está completo y nada está incompleto; estos valores carecen de sentido. Dice Buda: Aquí, oh Sariputra, donde yo existo, nada es bueno, nada es malo. Aquí, donde yo existo, el samsara y el nirvana son lo mismo. No hay distinción entre este mundo y aquel mundo.

No hay distinción entre lo profano y lo sagrado. Aquí, donde yo existo, todas las distinciones han desaparecido, porque las distinciones las hace el pensamiento. Cuando desaparece el pensamiento, desaparecen las distinciones.

Los pecadores son creados por el pensamiento, y los santos son creados por el pensamiento. El bien y el mal son creados por el pensamiento. Sólo el pensamiento hace distinciones. Buda dice: Cuando el conocimiento desaparece, el pensamiento desaparece. No hay dualidad. Todo es unidad.

Hay un famoso dicho de Sosan:

EN LOS REINOS SUPERIORES DE LA VERDADERA TALIDAD NO EXISTE NI EL YO NI OTRO QUE EL YO.

CUANDO SE BUSCA UNA IDENTIFICACIÓN DIRECTA, SÓLO PODEMOS DECIR "NO DOS".

UNO EN TODO, TODO EN UNO:

SI ESTO SE HACE REALIDAD, SE ACABARON LAS PREOCUPACIONES POR NO SER PERFECTO.

UNO EN TODO, TODO EN UNO - SI ESTO SE REALIZA, NO TE PREOCUPES MÁS POR NO SER PERFECTO. No hay perfección, no hay imperfección. Míralo, ¡y míralo ahora mismo! No vengas después a preguntarme cómo hacerlo. Tampoco existe el "cómo". El "cómo" trae conocimiento, y el conocimiento es la maldición.

Sin los medios distorsionadores del pensamiento caes en la unidad con el todo. Sin el pensamiento funcionando entre tú y lo real, todas las distinciones desaparecen, eres puenteado. Y eso es lo que el hombre anhela constantemente. Te sientes desarraigado,

desarraigado del todo. Esa es tu miseria. Y estás desarraigado a causa de este medio distorsionador del pensamiento.

Deja estos medios distorsionadores del pensamiento, deja estos medios, mira la realidad tal y como es, sin ninguna idea en tu mente, sin ninguna idea de cómo debería ser. Mira con inocencia. Mira sin saber y todas las preocupaciones desaparecerán. En esa desaparición de las preocupaciones te conviertes en un Buda.

¡Eres un Buda! Pero estás perdido porque llevas medios distorsionadores a tu alrededor. Tienes ojos perfectos y llevas gafas. Esas gafas están distorsionando, están coloreando, están haciendo las cosas como no son. ¡Tira las gafas! Eso es lo que significa cuando decimos "Tira la mente". Niega la mente y hay silencio - y en ese silencio eres divino. Nunca has sido otra cosa, siempre has sido eso. Pero vuelve el reconocimiento, vuelve la realización. De repente te das cuenta de que estabas intentando poner patas a una serpiente. En primer lugar, no era necesario: ¡la serpiente es perfectamente perfecta! Sin patas, se mueve perfectamente. Sólo por compasión intentabas ponerle patas. Si lo consigues, matarás a la serpiente. Es una suerte que nunca puedas tener éxito.

Estás tratando de convertirte en conocedor y por eso estás perdiendo tu percepción, tu saber, tu capacidad de ver. A eso me refiero con "poner patas a la serpiente". Conocer es tu naturaleza. No es necesario tener conocimiento para saber. De hecho, el conocimiento es el obstáculo, el conocimiento es la maldición.

Niega el conocimiento y sé - y eres un Buda, y siempre has sido un Buda.

Suficiente por hoy.

La Comprensión: La Única Ley

La primera pregunta:

Pregunta 1:

AMADO MAESTRO, VENGO DE UNA FAMILIA DONDE HAY CUATRO

SUICIDIOS POR PARTE MATERNA, INCLUIDA MI ABUELA.

¿CÓMO AFECTA ESTO A LA MUERTE DE UNO? ¿QUÉ AYUDA A SUPERAR ESTA PERVERSIÓN DE LA MUERTE QUE CORRE COMO UN TEMA A TRAVÉS DE LA FAMILIA?

El fenómeno de la muerte es uno de los más misteriosos y el del suicidio también. No hay que decidir a primera vista qué es el suicidio. Puede ser muchas cosas. Yo creo que las personas que se suicidan son las más sensibles del mundo, muy inteligentes. Debido a su sensibilidad, a su inteligencia, les resulta difícil enfrentarse a este mundo neurótico.

La sociedad es neurótica. Existe sobre bases neuróticas. Toda su historia es una historia de locura, de violencia, de guerra, de destrucción. Si alguien dice: "Mi país es el mejor del mundo", eso es neurosis. Alguien dice: "Mi religión es la más grande y la más elevada del mundo" - esto es neurosis. Y esta neurosis ha llegado a la sangre y a los huesos, y la gente se ha vuelto muy, muy aburrida, insensible. Tenían que volverse, de lo contrario la vida sería imposible.

Tienes que volverte insensible para hacer frente a esta vida aburrida que te rodea; de lo contrario empiezas a desafinar. Si empiezas a desafinar con la sociedad, la sociedad te declara loco. La sociedad está loca, pero si no estás en sintonía con ella, te declara loco. Así que o te vuelves loco o tienes que encontrar una forma de salir de la sociedad; eso es el suicidio.

La vida se vuelve intolerable. Parece imposible hacer frente a tanta gente a tu alrededor, y todos están locos. ¿Qué harías si te metieran en un manicomio?

Le pasó a uno de mis amigos; estuvo en un manicomio. El tribunal lo metió allí durante nueve meses. A los seis meses -estaba loco, así que podía hacerlo- encontró una botella grande de fenol en el baño y se la bebió. Durante quince días sufrió diarrea y vómitos, y a causa de esa diarrea y esos vómitos volvió al mundo. Su organismo se purificó, el veneno desapareció. Me contaba que los tres meses siguientes fueron los más difíciles: "Los seis primeros meses fueron maravillosos porque yo estaba loco y todo el mundo estaba también loco. Las cosas iban sencillamente de maravilla, no había ningún problema. Estaba en sintonía con toda la locura que me rodeaba".

Cuando bebió fenol, y esos quince días de diarrea y vómitos, de alguna manera por accidente su sistema se purificó, su estómago se purificó. No pudo comer durante esos quince días -los vómitos eran demasiados-, así que tuvo que ayunar. Descansó en cama durante quince días. Ese descanso, ese ayuno, esa purificación le ayudaron -fue un accidente- y recobró la cordura. Fue a ver a los médicos y les dijo: "Estoy cuerdo". Dijeron: "Todo el mundo lo dice".

Cuanto más insistía él, más insistían ellos: "Estás loco, porque todos los locos lo dicen".

Simplemente vete y haz tu trabajo. No puedes ser liberado antes de que llegue la orden del tribunal".

"Aquellos tres meses fueron imposibles", dijo, "¡una pesadilla!". Muchas veces pensó en el suicidio. Pero es un hombre de fuerte voluntad. Y sólo era cuestión de tres meses, podía esperar. ¡Era intolerable! - Alguien le tiraba del pelo, alguien le tiraba de la pierna, alguien simplemente saltaría sobre él. Todo eso había sucedido durante seis meses, pero él también había participado. También él hacía las mismas cosas; era un miembro perfecto de aquella sociedad enloquecida. Pero durante tres meses fue imposible porque él estaba cuerdo y todos estaban locos.

En este mundo neurótico, si eres cuerdo, sensible, inteligente, o te vuelves loco, o te suicidas, o te conviertes en sannyasin. ¿Qué otra cosa hay?

La pregunta es de Jane Ferber, la esposa de Bodhicitta. Ha acudido a mí en el momento oportuno. Puede convertirse en sannyasin y evitar el suicidio.

En Oriente el suicidio no existe tanto, porque sannyas es una alternativa. Puedes abandonar respetuosamente; Oriente lo acepta. Puedes empezar a hacer tus cosas; Oriente lo respeta. De ahí que la diferencia entre India y América sea de cinco veces: por un indio que se suicida, se suicidan cinco americanos. Y el fenómeno del suicidio es un fenómeno creciente en América. La inteligencia crece, la sensibilidad crece, y la sociedad se embota. Y la sociedad no proporciona un mundo inteligente - ¿entonces qué hacer? ¿Seguir sufriendo innecesariamente?

Entonces uno empieza a pensar: "¿Por qué no dejarlo todo? ¿Por qué no terminarlo? ¿Por qué no devolver el billete a Dios?". En América, si sannyas se convierte en un gran movimiento, la tasa de suicidios empezará a caer, porque la gente tendrá una alternativa mucho mejor y más creativa de abandonar.

¿Has visto cómo los hippies no se suicidan? Es el mundo cuadrado, el mundo convencional donde el suicidio es más frecuente. El hippie ha abandonado. Es una especie de sannyasin: aún no es plenamente consciente de lo que hace, pero va por el buen camino; se mueve, a tientas, pero en la dirección correcta. El hippie es el principio de sannyas. El hippie dice: "No quiero formar parte de este juego podrido, no quiero formar parte de este juego político. Veo las cosas y me gustaría vivir mi propia vida. No quiero convertirme en esclavo de nadie. No quiero que me maten en ningún frente de guerra. No quiero luchar: hay cosas mucho más bonitas que hacer".

Pero para millones no hay nada; la sociedad les ha quitado todas las posibilidades de crecimiento. Están estancados. La gente se suicida porque se siente estancada y no ve ninguna salida. Llegan a un callejón sin salida. Y cuanto más inteligente seas, antes llegarás a ese callejón sin salida, a ese callejón sin salida. ¿Y entonces qué se supone que tienes que hacer? La sociedad no te da ninguna alternativa; la sociedad no permite una sociedad alternativa.

Sannyas es una sociedad alternativa. Parece extraño que en la India la tasa de suicidios sea la más baja del mundo. Lógicamente debería ser la más alta, porque la gente está sufriendo, la gente es miserable, se muere de hambre. Pero este extraño fenómeno ocurre en todas partes: la gente pobre no se suicida. No tienen nada por lo que vivir, no tienen nada por lo que morir. Como se mueren de hambre, están ocupados con su comida, refugio, dinero, cosas así. No pueden permitirse pensar en el suicidio, todavía no son tan ricos. América lo tiene todo, India no tiene nada.

Justo el otro día estaba leyendo... Alguien ha escrito: "Los americanos tienen un sonriente Jimmy Carter, Johnny Cash y Bob Hope. Y los indios tienen un Morarji Desai seco, aburrido y muerto, sin dinero y con muy poca esperanza".

Pero aun así la gente no se suicida: sigue viviendo, disfruta de la vida. Incluso los mendigos están emocionados, entusiasmados. No hay nada por lo que emocionarse, pero tienen esperanza.

¿Por qué ocurre tanto en América? - los problemas ordinarios de la vida han desaparecido, la mente es libre para elevarse más allá de la conciencia ordinaria. La mente puede elevarse más allá del cuerpo, más allá de la mente misma. La conciencia está lista para tomar alas y la sociedad no lo permite. De cada diez suicidas, unos nueve son personas sensibles. Viendo el sinsentido de la vida, viendo la indignidad que la vida impone, viendo los compromisos que uno tiene que hacer por nada, viendo toda la taciturnidad, mirando a su alrededor y viendo esto - "un cuento contado por un idiota, que no significa nada" - deciden deshacerse del cuerpo. Si pudieran tener alas en el cuerpo, no lo decidirían así.

Entonces el suicidio también tiene otro significado; hay que entenderlo. En la vida todo parece ser común, imitativo. No puedes tener un coche que otros no tengan. Millones de personas tienen el mismo coche que tú. Millones de personas viven la misma vida que tú, ven la misma película, el mismo televisor que tú, leen el mismo periódico que tú. La vida es demasiado común, no te queda nada único que hacer, que ser. El suicidio parece ser un fenómeno único: sólo tú puedes morir por ti mismo, nadie más puede morir por ti. Tu muerte será tu muerte, la de nadie más. La muerte es única.

Fíjate en el fenómeno: la muerte es única, te define como individuo, te da individualidad. La sociedad te ha quitado tu individualidad; no eres más que una pieza del engranaje, reemplazable. Si mueres, nadie te echará de menos, serás sustituido. Si eres profesor en la universidad, otro será el profesor en la universidad. Incluso si eres el presidente de un país, otro será el presidente del país, inmediatamente, en el momento en que dejes de serlo. Eres reemplazable.

Esto duele: que tu valía no es mucha, que no te echarán de menos, que un día desaparecerás y pronto desaparecerán también las personas que te recordarán. Entonces, será casi como si nunca hubieras existido. Piensa en ese día. Desaparecerás... Sí, durante unos días la gente le recordará: su amante le recordará, sus hijos le recordarán, quizá algunos amigos. Poco a poco, su recuerdo palidecerá, se desvanecerá, empezará a desaparecer.

Pero puede que mientras vivan esas personas con las que tuvo cierto tipo de intimidad, se acuerden de usted de vez en cuando. Pero una vez que ellos también se hayan ido, entonces... entonces simplemente desapareces, como si nunca hubieras estado aquí. Entonces no hay diferencia entre haber estado aquí o no haber estado.

La vida no te da un respeto único. Es muy humillante. Te lleva a un agujero donde no eres más que un engranaje en la rueda, un engranaje en el vasto mecanismo. Te convierte en anónimo.

La muerte, al menos, es única. Y el suicidio es más único que la muerte. ¿Por qué? - Porque la muerte llega, y el suicidio es algo que tú haces. La muerte está más allá de ti: cuando llegue, llegará. Pero el suicidio lo puedes manejar, no eres una víctima. Con el suicidio puedes arreglártelas. Con la muerte serás una víctima, con el suicidio tendrás el control. El nacimiento ya ha sucedido: ahora no puedes hacer nada al respecto, y no habías hecho nada antes de nacer: fue un accidente.

Hay tres cosas vitales en la vida: el nacimiento, el amor y la muerte. El nacimiento ha sucedido; no hay nada que hacer al respecto. Ni siquiera te preguntaron si querías nacer o no. Eres una víctima. El amor también sucede; no puedes hacer nada al respecto, estás indefenso.

Un día te enamoras de alguien y no puedes hacer nada. Si quieres enamorarte de alguien, no puedes hacerlo, es imposible. Y cuando te enamoras de alguien, si no quieres, si quieres alejarte, eso también parece difícil. El nacimiento es un acontecimiento, el amor también. Ahora sólo queda la muerte sobre la que se puede hacer algo: puedes ser una víctima o puedes decidir por ti mismo.

Un suicida es alguien que decide, que dice: "Déjame al menos hacer una cosa en esta existencia en la que casi fui accidental: me suicidaré. Al menos hay una cosa que puedo hacer".

El nacimiento es imposible de hacer; el amor no se puede crear si no existe; pero la muerte... la muerte tiene una alternativa. Puedes ser una víctima o puedes ser decisivo.

Esta sociedad te ha quitado toda dignidad. Por eso la gente se suicida, porque su suicidio les dará una especie de dignidad. Pueden decirle a Dios: "He renunciado a tu mundo y a tu vida. No valía la pena". Las personas que se suicidan son casi siempre más sensibles que las otras que siguen arrastrándose, viviendo. Y no digo suicidarse, digo que hay una posibilidad superior. Cada momento de la vida puede ser tan hermoso, individual, no imitativo, no repetitivo. Cada momento puede ser tan precioso. Entonces no hay necesidad de suicidarse. Cada momento puede traer tanta bendición, y cada momento puede definirte como único, ¡porque eres único! Nunca antes ha habido una persona como tú, y nunca más la habrá.

Pero la sociedad te obliga a formar parte de un gran ejército. A la sociedad nunca le gusta una persona que sigue su propio camino. La sociedad quiere que formes parte de la multitud: sé hindú, cristiano, judío, americano, indio... pero forma parte de una multitud; cualquier multitud, pero forma parte de una multitud. Nunca seas tú mismo. Y aquellos que quieren ser ellos mismos... y esos son la sal de la tierra, esas personas que quieren ser ellos mismos. Son las personas más valiosas de la tierra. La tierra tiene un poco de dignidad y fragancia gracias a esas personas. Entonces se suicidan.

Sannyas y suicidio son alternativas. Esta es mi experiencia: puedes convertirte en sannyasin sólo cuando has llegado al punto en el que, si no es sannyas, es el suicidio. Sannyas significa: "¡Intentaré convertirme en un individuo mientras viva! Viviré mi vida a mi manera. No seré dictado, dominado. No funcionaré como un mecanismo, como un robot. No tendré ideales ni metas. Viviré el momento y viviré con el impulso del momento. Seré espontáneo y lo arriesgaré todo por ello".

Sannyas es un riesgo.

Jane, me gustaría decirte: Te he mirado a los ojos; la posibilidad del suicidio también está ahí. Pero no creo que tengas que suicidarte: ¡con sannyas bastará! Eres más afortunado que las cuatro personas de tu familia que se suicidaron. De hecho, toda persona inteligente tiene la capacidad de suicidarse, sólo los idiotas nunca se suicidan. ¿Has oído hablar de algún idiota que se haya suicidado? No le importa la vida, ¿por qué habría de suicidarse? Sólo una inteligencia rara empieza a sentir la necesidad de hacer algo, porque la vida tal como se vive no vale la pena. Así que, o haces algo y cambias tu vida -dale una nueva forma, una nueva dirección, una nueva dimensión- o ¿por qué seguir llevando esta carga de pesadilla, día tras día, año tras año? Y continuará... Y la ciencia médica te está ayudando a que continúe incluso más tiempo: cien años, ciento veinte años. Y ahora esas personas están diciendo que un hombre puede vivir hasta cerca de trescientos años, fácilmente. Piensa que si la gente tuviera que vivir trescientos años, la tasa de suicidios sería muy alta, porque incluso las mentes mediocres empezarían a pensar que no tiene sentido.

La inteligencia significa ver las cosas en profundidad. ¿Tiene sentido tu vida? ¿Tiene tu vida alguna alegría? ¿Tiene tu vida algo de poesía? ¿Tiene tu vida algo de creatividad? ¿Te sientes agradecido por estar aquí? ¿Te sientes agradecido por haber nacido? ¿Puedes dar gracias a Dios? ¿Puedes decir con todo tu corazón que esto es una bendición? Si no puedes, ¿por qué sigues viviendo?

O haces de tu vida una bendición... o ¿por qué sigues siendo una carga para esta tierra? Desaparece. Alguien más puede ocupar tu espacio y puede hacerlo mejor. Esta idea viene a la mente inteligente de forma natural. Es una idea muy, muy natural cuando eres inteligente. Las personas inteligentes se suicidan. Y aquellos que son más inteligentes que la gente inteligente - toman sannyas.

Empiezan a crear un sentido, empiezan a crear un significado, empiezan a vivir. ¿Por qué perder esta oportunidad?

Heidegger ha dicho: "La muerte me aísla y hace de mí un individuo". Es mi muerte, no la de la multitud a la que pertenezco. Cada uno de nosotros muere su propia muerte; la muerte no puede repetirse. Puedo presentarme a un examen dos o tres veces; comparar mi segundo matrimonio con el primero, y así sucesivamente. Sólo muero una vez. Puedo casarme tantas veces como quiera, puedo cambiar de trabajo tantas veces como quiera, puedo cambiar de ciudad tantas veces como quiera... pero sólo muero una vez. La muerte es tan desafiante porque es a la vez cierta e incierta. Que llegará es seguro, cuándo lo hará es incierto.

De ahí que exista una gran curiosidad sobre la muerte, sobre lo que es. Uno quiere conocerla.

Y no hay nada morboso en esta contemplación de la muerte. Las acusaciones de ese tipo no son más que el artificio del "ellos" impersonal -la multitud- para impedir que uno escape de su tiranía y se convierta en individuo. Lo que es necesario es contemplar nuestra vida como un ser hacia la muerte. Una vez alcanzado este punto, existe la posibilidad de liberarse de la banalidad de la vida cotidiana y de su servidumbre a poderes anónimos. Quien se ha enfrentado así a su muerte se despierta de este modo. Ahora se percibe a sí mismo como un individuo distinto de la masa y está preparado para asumir la responsabilidad de su propia vida. De este modo, nos decidimos por la existencia auténtica frente a la inauténtica. Salimos de la masa y por fin somos nosotros mismos.

Incluso contemplar la muerte te da una individualidad, una forma, una definición, porque es tu muerte. Es lo único que queda en el mundo que es único. Y cuando piensas en el suicidio, se vuelve aún más personal: es tu decisión.

Y recuerda que no estoy diciendo que debas suicidarte. Lo que digo es que tu vida, tal como es, te está llevando al suicidio. Cámbiala.

Y contempla la muerte. Puede llegar en cualquier momento, así que no pienses que es morboso pensar en la muerte. No lo es, porque la muerte es la culminación de la vida, el crescendo mismo de la vida. Tienes que tenerla en cuenta. Llega, tanto si te suicidas como si llega... pero llega. Tiene que suceder. Tienes que prepararte para ella, y la única forma de prepararse para la muerte -la forma correcta- no es suicidarse; la forma correcta es morir cada momento al pasado.

Esa es la manera correcta. Eso es lo que se supone que debe hacer un sannyasin: morir cada momento al pasado, no cargar con el pasado ni un solo momento. Cada momento, muere al pasado y nace en el presente. Eso te mantendrá fresco, joven, vibrante, radiante; eso te mantendrá vivo, palpitante, excitado, extático. Y un hombre que sabe cómo morir cada momento al pasado sabe cómo morir, y esa es la mayor habilidad y arte. Por eso, cuando la muerte llega a un hombre así, ¡baila con ella, la abraza! - Es un amigo, no es el enemigo. Es Dios que viene a ti en forma de muerte. Es la relajación total en la existencia. Es volver a ser el todo, volver a ser uno con el todo.

Así que no llames a esto perversión.

Tú dices: "Vengo de una familia en la que hay cuatro suicidas por parte materna, incluida mi abuela".

No condenes a esa pobre gente, y no pienses ni por un momento que eran pervertidos.

"¿Cómo afecta esto a la propia muerte? ¿Qué ayuda a superar esta perversión de la muerte que corre como un tema a través de la familia?"

No lo llames perversión; no lo es. Esas personas eran simplemente víctimas. No podían con la sociedad neurótica y decidieron desaparecer en lo desconocido. Ten compasión de ellos, no los condenes. No los maltrates, no los insultes, no lo llames perversión ni nada por el estilo. Ten compasión y amor por ellos.

No hay necesidad de seguirles, pero siente por ellos. Deben de haber sufrido mucho. Uno no se decide muy fácilmente por abandonar la vida: deben haber sufrido intensamente, deben haber visto el infierno de la vida. Uno nunca se decide fácilmente por la muerte, porque sobrevivir es un instinto natural. Uno sigue sobreviviendo en todo tipo de situaciones y condiciones. Uno sigue comprometiéndose, sólo para sobrevivir. Cuando alguien deja su vida, simplemente demuestra que está más allá de su capacidad de compromiso; la exigencia es demasiada. La demanda es tanta que no vale la pena; entonces sólo uno decide suicidarse. Ten compasión de esas personas.

Y si sientes que algo está mal, entonces algo está mal en la sociedad, no en esas personas. La sociedad está pervertida. En una sociedad primitiva nadie se suicida. He estado en tribus primitivas de la India: durante siglos no han sabido de nadie que se suicidara. No tienen constancia de que nadie se haya suicidado. ¿Por qué? La sociedad es natural, no está pervertida. No lleva a la gente a hacer cosas antinaturales. La sociedad acepta. Permite a todo el mundo vivir su vida a su manera. Es un derecho de todos. Incluso si alguien se vuelve loco, la sociedad lo acepta; tiene derecho a volverse loco.

No hay condena. De hecho, en una sociedad primitiva, los locos son respetados como místicos, y tienen una especie de misterio a su alrededor. Si miras a los ojos de un loco y a los ojos de un místico, hay cierta similitud: algo vasto, algo indefinido, algo nebuloso, algo como un caos del que nacen las estrellas. El místico y el loco tienen algo en común.

Puede que no todos los locos sean místicos, pero todos los místicos están locos. Por "loco" entiendo que ha ido más allá de la mente. El loco puede haber caído por debajo de la mente, y el místico puede haber ido más allá de la mente, pero una cosa es similar - ambos no están en sus mentes. En una sociedad primitiva incluso el loco es respetado, tremendamente respetado. Si decide estar loco, no pasa nada. La sociedad se ocupa de su comida, de su refugio. La sociedad lo ama, ama su locura. La sociedad no tiene una regla fija; entonces nadie se suicida porque la libertad permanece intacta.

Cuando la sociedad exige esclavitud y sigue destruyendo tu libertad y paralizándote por todos lados y paralizando tu alma y apagando tu corazón... uno llega a sentir que es mejor morir que transigir.

No les llames pervertidos. Ten compasión de ellos; sufrieron mucho, fueron víctimas.

Y trata de entender lo que les pasó; eso te dará una visión de tu propia vida.

Y no hay necesidad de repetirlo, porque te doy la oportunidad de ser tú mismo. Te abro una puerta. Si eres comprensivo, le verás el sentido, pero si no lo eres, es difícil. Puedo seguir gritando y sólo oirás lo que puedas oír, y sólo oirás lo que quieras oír, lo que quieras oír.

Ha venido un amigo psicólogo: ha escrito una larga pregunta. Dice: "¿Por qué sigues diciendo que abandonemos el ego? Nadie ha sido capaz de abandonar el ego".

¿Cómo sabe que nadie ha sido capaz de abandonar el ego? Dice que no lo ha conseguido. ¿Cómo lo sabe? Ha tenido éxito, aunque sólo lo ha tenido con muy pocas personas. Pero ha tenido éxito, y ha tenido éxito sólo con personas raras porque sólo esas personas raras le han permitido tener éxito. Puede tener éxito con todo el mundo, pero la gente no se lo permite. No están dispuestos a perder su ego.

Él es psicólogo y dice: "Maestro, yo también veo en ti un gran ego". Como psicólogo dice: "Veo en ti un gran ego".

Entonces no me has visto en absoluto. Entonces has visto algo que es tu proyección.

El ego sigue proyectándose a sí mismo. El ego sigue creando su propia realidad a su alrededor, sus propios reflejos.

Ahora, si puedes ver tan profundamente dentro de mí, ¿por qué has venido aquí? - puedes ver profundamente en ti mismo. Si tienes una visión tan grande, ¿qué sentido tiene venir aquí? - no tiene sentido.

Y si ya has decidido que el ego no puede ser abandonado, que no es posible, entonces has tomado una decisión sin siquiera intentarlo.

Y no estoy diciendo que el ego pueda ser abandonado. Estoy diciendo que el ego no existe. ¿Cómo puedes abandonar algo que no existe? Y Buda no ha dicho que haya que abandonar el ego, sino que sólo hay que buscarlo, y no lo encuentras, así que desaparece.

¿Qué puedes hacer entonces, cuando entras en tu ser y no encuentras ningún ego, encuentras silencio allí; ningún yo dominando, ningún centro como un ego allí? Abandonar el ego no significa que tengas que abandonarlo. Dejar caer el ego es sólo una metáfora. Simplemente significa que cuando entras, miras dentro y no encuentras nada, el ego desaparece. De hecho, incluso decir "desaparece" no es correcto, porque en primer lugar no estaba ahí. Es un malentendido.

Ahora, en lugar de entrar en ti mismo, me miras a mí. Y crees que has mirado dentro de mí. Y como eres psicoanalista o psicólogo, entonces decides. Y tu decisión se convertirá en una barrera, ¡porque el ego no existe en mí! Y me gustaria declarar: ¡el ego no existe en ti! Incluso a este amigo psicólogo le diré: el ego no existe en él. ¡El ego no existe! Es una idea no existencial, solo una idea.

Es como cuando ves una cuerda en la oscuridad y crees que es una serpiente, y empiezas a correr, y te quedas sin aliento, y tropiezas con una roca y te haces una fractura, y por la mañana llegas a saber que sólo era una cuerda. ¡Pero funcionó tremendamente! La serpiente no estaba allí, pero afectó a tu realidad. Un malentendido es tan real como la comprensión. No es verdad, ¡pero es real! Esa es la diferencia entre realidad y verdad. Una serpiente vista en una cuerda es real, porque sus resultados, sus consecuencias van a ser reales. Si tienes un corazón débil puede ser muy peligroso ver una serpiente en una cuerda: puedes correr tan rápido que puedes tener un fallo cardíaco. Puede afectar a toda tu vida. Y parece tan ridículo; era sólo una cuerda.

Lo que estoy diciendo, o lo que Buda está diciendo es: Sólo toma una lámpara y entra. Mira bien si la serpiente existe o no. Buda ha descubierto que no existe en él. Yo he descubierto que no existe en mí. Y el día que descubrí que no existe en mí, miré a los ojos de todo el mundo y nunca la encontré. Es una idea infundada. Es un sueño.

Pero si estás demasiado lleno del sueño, puedes incluso proyectarlo en mí. Y no puedo hacer nada al respecto. Si proyectas, proyectas. Es como si llevaras gafas, gafas de colores, gafas verdes, y el mundo entero pareciera verde. Y vienes a mí y me dices: "Maestro, llevas un vestido verde". ¿Qué puedo hacer? Sólo puedo decir: "Quítate las gafas". Y tú dices: "Nadie ha sido capaz nunca de quitarse las gafas. Nunca ha ocurrido". Entonces es difícil.

Pero no es un problema para mí; va a ser un problema para ti. Lo siento por ti, porque si esta es tu idea entonces sufrirás toda tu vida - porque el ego crea sufrimiento. Una idea irreal, que se cree real, crea sufrimiento. ¿Qué es realmente el sufrimiento?

Sufrimiento es cuando tienes algunas ideas que no se correlacionan con la verdad. Entonces hay sufrimiento.

Por ejemplo, piensas que las piedras son comida y te las comes; entonces sufres, tienes un gran dolor de estómago. Pero si es comida de verdad, no sufres, estás satisfecho. El sufrimiento es creado por ideas que no van con la realidad; la dicha es creada cuando tienes ideas que van con la realidad. La dicha es una coherencia entre tú y la verdad; el sufrimiento es una dicotomía, una división entre tú y la verdad. Cuando no te mueves con la verdad estás en el infierno; cuando te mueves con la verdad estás en el cielo, eso es todo. Y eso es todo lo que hay que comprender.

Ahora este hombre viene de la lejana América. Escuchando mis cintas, comenzó a sentir por mí. Él ha venido aquí, pero si esta es su manera de ver las cosas se perderá. Y recuerda, no es un problema para mí. Si piensas que soy un gran egoísta, gracias, no es un problema para mí. Es su idea, y tiene todo el derecho a tener ideas. Pero si estás tan seguro de ello, ¿qué va a pasar?

Dice: "He estado con muchos santos de muchas religiones, y todos eran egoístas".

Debes llevar las mismas gafas en todas partes. Sigues creando tu propia realidad, lo cual no es cierto. Por eso Buda insiste tanto en la nada, en la no-mente, porque cuando la mente no tiene pensamientos no puedes proyectar nada. Entonces tienes que ver lo que es. Cuando no tienes ninguna idea, cuando estás simplemente vacío, un espejo que se refleja, entonces lo que viene delante de ti se refleja. Y se refleja tal como es. Pero si tienes ideas, entonces distorsionas. Los pensamientos son el medio de distorsión.

Si puedes ver el ego en mí, realmente estás haciendo un milagro. Pero es posible... y puedes disfrutar. Pero sólo tú serás perjudicado por tu idea, nadie más. Si esta idea persiste, entonces no habrá posibilidad de ser puenteado conmigo. Al menos durante estos pocos días que estás aquí, deja tus ideas a un lado. Y una cosa es cierta: tu psicología no te ha ayudado, de lo contrario no necesitarías estar aquí en absoluto.

Precisamente el otro día estaba sentado delante de mí y hablaba de sus problemas. Y a veces me pregunto... tiene tantos problemas, y es jefe de grupo. ¿Qué estará haciendo con la gente? ¿Qué tipo de ayuda puede venir de él? Y tiene un cuerpo tan gordo que ni siquiera puede cambiarlo; y sigue atiborrándose. Y estos eran sus problemas. Y tenía tanto miedo que insistía una y otra vez a Laxmi en que necesitaba una entrevista privada, porque: "No puedo decir las cosas delante de la gente". ¿Por qué? La gente te verá, que estás gordo. No importa si lo dices o no. Todo el mundo tiene ojos y pueden ver que estás gordo, y que sigues atiborrándote. ¿Cómo evitarás a la gente de Vrindavan? Ellos lo sabrán.

Quería tener una entrevista privada para poder contar sus problemas, y el problema era la gordura: "Sigo comiendo y no puedo parar; ¿qué debo hacer?". Su psicología ni siquiera ha sido de tanta ayuda, ¿y usted cree que su psicología es capaz de conocerme, de verme? No te dejes engañar por tus propios juegos.

Y no has acudido a ningún hombre santo. No digo que no fueran santos; digo simplemente que puede que hayas estado allí, pero no has estado con ellos. Si no puedes estar conmigo, ¿cómo vas a estar con ellos? No has estado con ningún hombre santo. Dondequiera que hayas ido, has ido con tu psicología, con todo el conocimiento que has reunido a tu alrededor. Y no te sirve de nada. Es inútil. Y sigues aconsejando a la gente. Crearás el mismo tipo de traumas, complejos, en otras personas también. Un terapeuta sólo puede ser de ayuda cuando su consejo no es sólo para los demás, sino cuando su consejo es su vida, cuando lo ha vivido y ha visto su verdad.

Dices que la enseñanza de los siglos de abandonar el ego, abandonar la mente, no ha funcionado. Sí ha funcionado. A mí me ha funcionado; por eso digo que ha funcionado. Sé que no ha funcionado para ti. Pero no hay nada malo en la enseñanza, algo está mal en ti; por eso no está funcionando en ti. Ha funcionado en millones de personas. Y a veces ocurre que tu vecino puede ser un ser iluminado y tú no ser capaz de verlo.

Sucedió...

Un buscador vino de América. Había oído que había un gran místico sufí en Dacca, en Bangladesh, así que vino corriendo, como vienen los americanos. Vino corriendo: ¡simplemente saltó sobre Dacca! Se agarró a un taxista y le dijo: "¡Llévame a este místico!".

El taxista se rió. Le dijo: "¿De verdad le interesa? Entonces ha dado con el hombre adecuado. Si hubiera preguntado a cualquier otro taxista, nadie le habría conocido. Yo conozco a este hombre. He vivido con él casi cincuenta años".

"¿Cincuenta años? ¿Cuántos años tiene?", preguntó el americano.

El taxista respondió: "También tiene cincuenta años".

Pensó: "¡Este hombre parece estar loco!". Probó con otros taxistas, pero nadie conocía al hombre, así que tuvo que volver a este loco.

Y le dijo: "Ya te he dicho que nadie le conoce. Ven conmigo y te llevaré". Y le llevó -y Dacca es una ciudad antigua y de calles pequeñas y diminutas- y fue zigzagueando aquí y allá, durante horas. Y el americano se sentía muy feliz, porque la meta estaba cada vez más cerca. Después de tres o cuatro horas, se detuvieron ante una pequeña casa, la casa de un hombre muy pobre. Y el taxista dijo: "Espere, que yo me encargaré del señor".

Entonces llegó una mujer y dijo: "El señor le está esperando". Y el hombre entró, y el taxista estaba sentado allí.

Y le dijo: "Vamos, hijo mío, ¿qué tienes que preguntar?".

El americano no se lo podía creer. Dijo: "¿Usted es el amo?"

Él dijo: "Yo soy el amo, y he vivido con este hombre durante cincuenta años; nadie más lo sabe". Y resultó que él era el amo.

... Pero tú tienes tus ideas: "¿Cómo puede un taxista ser un maestro?" Piensa en mí como un taxista... Usted no va a creer -¿verdad? ¿Creerá este amigo psicólogo? Será imposible.

Tienes ideas. A causa de tus ideas te pierdes muchas cosas que hay alrededor. La tierra nunca está vacía de maestros. Hay gente por todas partes, ¡pero no puedes verlos! Y cuando quieres verlos vas al Vaticano porque tienes la idea de que el Papa debe estar iluminado. En realidad, ¿cómo puede ser papa un iluminado? Ningún iluminado aceptará esa tontería. Quizá prefiera ser taxista.

Por favor, deja tus ideas mientras estés aquí, durante estos pocos días. Ábrete, no tengas prejuicios desde el principio de que: "Esto nunca ha sucedido". ¡Esto ha sucedido! Esto ha sucedido en mí. Sólo mírame a los ojos, sólo siénteme, y esto puede suceder en ti.

No hay nada que lo impida excepto estas ideas, este conocimiento. Por eso digo que el conocimiento es una maldición. Deshazte de tu conocimiento y te librarás de tu patología.

La segunda pregunta:

Pregunta 2:

AMADO MAESTRO,

SOY UN DÉBIL. SIN EMBARGO, TENGO LA SENSACIÓN DE QUE AQUÍ PUEDO, POR PRIMERA VEZ, RELAJARME EN MI DEBILIDAD. ¿DEBO SER FUERTE Y VALIENTE?

Aquí no hay deberes. Hay que renunciar a todos los deberes. Sólo entonces te conviertes en un ser natural.

¿Y qué hay de malo en ser débil? Todo el mundo es débil. ¿Cómo puede la parte ser fuerte? - La parte tiene que ser débil. Y nosotros somos pequeñas partes, gotas en este vasto océano. ¿Cómo podemos ser fuertes? - ¿Fuertes contra quién, fuertes para qué? Sí, te han enseñado, lo sé, a ser fuerte, porque te han enseñado a ser violento, agresivo, guerrero. Os han enseñado a ser fuertes porque os han enseñado a ser competitivos, ambiciosos, egoístas. Te han enseñado todo tipo de agresividad porque te han educado para violar a los demás, para violar la naturaleza. No te han educado para amar.

Aquí, el mensaje es amor, así que ¿para qué necesitas fuerza? El mensaje aquí es rendición. El mensaje aquí es aceptación, aceptación total de lo que sea.

La debilidad es hermosa. Relájate en ella, acéptala, disfrútala. Tiene sus propias bellezas, sus propias alegrías.

"Soy un débil..."

Por favor, ni siquiera uses la palabra "débil", porque tiene una nota condenatoria. Di "soy una parte", y la parte está destinada a ser impotente. En sí misma, la parte está destinada a ser impotente. La parte sólo es potente con el todo. Tu fuerza está en estar con la verdad; no hay otra fuerza. La verdad es fuerte, nosotros somos débiles. Dios es fuerte, nosotros débiles. Con él también somos fuertes; contra él, sin él, somos débiles. Lucha contra el río, intenta ir río arriba y se demostrará que eres un débil. Flota con el río y ve río abajo -ni siquiera nades, déjate llevar y deja que el río te lleve a donde quiera que vaya- y entonces no habrá debilidad. Cuando se abandona la idea de ser fuerte, no queda debilidad. Ambas desaparecen juntas.

Y entonces, de repente, no eres ni débil ni fuerte. De hecho, no lo eres; Dios lo es, ni débil ni fuerte.

Dices: "Sin embargo, tengo la sensación de que por primera vez puedo relajarme en mi debilidad aquí".

Un buen sentimiento; ¡no le pierdas la pista! Una sensación correcta: relájate - esa es toda mi enseñanza.

Relájate en tu ser, quienquiera que seas. No te impongas ningún ideal. No te vuelvas loco; no es necesario. Sé, deja de convertirte. No vamos a ninguna parte, sólo estamos aquí.

Y este momento es tan hermoso, es una bendición; no traigas ningún futuro a él, de lo contrario lo destruirás. El futuro es venenoso. Relájate y disfruta. Si puedo ayudarte a relajarte y disfrutar, mi trabajo está hecho. Si puedo ayudarte a abandonar tus ideales, tus ideas sobre cómo debes ser y cómo no debes ser, si puedo quitarte todos los mandamientos que se te han dado, entonces mi trabajo está hecho. Y cuando te quedas sin mandamientos, y cuando vives en el impulso del momento - natural, espontáneo, simple, ordinario - hay una gran celebración, has llegado a casa.

Ahora no lo traigas otra vez... "¿Debo ser fuerte y valiente?" ¿Para qué? En realidad es la debilidad la que quiere ser fuerte.

Trata de entenderlo; es un poco complejo pero vamos a ello. Es la debilidad la que quiere ser fuerte, es la inferioridad la que quiere ser superior, es la ignorancia la que quiere ser sabia - para poder esconderse en el conocimiento, para que puedas esconder tu debilidad en tu supuesto poder. De la inferioridad surge el deseo de ser superior. Ese es todo el sustrato de la política en el mundo, la política del poder. Sólo las personas inferiores se convierten en políticos: tienen ansia de poder, porque se saben inferiores. Si no se convierten en el presidente de un país o en el primer ministro de un país, no pueden demostrar su valía a los demás. En sí mismos se sienten débiles; se impulsan hacia el poder.

Pero, ¿cómo, convirtiéndote en presidente, puedes ser poderoso? En el fondo sabrás que tu debilidad está ahí. De hecho, se sentirá más, incluso más que antes, porque ahora habrá un contraste. Por fuera habrá poder, y por dentro habrá debilidad, más clara, como un resquicio de esperanza en una nube negra. Eso es lo que pasa: por dentro te sientes pobre y empiezas a agarrar, te vuelves codicioso, empiezas a poseer cosas, y sigues y sigues y sigues, y no tiene fin. Y toda tu vida se desperdicia en cosas, en acumular.

Pero cuanto más acumulas, más penetrantemente sientes la pobreza interior. Frente a la riqueza se ve muy fácilmente. Cuando ves esto -que la debilidad intenta hacerse fuerte- es absurdo. ¿Cómo puede la debilidad hacerse fuerte? Al verlo, no quieres volverte fuerte.

Y cuando no quieres volverte fuerte, la debilidad no puede permanecer en ti. Sólo puede permanecer con la idea de fuerza: están juntas, como los polos negativo y positivo de la electricidad. Existen juntos. Si abandonas esta ambición de ser fuerte, un día de repente descubrirás que la debilidad también ha desaparecido. No puede mantenerse en ti. Si abandonas la idea de ser rico, ¿cómo puedes seguir pensando que eres pobre? ¿Cómo vas a comparar y cómo vas a juzgar que eres pobre? ¿Contra qué? No habrá posibilidad de medir tu pobreza. Si abandonas la idea de riqueza, de ser rico, un día la pobreza desaparece.

Cuando no anhelas el conocimiento y abandonas el saber, ¿cómo puedes seguir siendo ignorante? Cuando el conocimiento desaparece, tras él, como su sombra, desaparece la ignorancia. Entonces un hombre es sabio. La sabiduría no es conocimiento; la sabiduría es la ausencia tanto de conocimiento como de ignorancia.

Hay tres posibilidades: puedes ser ignorante, puedes ser ignorante y tener conocimiento, y puedes carecer de ignorancia y de conocimiento. La tercera posibilidad es lo que es la sabiduría.

Eso es lo que Buda llama prajnaparamita - la sabiduría más allá, la sabiduría trascendental. No es conocimiento.

Primero, abandona este deseo de fuerza, y observa. Un día te sorprenderás, empezarás a bailar: la debilidad ha desaparecido. Son dos aspectos de la misma moneda: viven juntos, van juntos. Una vez que has penetrado en este hecho en tu ser, se produce una gran transformación.

La tercera pregunta:

La tercera pregunta:

AMADO MAESTRO,

¿POR QUÉ Y CÓMO LA GENTE VIENE A TI DESDE LOS CUATRO RINCONES DE LA TIERRA?

Si uno dice la verdad, seguro que tarde o temprano lo descubren, por eso.

Es imposible... si has dicho la verdad, es imposible que la gente no venga.

La anhelan, están sedientos de ella, hambrientos de ella; y han permanecido hambrientos durante muchas vidas. Una vez que surge una onda de verdad en cualquier parte, una canción, aquellos que están hambrientos -pueden estar en cualquier parte del planeta- algo en su inconsciente comienza a suceder. Estamos conectados en el inconsciente; en lo más profundo de nuestro ser somos uno. Si un hombre se convierte en Buda, el inconsciente de todos se emociona. Puede que no lo sepas conscientemente, pero el inconsciente de todos se emociona. Es como una tela de arana: la tocas desde cualquier parte y toda la tela empieza a temblar. Somos uno en nuestra base. Somos como un árbol sólido y fuerte, que se yergue solitario en el campo: grande, enorme, con un gran follaje. Las hojas son millones, las ramas son muchas, pero todo depende de un tronco sólido, y todas están enraizadas en un mismo suelo. Si una hoja se ilumina, todo el árbol lo sabrá inconscientemente... "Algo ha sucedido".

Los que buscan conscientemente la verdad serán los primeros en empezar a moverse. El inconsciente tendrá las ondas.

Un amigo acaba de escribir: estaba sentado en algún lugar de California... Y puede ocurrir más fácilmente en California que en cualquier otro lugar. California es el futuro; la conciencia con más potencial está sucediendo allí. California es la más vulnerable, así que sólo puede ocurrir en California. No puede ocurrir en la Rusia soviética: las cosas están muy apagadas y muertas.

Un amigo fue a visitar a una mujer. Estaban comiendo y bebiendo, y de repente miró a los ojos de la mujer y había un poder inmenso. Tal vez el alcohol, la bebida, la música, la soledad de estas dos personas, la atmósfera amorosa, desencadenaron algo. Vio un inmenso poder en los ojos de la mujer y quedó atrapado en ellos, casi magnetizado, hipnotizado. Y empezó a mirar, y cuando empezó a mirar la mujer empezó a balancearse, algo empezó a moverse, algo en el inconsciente. Y al cabo de unos minutos la mujer empezó a decir mi nombre y ella no me conocía de nada, nunca había oído hablar de mí. Cuando volvió, el hombre le dijo: "Estabas repitiendo cierto nombre, parece muy extraño. Nunca lo había oído".

Y la mujer respondió: "Nunca lo he oído. No lo sé". Ambos fueron a una librería a buscar el nombre. Y buscó en mis libros, y eso era lo que había estado buscando durante muchos, muchos años. El mes que viene vendrá aquí. Ahora, ¿cómo sucede? Algo en el fondo de la mujer...

Es más fácil para una mujer recibir mensajes, porque está más cerca del inconsciente que el hombre. El hombre se ha alejado mucho del inconsciente. Se ha obsesionado demasiado con la cabeza, con lo consciente. La mujer sigue viviendo de corazonadas. Algo empezó a moverse en su inconsciente cuando el hombre la miró a los ojos. Y el hombre es un buscador consciente; la mujer no. La mujer nunca ha buscado a un maestro. Ella no viene. Ella debe haberlo explicado como una coincidencia o algo asi. Ella nunca ha estado interesada en ninguna búsqueda, pero su inconsciente era más receptivo. Siendo una mujer, y luego el alcohol, y este hombre mirando inmensamente magnetizado por sus ojos - todas estas cosas funcionaron, algo salió a la superficie. Y el consciente de este hombre estaba buscando. Al oír esta palabra se enganchó. Se enganchó con la palabra; no podía olvidarla. Tuvo que ir a los puestos de libros para averiguarlo, a la biblioteca, aquí y allá, preguntar a amigos qué era esta palabra.

No es un milagro. Es un simple proceso de cómo suceden las cosas.

Tú me preguntas: "¿Cómo y por qué viene gente a ti desde los cuatro puntos cardinales?".

La distancia no es la cuestión; la búsqueda, el hambre, la sed son la cuestión. Si alguien me busca, tarde o temprano sabrá de mí -a veces accidentalmente- y empezará a sentir una atracción hacia mí. Millones de personas están buscando, y cuanta más gente esté a mi alrededor, y cuanta más gente empiece a profundizar en su ser, mayor será la atracción de este lugar. Entonces no seré sólo yo quien tire de ellos, no seré sólo yo quien remueva sus profundidades, sino que todo este lugar empezará a tirar de ellos. Puede convertirse en un centro magnético.

Depende de ti, de lo profundo que empieces a moverte en tu ser, de lo mucho que sintonices conmigo, de lo profunda que sea tu entrega.

La última pregunta:

Pregunta 4:

AMADO MAESTRO,

¿QUÉ HACER CON EL MIEDO? ME SIENTO MUY CANSADO DE SER LLEVADO POR ÉL. ¿SE PUEDE DOMINAR O MATAR? ¿CÓMO?

La pregunta es de Ramananda.

No se puede matar, no se puede dominar, sólo se puede comprender. Comprensión' es la palabra clave aquí. Y sólo la comprensión trae la mutación, nada más. Si intentas dominar tu miedo, permanecerá reprimido, se adentrará en ti. No te ayudará, complicará las cosas. Está saliendo a la superficie, puedes reprimirlo, eso es el dominio. Puedes reprimirlo; puedes reprimirlo tan profundamente que desaparezca de tu conciencia por completo. Entonces nunca serás consciente de ello, pero estará ahí en el sótano, y tendrá una atracción. Se las arreglará, te manipulará, pero lo hará de un modo tan indirecto que no serás consciente de ello. Pero entonces el peligro se ha profundizado. Ahora ni siquiera puedes comprenderlo.

Así que no hay que dominar el miedo, no hay que matarlo. Tampoco se puede matar, porque el miedo contiene una especie de energía y ninguna energía puede ser destruida. ¿Has visto que en el miedo puedes tener una energía inmensa? - igual que puedes tenerla en la ira; ambos son dos aspectos del mismo fenómeno energético. La ira es agresiva y el miedo no es agresivo. El miedo es ira en estado negativo; la ira es miedo en estado positivo. Cuando estás enfadado, ¿no has observado lo poderoso que te vuelves, la gran energía que tienes? Puedes lanzar una gran piedra cuando estás enfadado; normalmente ni siquiera puedes sacudirla. Te vuelves tres o cuatro veces más grande cuando estás enfadado. Puedes hacer ciertas cosas que no puedes hacer sin ira.

O, con miedo, puedes correr tan rápido que hasta un corredor olímpico sentirá envidia. El miedo crea energía; el miedo es energía, y la energía no puede destruirse. No se puede destruir ni un ápice de energía de la existencia. Esto hay que recordarlo constantemente, de lo contrario harás algo mal. No puedes destruir nada, sólo puedes cambiar su forma. No puedes destruir un pequeño guijarro; un pequeño átomo de arena no puede ser destruido, sólo cambiará su forma.

No puedes destruir una gota de agua. Puedes convertirla en hielo, puedes evaporarla, pero permanecerá. Permanecerá en algún lugar, no puede dejar de existir.

Tampoco puedes destruir el miedo. Y eso es lo que se ha hecho a lo largo de los siglos: la gente ha intentado destruir el miedo, la ira, el sexo, la avaricia, etcétera. El mundo entero ha estado trabajando continuamente, ¿y cuál es el resultado? El hombre se ha convertido en un desastre. No se ha destruido nada, todo está ahí; sólo que las cosas se han vuelto confusas.

No hay necesidad de destruir nada porque nada puede ser destruido en primer lugar.

Entonces, ¿qué hay que hacer? Hay que comprender el miedo. ¿Qué es el miedo? ¿Cómo surge?

¿De dónde viene? ¿Cuál es su mensaje? Míralo sin juzgarlo; sólo entonces lo entenderás. Si ya tienes la idea de que el miedo es incorrecto, de que no debería ser así - "No debería tener miedo"-, entonces no puedes mirar. ¿Cómo puedes enfrentarte al miedo? ¿Cómo puedes mirar a los ojos del miedo si ya has decidido que es tu enemigo? Nadie mira a los ojos del enemigo. Si crees que es algo malo, entonces intentarás evitarlo, esquivarlo, descuidarlo. Intentarás no encontrarte con él, pero permanecerá. Esto no te ayudará.

Primero abandona toda condena, juicio, evaluación. El miedo es una realidad. Hay que afrontarlo, hay que comprenderlo. Y sólo a través de la comprensión puede ser transformado. De hecho, se transforma a través de la comprensión. No hay necesidad de hacer nada más; la comprensión lo transforma.

¿Qué es el miedo? Primero: el miedo siempre está alrededor de algún deseo. Quieres convertirte en un hombre famoso, en el hombre más famoso del mundo; entonces hay miedo. ¿Y si no puedes conseguirlo? - aparece el miedo. Ahora el miedo viene como un subproducto del deseo: quieres convertirte en el hombre más rico del mundo. ¿Y si no lo consigues? Empiezas a temblar; aparece el miedo.

Posees a una mujer: temes que mañana no puedas poseerla, que se vaya con otro.

Todavía está viva, puede irse. Sólo las mujeres muertas no se irán; ella aún está viva. Puedes poseer sólo un cadáver, entonces no hay miedo, el cadáver estará allí. Puedes poseer muebles, entonces no hay miedo. Pero cuando intentas poseer a un ser humano aparece el miedo. Quién sabe, ayer no era tuya, hoy es tuya... Quién sabe, mañana será de otra persona. Surge el miedo. El miedo surge del deseo de poseer, es un subproducto; porque quieres poseer, de ahí el miedo. Si no quieres poseer, entonces no hay miedo. Si no tienes el deseo de ser esto o aquello en el futuro, entonces no hay miedo. Si no quieres ir al cielo entonces no hay miedo, entonces el sacerdote no puede darte miedo. Si no quieres ir a ninguna parte, entonces nadie puede darte miedo.

Si empiezas a vivir el momento, el miedo desaparece. El miedo viene a través del deseo. Así que, básicamente, el deseo crea el miedo.

Examínalo. Siempre que haya miedo, mira de dónde viene -qué deseo lo está creando- y luego observa su futilidad. ¿Cómo puedes poseer a una mujer o a un hombre? Es una idea tan tonta y estúpida. Sólo se pueden poseer cosas, no personas.

Una persona es libertad. Una persona es bella por su libertad. El pájaro es hermoso volando en el cielo: si lo enjaulas, ya no es el mismo pájaro, recuérdalo. Se parece, pero ya no es el mismo pájaro. ¿Dónde está el cielo? ¿Dónde está el sol? ¿Dónde están los vientos?

¿Dónde están esas nubes? ¿Dónde está esa libertad al vuelo? Todo ha desaparecido. Este no es el mismo pájaro.

Amas a una mujer porque es una libertad. Luego la enjaulas: luego vas al tribunal y te casas, y haces una hermosa, tal vez dorada, jaula a su alrededor, tachonada de diamantes, pero ya no es la misma mujer. Y ahora llega el miedo. Tienes miedo, miedo de que a la mujer no le guste esta jaula. Puede que anhele de nuevo la libertad.

Y la libertad es un valor supremo, no se puede abandonar.

El hombre consiste en libertad, la conciencia consiste en libertad. Así que tarde o temprano la mujer empezará a sentirse aburrida, harta. Empezará a buscar a otra persona. Tienes miedo. Tu miedo viene porque quieres poseer - ¿pero por qué en primer lugar quieres poseer? No seas posesivo y entonces no tendrás miedo. Y cuando no hay miedo, gran parte de tu energía que está involucrada, atrapada, encerrada en el miedo, está disponible, y esa energía puede convertirse en tu creatividad. Puede convertirse en una danza, en una celebración.

¿Tienes miedo a morir? Buda dice: No puedes morir, porque en primer lugar, no eres.

¿Cómo puedes morir? Mira dentro de tu ser, profundiza en él. Mira, ¿quién está ahí para morir? - y no encontrarás ningún ego allí. Entonces no hay posibilidad de muerte. Sólo la idea del ego crea el miedo a la muerte. Cuando no hay ego no hay muerte. Tú eres el silencio absoluto, la inmortalidad, la eternidad, no como tú, sino como un cielo abierto, no contaminado por ninguna idea de "yo", de sí mismo, ilimitado, indefinido. Entonces no hay miedo.

El miedo viene porque hay otras cosas, Ramananda. Tendrás que mirar dentro de esas cosas, y mirándolas empezarás a cambiar las cosas.

Así que, por favor, no preguntes cómo se puede dominar o matar. No hay que dominarlo, no hay que matarlo. No se puede dominar ni matar; sólo se puede comprender. Que la comprensión sea tu única ley.

Suficiente por hoy.

La fragancia de la nada

POR LO TANTO, OH SARIPUTRA, EN LA VACUIDAD NO HAY FORMA, NI SENTIMIENTO, NI PERCEPCIÓN, NI IMPULSO, NI CONCIENCIA; NO HAY OJO, OÍDO, NARIZ, LENGUA, CUERPO, MENTE; NO HAY FORMAS, SONIDOS, OLORES, SABORES, TOCABLES U OBJETOS DE LA MENTE; NO HAY ELEMENTO VISTA-ÓRGANO, Y ASÍ SUCESIVAMENTE, HASTA QUE LLEGUEMOS A: NO HAY ELEMENTO MENTE-CONCIENCIA; NO HAY IGNORANCIA, NI EXTINCIÓN DE LA IGNORANCIA, ETC., HASTA QUE LLEGUEMOS A:

NO HAY DECADENCIA NI MUERTE, NI EXTINCIÓN DE LA DECADENCIA Y LA MUERTE.

NO HAY SUFRIMIENTO, NI ORIGEN, NI PARADA, NI CAMINO.

NO HAY COGNICIÓN, NI LOGRO NI NO LOGRO.

La nada es la fragancia del más allá. Es la apertura del corazón a lo trascendental. Es el despliegue del loto de mil pétalos. Es el destino del hombre. El hombre está completo sólo cuando ha llegado a esta fragancia, cuando ha llegado a esta nada absoluta dentro de su ser, cuando esta nada se ha extendido por todo él, cuando es sólo un cielo puro, sin nubes.

Esta nada es lo que Buda llama nirvana. Primero tenemos que entender qué es realmente esta nada, porque no está vacía, está llena, rebosa. Ni por un momento pienses que la nada es un estado negativo, una ausencia, no. La nada es simplemente la nada. Las cosas desaparecen, sólo permanece la sustancia última. Las formas desaparecen, sólo queda lo informe. Las definiciones desaparecen, lo indefinido permanece.

Por tanto, la nada no es que no haya nada. Significa simplemente que no hay posibilidad de definir lo que hay. Es como si quitas todos los muebles de tu casa y los pones fuera. Entra alguien y dice: "Ahora, aquí no hay nada". Antes ha visto los muebles; ahora faltan los muebles y dice: "Aquí ya no hay nada. No hay nada". Su afirmación sólo es válida hasta cierto punto. De hecho, cuando quitas los muebles, simplemente eliminas obstrucciones en el espacio de la casa. Ahora existe el espacio puro, ahora nada obstruye. Ahora no hay nubes vagando por el cielo; es sólo cielo. No es sólo nada, es pureza. No es sólo ausencia, es presencia.

¿Has estado alguna vez en una casa absolutamente vacía? Encontrarás ese vacío como una presencia; es muy tangible, casi puedes tocarlo. Esa es la belleza de un templo, una iglesia o una mezquita: la nada pura, vacía. Cuando entras en un templo, lo que te rodea es la nada. Está vacío de todo, pero no sólo vacío. En ese vacío hay algo presente, pero sólo para aquellos que pueden sentirlo, que son lo bastante sensibles para sentirlo, que son lo bastante conscientes para verlo.

Los que sólo ven cosas dirán: "¿Qué hay ahí? Nada". Los que no pueden ver nada dirán: "Todo está aquí, porque nada está aquí".

La identidad del "sí" y del "no" es el secreto de la nada. Permítanme repetirlo; es muy básico para el enfoque de Buda: la nada no es idéntica al "no", la nada es la identidad del "sí" y el "no", donde las polaridades ya no son polaridades, donde los opuestos ya no son opuestos.

Cuando haces el amor con una mujer o con un hombre, el punto del orgasmo es el punto de la nada. En ese momento la mujer ya no es una mujer y el hombre ya no es un hombre.

Esas formas han desaparecido. Esa polaridad entre el hombre y la mujer ya no existe, esa tensión ya no existe; está totalmente relajada. Ambos se han fundido el uno en el otro. Se han desformado, han entrado en un estado que no puede definirse. El hombre no puede decir "yo", la mujer no puede decir "yo"; ya no son "yoes", ya no son egos, porque los egos siempre están en conflicto, el ego existe a través del conflicto, no puede existir sin conflicto. En ese momento del orgasmo ya no hay egos. De ahí su belleza, de ahí su éxtasis, de ahí su cualidad de samadhi.

Pero sólo ocurre durante un momento. Pero incluso ese momento, un solo momento, es más valioso que toda tu vida, porque en ese momento te acercas más a la verdad. El hombre y la mujer ya no están separados; se trata de una polaridad. El yin y el yang, lo positivo y lo negativo, el día y la noche, el verano y el invierno, la vida y la muerte, son polaridades. Cuando el "sí" y el "no" se encuentran, cuando los opuestos se encuentran y dejan de ser opuestos, cuando entran el uno en el otro y se disuelven el uno en el otro, se produce el orgasmo. El orgasmo es el encuentro del sí y del no. No es idéntico al no; está más allá del sí y del no.

En cierto sentido está más allá de ambos; en cierto sentido es ambos juntos, simultáneamente. La fusión de lo negativo y lo positivo es la definición de la nada. Y esa es también la definición del orgasmo, y esa es también la definición del samadhi. Recuérdalo.

La identidad del sí y del no es el secreto del vacío, de la nada, del nirvana. El vacío no es sólo vacío; es una presencia, una presencia muy sólida. No excluye sus opuestos; los incluye, está lleno de ellos. Es un vacío lleno, es un vacío desbordante. Está vivo, abundantemente vivo, tremendamente vivo. Así que ni por un momento dejes que los diccionarios te engañen, de lo contrario malinterpretarás a Buda.

Si vas al diccionario y buscas el significado de "nada", te perderás a Buda. El diccionario sólo define la nada ordinaria, el vacío ordinario.

Buda habla de algo muy extraordinario. Si quieres conocerlo, tendrás que entrar en la vida, en alguna situación en la que el sí y el no se encuentren, entonces lo sabrás. Cuando el cuerpo y el alma se encuentren, cuando el mundo y Dios se encuentren, cuando los opuestos dejen de serlo, sólo entonces lo saborearás. Su sabor es el sabor del Tao, del Zen, del Hasidismo, del Yoga.

La palabra yoga también tiene su significado. Significa juntarse. Cuando un hombre y una mujer se encuentran, es un yoga: se juntan, se acercan de verdad, empiezan a superponerse y luego desaparecen el uno en el otro. Entonces ya no tienen centros. El conflicto de los opuestos ha desaparecido y hay una relajación total.

Esta relajación sólo se produce momentáneamente entre un hombre y una mujer. Pero esta relajación puede ocurrir con el total, con el todo, de una manera no temporal. Puede ocurrir de forma eterna. En el amor sólo tienes una gota de su éxtasis. En el éxtasis tienes todo el océano del amor.

Esta nada sólo puede lograrse si no hay nubes de pensamiento en ti. Esas son las nubes que están obstaculizando tu espacio interior, obstruyendo tu espacio interior. ¿Has observado el cielo? En verano está tan limpio y claro, tan cristalino: ni una mota de nube. Y luego vienen las lluvias, y vienen miles de nubes, y toda la tierra está rodeada de nubes.

El sol desaparece, el cielo ya no está disponible. Este es el estado de la mente: la mente está constantemente nublada. Es la estación lluviosa de tu conciencia; el sol ya no está disponible, la luz está oculta, entorpecida, y la pureza del espacio y la libertad del espacio ya no están disponibles. En todas partes te encuentras definido por las nubes.

Cuando dices: "Soy hindú", ¿qué estás diciendo? Te atrapa una nube, la idea de que eres hindú. Cuando dices: "Soy mahometano", o cristiano o jaina, ¿qué estás diciendo? Te estás identificando con una nube de pensamientos, estás perdiendo tu pureza. Por eso digo que un hombre religioso no es ni hindú ni mahometano ni cristiano, no puede serlo. Es un verano de conciencia, no tiene nubes: el sol está ahí, brillante, sin obstáculos, y hay un espacio infinito a su alrededor, hay silencio a su alrededor.

No encontrarás la vibración de la conciencia nublada.

Cuando dices "soy comunista", ¿qué estás diciendo? Estás diciendo que has estado leyendo a Karl Marx, Lenin, Stalin, Mao; que te has apegado demasiado a "Das Kapital"; que te has identificado con la idea de la lucha de clases -los pobres y los ricos y el conflicto-; que te has sentido demasiado atraído, hipnotizado por un sueño, una utopía:

que algún día en el futuro se pueda crear una sociedad sin clases; que te has obsesionado demasiado con esta utopía y estás dispuesto a hacer cualquier cosa por ella. Incluso si tienes que matar a millones de personas estás dispuesto, por su propio bien. Este es un estado turbio.

Cuando dices: "Soy indio", otra vez lo mismo. Si dices: "Soy chino", lo mismo. Si de verdad quieres ser religioso, tendrás que abandonar estas identidades despacio, despacio. Ninguna idea debe poseerte. Ningún libro debe ser tu Biblia. Ningún Veda debe definirte, ningún Gita debe confinarte. No debes permitir que ninguna filosofía, teología, dogma, teoría o hipótesis te invada. No debes permitir que ningún humo rodee tu llama de conciencia. Sólo entonces serás religioso.

Si preguntas a un hombre religioso quién es, sólo podrá decir: "Soy la nada", porque la nada no es una idea, no es una teoría. Simplemente indica un estado de pureza.

Recuerda que la percepción no tiene nada que ver con el conocimiento. De hecho, cuando percibes a través del conocimiento no percibes correctamente. Todo conocimiento crea proyecciones. El conocimiento es un sesgo, el conocimiento es un prejuicio. El conocimiento es conclusión - has concluido incluso antes de haber profundizado en él.

Por ejemplo, si vienes a mí con una conclusión ya en tu mente -puede ser a mi favor, puede ser en mi contra, eso no importa- si vienes a mí con una conclusión entonces vienes con una nube. Entonces seguirás mirándome a través de tu nube, y naturalmente tu nube arrojará sombras sobre mí. Si vienes con la idea de que este es el hombre adecuado, entonces encontrarás algo que apoye tu idea. Si has venido con la idea: "Este es un hombre equivocado, peligroso, malvado", entonces seguirás encontrando algo que apoye tu idea.

Cualquier idea que traigas se autoperpetúa, sigue encontrando pruebas para sí misma. Y el hombre que ha venido con un prejuicio se irá con su prejuicio fortalecido. De hecho, él nunca ha venido a mí.

Para venir a verme hay que estar despejado, sin prejuicios a favor o en contra, sin juicios a priori. Sólo vienes a ver lo que hay, no traes ninguna opinión. Has oído muchas cosas pero no te crees ninguna. Simplemente vienes a ver con tus propios ojos, vienes a sentir con tu propio corazón. Esa es la cualidad de un hombre religioso.

Y si quieres conocer la verdad tendrás que dejar todo tipo de conocimiento que has acumulado a lo largo de los años, en muchas, muchas vidas. Cuando alguien llega a la verdad con conocimiento no puede verla, está ciego. El conocimiento te ciega. Si quieres tener ojos claros, abandona el conocimiento. La percepción no tiene nada que ver con el conocimiento.

La verdad y el conocimiento no van juntos. El conocimiento no puede contener la inmensidad de la vida y la existencia. El conocimiento es tan diminuto, tan pequeño, y la existencia es tan vasta, tan enorme, ¿cómo puede contener la existencia? No puede. Y si obligas a la existencia a entrar en tus patrones de conocimiento, destruirás su belleza y destruirás su verdad. Una vez que la existencia se convierte en conocimiento, ya no es existencia. Es como si una persona llevara un mapa de la India y pensara que lleva la India. Ningún mapa puede contener la India.

La imagen de la luna no es la luna. La palabra dios no es Dios; la palabra amor tampoco es amor. Ninguna palabra puede contener los misterios de la vida. Y el conocimiento no es más que palabras y palabras y palabras. El conocimiento es una gran ilusión. Por eso Buda dice: Permite que la nada se instale en ti.

La nada significa un estado de no-saber, un estado en el que ninguna nube flota en tu conciencia. Cuando tu conciencia está despejada, entonces no eres nada. La nada va perfectamente bien con la verdad, sólo la nada va perfectamente bien con la verdad. El conocimiento no puede contener el misterio del ser; el conocimiento está en contra de lo misterioso. Lo misterioso" significa lo que no se conoce, lo que no se puede conocer, lo que es básica, intrínseca y esencialmente incognoscible, no sólo desconocido, sino incognoscible. ¿Cómo puede reducirse lo incognoscible al conocimiento? El conocimiento sigue recogiendo guijarros en la orilla y sigue perdiendo los diamantes. El conocimiento es mediocre, prestado, nunca auténtico, nunca original. Para conocer la verdad necesitas una visión, una visión original. Necesitas ojos que puedan ver a través y a través; necesitas una visión transparente.

Así que sólo cuando la mente está completamente desnuda de conocimiento, vacía de conocimiento, llega a conocer. Cuando no hay conocimiento, hay conocimiento, porque cuando no hay conocimiento hay conocimiento. Cuando la mente está completamente desnuda de conocimiento, desnuda, silenciosa, sin funcionar, cuando la mente está en espera, sin idea de qué, sólo una espera pura, expectante pero sin saber de qué, esperando al invitado pero sin idea, esperando la llamada del invitado con la puerta abierta pero sin idea de quién es ese invitado... ¿Cómo puedes saberlo de antemano?

Si llevas un plano de Dios seguirás echando de menos a Dios - porque no lo has conocido antes. Sí, otros lo han conocido, pero lo que han dicho son sólo mapas. Yo sólo puedo darte un mapa. Todo conocimiento es un mapa. No empieces a adorar el mapa, no empieces a crear un templo alrededor del mapa. Así es como se han creado los templos. Un templo está dedicado a los Vedas, otro a la Biblia, otro al Corán - ¡son mapas! No son el país real, sólo son mapas. Cuando te digo algo, tengo que usar palabras. Las palabras te llegan, saltas sobre ellas, empiezas a acumularlas -la mente es una gran acumuladora- y entonces empiezas a pensar que lo sabes.

Esta no es la forma de conocer. La forma de saber es descartar todo conocimiento. ¡Y descartarlo de un solo golpe! No vayas despacio, gradualmente. Si ves el punto puede suceder en este mismo momento. De hecho, ver el punto es dejar que suceda. No necesitas hacer nada en particular, ni siquiera necesitas abandonar el conocimiento. Sólo ver el punto de que el conocimiento no puede convertirte en un conocedor - de hecho te obstaculizará - ver esto, la revolución... ver esto, la transformación.

Así que cuando la mente está desnuda, está en silencio, no funciona, está en total espera, entonces llega la verdad. Entonces existe la verdad. No necesita venir de ninguna parte, siempre ha estado ahí.

Pero tú estabas tan lleno de conocimientos, que por eso seguiste perdiéndote.

La nada puede conocer la verdad porque en la nada la inteligencia funciona totalmente. Sólo en la nada la inteligencia funciona totalmente. Por eso -¡ya ves el milagro! - los niños son tan inteligentes y los viejos, con el tiempo, se vuelven tan aburridos. ¡Los niños aprenden tan rápido! Cuanto mayor te haces, más difícil te resulta aprender. Si eres viejo y quieres aprender chino, tardarás treinta años; y un niño aprende en dos o tres años.

Ahora bien, los científicos afirman que un niño puede aprender al menos cuatro idiomas con mucha facilidad si se le expone a cuatro idiomas, ¡con mucha facilidad! Esto es lo mínimo. Aún no se ha decidido el máximo: cuántas lenguas puede aprender un niño juntas si se le expone a ellas. ¡Ocurre! Si la familia es multilingüe, ocurre muy fácilmente. Si la ciudad es multilingüe, ocurre muy fácilmente. En Bombay ocurre fácilmente: el niño aprenderá hindi, inglés, marathi, gujarati, muy fácilmente. Sólo hay que exponer al niño. Es tan inteligente que enseguida lo entiende y lo aprende. Cuanto más mayor, más difícil.

Dicen que es muy difícil enseñar trucos nuevos a un perro viejo. No tiene por qué ser así. Si sigues siendo una nada, no tiene por qué ser así, porque entonces seguirás siendo un niño toda tu vida.

Sócrates es un niño incluso cuando se está muriendo, porque sigue siendo vulnerable, abierto, dispuesto a aprender; ¡dispuesto a aprender incluso de la muerte! Cuando está tumbado en la cama y le están preparando el veneno -a las seis le darán el veneno, cuando el sol se esté poniendo- está tan emocionado, como un niño. Sus discípulos lloran y lloran, y él está tan emocionado. Se levanta una y otra vez y sale a preguntar al hombre que está preparando el veneno: "¿Cuánto tardará?" - Sus ojos son tan curiosos. Y el hombre va a morir. - No es momento para tanta curiosidad. El hombre va a exhalar su último aliento en cuestión de minutos, y está tan excitado, tan extasiado. Un discípulo le pregunta: "¿Por qué estás tan excitado? Vas a morir". Y Sócrates dice: "He conocido la vida y he aprendido mucho de ella. Ahora me gustaría conocer la muerte y aprender de ella. Por eso estoy excitado".

Incluso la muerte se convierte en una gran experiencia para quien es inocente. Sócrates es inocente. Occidente no ha producido otro hombre comparable a Sócrates. Sócrates es el Buda de Occidente.

Siempre puedes seguir siendo capaz de aprender si sigues siendo un niño. ¿Qué crea en ti la torpeza, la estupidez, la mediocridad? El conocimiento. Acumulas conocimientos; te vuelves cada vez menos capaz de saber.

¡Renuncia al conocimiento! Yo te enseño la renuncia al conocimiento. No te enseño la renuncia al mundo; ¡eso es estúpido, tonto, sin sentido! Te enseño la renuncia al conocimiento. Y ocurre algo extraño...

Me he encontrado con personas que han renunciado al mundo. En el Himalaya conocí a un faquir hindú, muy anciano, debía de tener noventa años o incluso más. Durante setenta años había sido sannyasin, durante setenta años había vivido fuera de la sociedad. Había renunciado a la sociedad, no había vuelto a las llanuras en setenta años. Cuando era sólo un joven de veinte años se fue al Himalaya, y no había vuelto al campo nunca más. No había vuelto a formar parte de una multitud, pero seguía siendo hindú. Seguía considerándose hindú.

Le dije: "Renuncias a la sociedad, pero no has renunciado a tu conocimiento, y el conocimiento te lo dio la sociedad. Sigues siendo hindú. Sigues formando parte de la multitud, porque ser hindú es formar parte de una multitud. Todavía no eres un individuo; todavía no te has convertido en nada".

El anciano comprendió. Empezó a llorar. Dijo: "Nadie me ha dicho esto".

Puedes renunciar a la sociedad, puedes renunciar a la riqueza, puedes renunciar a la esposa, a los hijos, al marido, a la familia, a los padres - es fácil, no hay mucho en ello. Lo verdadero es renunciar al conocimiento. Estas cosas están fuera de ti, puedes escapar de ellas, pero ¿de dónde y cómo escaparás de algo que está dentro de ti, que se aferra a ti? Eso irá contigo. Puedes ir a una cueva del Himalaya y seguir siendo hindú, mahometano o cristiano. Entonces no podrás ver la belleza y la verdad del Himalaya. No podrás ver la virginidad del Himalaya. Un hindú no puede verla, un hindú es ciego.

Ser hindú significa ser ciego; ser mahometano significa ser ciego. Puedes utilizar diferentes instrumentos para quedarte ciego, eso no importa. Uno es ciego por el Corán, otro es ciego por el Bhagavad Gita, y otro es ciego por la Biblia - pero los ojos están llenos de conocimiento.

Buda dice: La nada permite que la inteligencia funcione.

La palabra buda viene de buddhi, que significa inteligencia. Cuando eres una nada, cuando nada te confina, cuando nada te define, cuando nada te contiene, cuando eres sólo una apertura, entonces hay inteligencia. ¿Por qué? - Porque cuando no eres nada el miedo desaparece, y cuando el miedo desaparece funcionas inteligentemente. Si el miedo está ahí, no puedes funcionar inteligentemente. El miedo te paraliza, te paraliza.

Sigues haciendo cosas por miedo; ¡por eso no puedes convertirte en Buda, que es tu derecho de nacimiento! Eres virtuoso por miedo, vas al templo por miedo, sigues cierto ritual por miedo, rezas a Dios por miedo. Y un hombre que vive a través del miedo no puede ser inteligente. El miedo es veneno para la inteligencia. ¿Cómo puedes ser inteligente si tienes miedo? El miedo seguirá tirando de ti de diferentes maneras. No te permitirá ser valiente, no te permitirá adentrarte en lo desconocido, no te permitirá convertirte en un aventurero, no te permitirá salir del redil, de la multitud. No te permitirá ser independiente, libre; te mantendrá esclavo. Y somos esclavos de muchas maneras. Nuestra esclavitud es multidimensional: política, espiritual, religiosa, en todos los sentidos somos esclavos, y el miedo es la causa fundamental de ello.

¿No sabes si Dios existe o no, y aun así rezas? Esto es muy poco inteligente, es una tontería. ¿A quién rezas? No sabes si Dios existe o no. No tienes ninguna confianza, porque ¿cómo puedes tener confianza? - aún no lo sabes. Así que sólo por miedo sigues aferrándote a la idea de Dios. ¿Lo has observado? - cuando hay mucho miedo te acuerdas más de Dios. Cuando alguien está muriendo, empiezas a recordar.

He conocido a un seguidor de J. Krishnamurti; es un erudito muy renombrado, conocido en todo el país. Y durante al menos cuarenta años ha sido seguidor de Krishnamurti, así que no cree en Dios, no cree en la meditación, no cree en la oración.

Un día cayó enfermo, le dio un infarto. Por casualidad yo estaba en la misma ciudad. Su hijo me telefoneó y me dijo: "Mi padre está en una situación muy peligrosa. Si usted puede venir será un gran consuelo para él. Estos pueden ser sus últimos momentos".

Así que me apresuré. Cuando entré en la habitación estaba tumbado en la cama con los ojos cerrados cantando: "Rama, Rama, Rama".

No podía creerlo. Llevaba cuarenta años diciendo: "Dios no existe y yo no creo...". ¿Y qué le pasó a este anciano? Le sacudí y le pregunté: "¿Qué haces?".

Me dijo: "No me molestes. Déjame hacer lo que quiero".

Pero yo dije: "Esto es muy en contra de Krishnamurti".

Me dijo: "¡Olvídate de Krishnamurti! ¡Me estoy muriendo y tú estás hablando de Krishnamurti!"

"¿Pero qué hay de tus cuarenta años, desperdiciados? Y nunca habías creído que un japa -un canto- pudiera ayudar, o que una oración pudiera ayudar".

Dijo: "Sí, es verdad. Nunca había creído, pero ahora me enfrento a la muerte. Siento un gran temor. Tal vez -quién sabe- Dios esté ahí y dentro de unos minutos me encuentre con él. Si no está, no hay problema; no pierdo nada repitiendo "Rama, Rama". Si está, algo se gana. Al menos puedo decirle: 'En el último momento me he acordado de ti'" ¿Lo has visto? - Siempre que estás en la miseria empiezas a recordar más a Dios.

Cuando estás en peligro te acuerdas de Dios. Cuando eres feliz y todo va bien, te olvidas de Dios. Tu Dios no es más que tu miedo proyectado.

Buda dice: Fuera del miedo no hay posibilidad de inteligencia. Y el miedo está ahí por una razón muy fundamental: ¡porque crees que lo eres! Por eso hay miedo. El ego trae el miedo como una sombra. El ego en sí es ilusorio, pero la ilusión proyecta una gran sombra en tu vida.

Porque piensas 'yo soy', de ahí surge el miedo: "Quizá si hago algo mal me arrojen al infierno, entonces sufriré". Si piensas "yo soy", entonces naturalmente piensas en hacer algunas provisiones para la vida futura, para el otro mundo - hacer algo bueno, acumular un poco de punya.

Sabes, el nombre de esta ciudad - Poona - viene de punya, virtud. Acumula un poco de virtud, acumula algo en tu cuenta, en tu balance bancario para que puedas mostrarle a Dios: "Mira, he sido un chico muy bueno. He hecho estas cosas: he ayunado tantos días, nunca he mirado mal a la mujer de nadie, nunca he sido un ladrón, he donado tanto dinero a este templo y a aquella iglesia. Siempre me he comportado como se esperaba que me comportara". Uno empieza a acumular virtudes por si las necesita en el otro mundo.

Pero esto es por miedo. Tu gente buena, tu gente mala, todos viven por miedo. Una persona inteligente vive sin miedo. Pero para vivir sin miedo tendrás que llegar a ver el hecho de tu ego. Si no hay ego, si "yo no soy", ¿dónde puede existir el miedo? Entonces, "no puedo ser arrojado al infierno porque no soy en primer lugar, y no puedo ser recompensado en el cielo porque no soy en primer lugar. Yo no soy, sólo Dios es, así que ¿cómo puedo ser un pecador o un santo? Si sólo Dios es, ¿a qué debo temer? No he nacido, porque no estoy en primer lugar; y no moriré, porque no estoy en primer lugar. Así que no hay nacimiento ni muerte. No estoy separado, soy uno con esta existencia. Como una ola puedo desaparecer, pero como el océano viviré. Y el océano es la realidad, la ola es sólo arbitraria".

La nada no conoce el miedo, la codicia, la ambición ni la violencia. La nada no conoce la mediocridad, la estupidez ni la idiotez. La nada no conoce el infierno ni el cielo. Y porque no hay miedo, hay inteligencia.

Esta es una de las grandes afirmaciones que hay que recordar: la inteligencia está cuando el miedo no está.

Entonces la acción tiene una cualidad totalmente diferente. Cuando actúas desde tu nada, la acción tiene una cualidad totalmente diferente. Es divina, es piadosa. Porque cuando actúas desde la nada no es una reacción, cuando actúas desde la nada no es un plan, cuando actúas desde la nada no es ensayado. Cuando actúas desde la nada es espontáneo, entonces vives momento a momento. Eres una nada: surge una situación y respondes a ella. Si eres un ego nunca respondes, siempre reaccionas.

Deja que te lo expliquen. Cuando eres un ego siempre reaccionas. Por ejemplo, si crees que eres un hombre muy, muy bueno, crees que eres un santo, y entonces ocurre algo -alguien te insulta- ahora, ¿responderás a este insulto o reaccionarás? Si crees que eres un santo, pensarás tres veces cómo reaccionar, qué hacer para salvar también tu santidad; de lo contrario, este hombre puede destruirla simplemente insultándote. No puedes ser espontáneo, tienes que mirar atrás, tienes que reflexionar sobre ello. Y el tiempo pasa. Puede que sea sólo un momento, pero el tiempo pasa. No puedes ser espontáneo, no puedes estar en el momento. Y actúas desde el pasado. Piensas: "Esto es demasiado. Si me enfado" -y la ira aparece- "si me enfado perderé mi santidad. Es demasiado para pagar por esto"... empiezas a sonreír. Para salvar tu santidad sonríes.

Esta sonrisa es falsa; no viene de ti, no viene de tu corazón. Sólo está ahí, pintada en los labios. Es pseudo. Tú no sonríes, es sólo tu máscara la que sonríe. Estás engañando. Eres un hipócrita. ¡Eres un pseudo! Eres un farsante. Pero has salvado tu santidad: has actuado a partir del pasado, a partir de tu imagen particular y de la idea que tienes de tu ser. Ha sido una reacción.

El hombre espontáneo no reacciona, responde. ¿Cuál es la diferencia? Simplemente deja que la situación funcione sobre él, y permite que surja la respuesta, sea cual sea.

El hombre que vive del pasado es predecible, y el hombre que vive momento a momento es impredecible. Y ser predecible es ser una cosa. Ser imprevisible es ser libertad: ésa es la dignidad del hombre. El día que eres imprevisible... nadie lo sabe, ni siquiera tú; recuerda, ni siquiera tú... Si ya sabes lo que vas a hacer, entonces ya no es respuesta. Ya estás preparado, está ensayado.

Por ejemplo, vas a una entrevista. Ensayas: piensas qué te van a preguntar y cómo vas a responder. Ocurre todos los días, está muy claro. Todas las tardes veo a gente de los dos tipos: cuando alguien ha venido ya preparado, ha pensado lo que me va a decir, ya lo ha preparado; el guión está listo, sólo tiene que repetirlo, lo ha decidido todo sobre lo que va a preguntar. Y puedo ver la dificultad de la persona, porque cuando viene delante de mí, cuando se sienta a mi lado, es una situación diferente. Empieza a producirse un cambio. El clima, la presencia, su amor por mí, mi amor por él, la presencia de los demás, la confianza que está ahí de forma muy tangible, el amor que fluye, un estado meditativo... y es absolutamente diferente a lo que había estado pensando antes. Ahora todo lo que ha preparado parece irrelevante, no encaja. Se vuelve inquieto, intranquilo: "¿Qué hacer?". Y no sabe cómo actuar espontáneamente, cómo salir de esta situación.

Se presenta ante mí, pero veo su falsedad. Su pregunta no sale de su corazón. Es sólo desde la garganta, no tiene profundidad. Su voz no tiene profundidad. Él mismo no está seguro de si quiere preguntar o no, pero la ha preparado, quizá durante días. Así que la mente sigue diciendo: "Pídelo. Lo has preparado". Y él ve la irrelevancia de ello.

Tal vez ya se haya respondido. Tal vez al responder a otra persona he respondido a ella.

Puede que la propia situación sea tal que su mente haya cambiado y ya no tenga sentido. Pero actúa a partir del pasado: eso es reaccionar. Parecerá incómodo. Se siente avergonzado si no tiene nada que preguntar. Y no puede llorar porque es una persona falsa, y no puede decir simplemente: "Hola", y no puede decir: "Me gustaría sentarme delante de usted un minuto, y no tengo nada que decir". No puede actuar fuera de este momento. No puede ser herenow; se siente avergonzado. Tiene que preguntar, si no, ¿qué pensará la gente? - "Entonces, ¿por qué, en primer lugar, has pedido darshan si no tenías nada que pedir?" Así que pregunta. Ya no está detrás de eso. Es una pregunta vieja y podrida que ya no tiene sentido, pero pregunta.

A veces, como habréis visto, respondo a algunas personas y tardo mucho tiempo, y a otras respondo muy brevemente. Cuando veo que alguien es falso, que su pregunta es falsa, que es una pregunta preparada, entonces no tiene sentido responderle. Sólo por respeto a él, le hablo un poco, pero ya no me interesa. Y el falso interrogador tampoco está interesado en lo que digo, porque ya no está interesado ni siquiera en su pregunta, así que ¿cómo puede estar interesado en la respuesta?

Pero hay otras personas... poco a poco la falsedad desaparece y los sannyasins se vuelven cada vez más verdaderos, auténticos. Entonces alguien simplemente se sienta allí y se ríe. Eso es lo que ocurre en ese momento. No se siente avergonzado, no siente que esté fuera de lugar.

No lo es. El guión preparado está fuera de lugar.

Frente a la nada hay que ser nada. Sólo entonces puede haber un encuentro, porque sólo los semejantes pueden encontrarse. Entonces hay una gran alegría, entonces hay una gran belleza. Entonces hay diálogo. Puede que no se pronuncie ni una sola palabra, pero hay diálogo. A veces alguien viene y simplemente se sienta y empieza a balancearse, cierra los ojos, va hacia su interior: esa es la forma de venir hacia mí; va hacia su interior y simplemente salta hacia mí y permite que yo salte hacia él, o simplemente me toca los pies, o simplemente me mira a los ojos. O a veces también surge una gran pregunta, pero es en el momento, entonces es verdadera, entonces tiene un poder inmenso, entonces viene de tu núcleo más profundo. Tiene relevancia.

Cuando actúas desde la nada, respondes; ya no es una reacción. Tiene verdad, tiene validez, autenticidad. Es existencial. Es inmediato, espontáneo, sencillo, inocente. Y esta acción no crea ningún karma.

Recuerda, la palabra karma significa acción, una acción particular. No todas las acciones crean karma, recuerda. Buda vivió después de su iluminación durante cuarenta y dos años. No estuvo sentado todo el tiempo bajo el árbol bodhi sin hacer nada. Hizo mil y una cosas, pero no creó karma. Actuó. - pero ya no era reacción, era respuesta.

Si respondes desde la nada no deja residuos, no deja rastros en ti, no se crea karma. Sigues siendo libre. Sigues actuando y sigues siendo libre. Es como si un pájaro volara en el cielo, no deja rastros, no deja huellas. El hombre que vive en el cielo de la nada no deja huellas, no deja karma, no deja residuos. Su acto es total. Y cuando el acto es total, está acabado, es completo. Y un acto completo no cuelga a tu alrededor como una nube; sólo los actos incompletos cuelgan a tu alrededor.

Alguien te insultó: quisiste pegarle, pero no lo hiciste. Salvaste tu santidad, sonreíste y bendijiste al hombre y te fuiste a casa. Ahora va a ser difícil: toda la noche soñarás que golpeas a ese hombre. Puede que incluso le mates en sueños. Durante años te rondará; está incompleto. Todo lo incompleto es peligroso.

Cuando eres falso todo se vuelve incompleto. Amas a una mujer pero no lo suficiente como para que sea completo. Incluso cuando haces el amor no estás del todo allí; quizás todavía estás ensayando. Tal vez has estado leyendo manuales de sexo que están disponibles. Tal vez hayas leído el Kama Sutra de Vatsyayana, o Masters y Johnson o el Informe Kinsey, y hayas aprendido a hacer el amor. Y ya estás listo, ¡conocido! Ahora esta mujer es sólo una oportunidad para practicar tus conocimientos. Así que estás practicando tu conocimiento, pero va a ser incompleto porque no estás en él. Y entonces es insatisfactorio, entonces te sientes frustrado - y la causa es tu conocimiento.

El amor no es algo que deba practicarse. La vida no necesita ser practicada; la vida tiene que ser vivida, en total inocencia. La vida no es un drama - no necesitas prepararte, no necesitas ir a un ensayo para ello. Deja que venga como venga, y sé espontáneo.

Pero, ¿cómo puedes ser espontáneo si el ego está ahí? El ego es un gran actor, el ego es un gran político; el ego sigue manipulándote. El ego dice: "Si realmente quieres actuar de una manera pulida, necesitas preparación. Si realmente quieres actuar de forma culta tienes que ensayarlo".

El ego es un intérprete, y por culpa de este intérprete sigues perdiéndote la alegría, la celebración, la bendición de la vida.

Buda dice: Cuando la acción surge de la nada no crea karma. Entonces es tan total que su totalidad misma... y el círculo está completo y terminado. Nunca miras hacia atrás. ¿Por qué sigues mirando hacia atrás? - Porque hay cosas incompletas. Cuando algo está completo no miras hacia atrás. Está terminado. El punto completo se ha alcanzado, no hay nada más que hacer al respecto. Actúa a partir de la nada y tu acción es total, y la acción total no deja ningún recuerdo, ningún recuerdo psicológico, quiero decir.

El recuerdo queda en el cerebro, pero no hay resquemor psicológico. Y un hombre que no tiene complejos es mi definición de sannyasin.

Cuando el acto es total, te liberas de él. Cuando el acto es total, te deslizas fuera de él - como una serpiente se desliza fuera de la piel vieja y la piel vieja se queda atrás. Sólo los actos incompletos se convierten en karma, recuérdalo. Pero para tener un acto completo, tiene que salir de la nada.

Hay tres niveles de conciencia: conciencia del yo, conciencia del mundo y conciencia de la fantasía intermedia entre el yo y el mundo. Fritz Perls denominó a este nivel intermedio la DMZ -zona desmilitarizada- y su función es impedir que estemos totalmente en contacto con nosotros mismos y con nuestro mundo. La DMZ contiene nuestros prejuicios, los prejuicios a través de los cuales vemos el mundo, a los demás y a nosotros mismos. Si miramos el mundo a través de nuestros prejuicios, no podemos ver su verdad. No podemos ver lo que es. Creamos una ilusión: es lo que los hindúes llaman maya.

Si miramos al exterior con juicios, prejuicios a priori, entonces creamos un mundo propio, que es maya, ilusión, una proyección. Si nos miramos a nosotros mismos a través de esos juicios, conocimientos y opiniones, creamos otra ilusión: el ego. Entonces no podemos ver la realidad que hay dentro de nosotros. No podemos ver lo que hay fuera y no podemos ver lo que hay aquí dentro.

Cuando se pierde el exterior creamos la ilusión, maya; cuando se pierde el interior creamos el ego, ahankar. Y ambas cosas ocurren a través de la DMZ, la zona desmilitarizada.

Gurdjieff solía llamar a esta zona la "zona de los topes". DMZ es un hermoso nombre para ella.

Cuanto mayor es la DMZ, más patológica es la persona, más neurótica. Cuanto más pequeña es la zona desmilitarizada, más sana y psicológicamente sana es la persona. Y cuando la DMZ desaparece por completo y no hay ningún pensamiento interponiéndose entre uno y el mundo -ni un solo pensamiento-, eso es lo que Buda entiende por la nada. Entonces la persona está completamente sana, santa, completa.

Antes de entrar en el sutra, algunas cosas sobre el ego. Hay que entender la ilusión del yo.

Lo primero: el ego no es una realidad, es sólo una idea. No vienes con él cuando vienes al mundo, no lo traes contigo. No forma parte de tu ser. Cuando un niño nace, no trae el ego al mundo. El ego es algo que aprende, no forma parte de la genética.

Gordon Alport llama al yo proprium, y puede definirse considerando la forma adjetiva propriate, como en la palabra appropriate. Proprium" se refiere a algo que pertenece o es exclusivo de una persona. El yo se crea porque cada nada es única, cada nada tiene su propia forma de florecer. Debido a esta singularidad existe la posibilidad de crear un yo.

Yo amo a mi manera, tú amas a tu manera. Yo me comporto a mi manera, tú te comportas a tu manera. Hay una diferencia entre las personas, pero sólo una diferencia. La rosa florece de una manera y la caléndula de otra, pero ambas florecen. La floración es la misma, la nada es la misma. Pero cada nada funciona de una manera única. Por eso existe la posibilidad de crear el ego.

Hay siete puertas por donde entra el ego, siete puertas por donde aprendemos el ego. Hay que entender esas puertas, porque si las entiendes podrás dejar caer el ego... porque esas puertas, entendidas perfectamente, se pueden cerrar. Entonces el ego ya no se crea. Visto correctamente, entendido perfectamente bien -que el ego es sólo una sombra- empieza a desaparecer por sí mismo.

La primera puerta Alport la denomina "el yo corporal". No nacemos con un sentido del yo. El niño en el vientre materno no tiene sentido del yo. Es uno con la madre; es completamente uno, unido, puenteado con la madre. Y la madre es toda su existencia, su cosmos. No sabe que está separado. La separación se produce cuando el niño sale del útero, cuando se corta el puente con la madre y tiene que respirar por sí mismo. De hecho, la respiración no es algo que el niño vaya a hacer. ¿Cómo va a hacerlo? Ni siquiera puede respirar todavía, así que aún no está ahí. La respiración se produce. No es que el niño la haga, es un acontecimiento. Surge de la nada: el niño empieza a respirar. Esos pocos segundos son muy, muy valiosos, críticos, peligrosos. Los padres, el médico, las enfermeras que atienden el parto están todos en una gran espera: si el niño va a respirar o no.

No se puede obligar al niño, no se puede persuadir al niño y el niño no puede hacer nada por sí mismo. Si va a suceder, sucederá. Puede que no ocurra, puede que ocurra. A veces los niños nunca respiran, entonces pensamos que han nacido muertos.

Es milagroso cómo el niño respira por primera vez: nunca lo ha hecho antes, no puede estar preparado para ello. No sabe que existe el mecanismo para respirar. Los pulmones no han funcionado nunca antes, pero llega el aliento y comienza el milagro. Pero el aliento sale de la nada, recuérdalo. Más tarde empezarás a decir: "Estoy respirando". Eso es absurdo. No estás respirando: la respiración está ocurriendo. No crees la idea del "yo", no digas: "Yo estoy respirando". Nadie está respirando. Eso no está dentro de tu capacidad de hacerlo o no hacerlo.

Puedes probar: deja de respirar durante unos segundos y sabrás que también es difícil parar. En cuestión de segundos un gran torrente viene de la nada y empiezas a respirar de nuevo. O deja de respirar fuera; inténtalo durante unos segundos y de repente verás un gran torrente. Está más allá de ti. La respiración quiere entrar.

Es "nada" lo que está respirando en ti... o puedes llamarlo Dios - no hay diferencia, es lo mismo. Nada o Dios, significan lo mismo. En el budismo, "nada" significa exactamente lo mismo que Dios en el cristianismo, el judaísmo y el hinduismo. Dios es una nada.

No nacemos con un sentido del yo. No forma parte de nuestra dotación genética. El bebé no es capaz de distinguir entre sí mismo y el mundo que le rodea. Incluso cuando el niño ha empezado a respirar, tarda meses en ser consciente de que existe una distinción entre su interior y el exterior. Gradualmente, a través de un aprendizaje cada vez más complejo y de experiencias perceptivas, se desarrolla una vaga distinción entre algo "en mí" y otras cosas "ahí fuera".

Esta es la primera puerta por la que entra el ego: la distinción de que hay algo "en mí". Por ejemplo: el niño siente hambre, puede sentir que viene de dentro. Y entonces la madre le da una bofetada, y él puede sentir que viene de fuera. Ahora se hace una distinción: hay cosas que vienen de dentro y cosas que vienen de fuera. Cuando la madre sonríe, él puede ver que la sonrisa viene de ahí, y entonces responde, sonríe. Ahora puede sentir que la sonrisa viene de dentro, de algún lugar del interior. Surge la idea de dentro y fuera. Esta es la primera experiencia del ego.

De hecho, no hay distinción entre el exterior y el interior. El interior es parte del exterior y el exterior es parte del interior. El cielo dentro de tu casa y el cielo fuera de tu casa no son dos cielos, recuerda; son un solo cielo. Y lo mismo ocurre con... tú allí y yo aquí no somos dos. Somos dos aspectos de la misma energía, dos aspectos de la misma moneda. Pero el niño empieza a aprender los caminos del ego.

La segunda puerta es la autoidentidad. El niño aprende su nombre, se da cuenta de que el reflejo de hoy en el espejo es de la misma persona que la que vio ayer y cree que el sentido del yo persiste frente a las experiencias cambiantes. El niño sigue adelante sabiendo que todo cambia. A veces tiene hambre, a veces no tiene hambre; a veces tiene sueño y a veces está despierto; a veces está enfadado y a veces es cariñoso: las cosas siguen cambiando. Un día es un día hermoso, otro día es oscuro y lúgubre. Pero él está ante el espejo...

¿Has observado a un bebé pequeño sentado ante un espejo? Intenta agarrar al niño dentro del espejo porque cree que está "ahí fuera". Si no puede agarrarlo, da la vuelta y mira la parte de atrás del espejo: ¿quizá el niño se esconde allí? Pero poco a poco empieza a saber que es él quien se refleja. Y entonces empieza a sentir una especie de continuidad: ayer era la misma cara, hoy también es la misma cara en el espejo. Cuando los niños se miran por primera vez en el espejo, quedan fascinados con él. No se separan de él. Van una y otra vez al dormitorio para ver quiénes son.

Todo sigue cambiando. Una cosa parece no cambiar: la imagen de uno mismo. El ego tiene otra puerta por la que entra: la autoimagen.

La tercera puerta es la autoestima. Tiene que ver con el sentimiento de orgullo del niño como resultado de haber aprendido a hacer algo por sí mismo: hacer, explorar, fabricar. Cuando un niño aprende algo, por ejemplo, ha aprendido una palabra, "papá"; entonces no para de decir "papá, papá" en todo el día. No pierde ni una sola oportunidad de utilizar la palabra. Cuando el niño empieza a aprender a andar, lo intenta todo el día. Se cae una y otra vez, tropieza, se hace daño, pero vuelve a levantarse, porque eso le da orgullo: "¡Yo también puedo hacer algo! ¡Puedo andar! ¡Puedo hablar! Puedo llevar cosas de aquí para allá!".

Los padres están muy preocupados porque el niño es un estorbo. Empieza a cargar con cosas.

No pueden entenderlo: "¿Por qué? ¿Para qué? ¿Por qué has cogido ese libro de ahí?". Al niño no le interesa nada el libro. Para él todo son tonterías. No puede concebir por qué sigues buscando en esa cosa continuamente: "¿Qué buscas ahí?". Pero su interés es diferente: él puede llevar una cosa.

El niño empieza a matar animales. Una hormiga, e inmediatamente saltará sobre ella y la matará. ¡Él puede hacer algo! Se divierte haciendo; puede llegar a ser muy destructivo. Si encuentra el reloj, lo abrirá: quiere saber qué hay dentro. Se convierte en un explorador, un curioso.

Disfruta haciendo cosas porque eso le da una tercera puerta a su ego: se siente orgulloso, puede hacer. Puede cantar una canción y está dispuesto a cantársela a cualquiera. Si viene algun invitado, el esta ahi, esperando que alguien le de una pista para poder cantar la cancion. O puede bailar, o puede hacer una imitación, ¡o algo así! Sea lo que sea, quiere hacer algo para demostrar que no es solo impotente, que tambien puede hacer. Este hacer trae consigo el ego.

El cuarto es la autoextensión, la pertenencia, la posesión. El niño habla de mi casa, mi padre, mi madre, mi escuela. Empieza a aumentar el campo de lo "mío". Mío" se convierte en su palabra clave. Si le quitas su juguete, no le interesa mucho el juguete; le interesa más: "¡El juguete es mío, no puedes quitármelo!". Recuerda, no está muy interesado en el juguete. Cuando nadie está interesado, tira el juguete a un rincón y se escapa a jugar fuera. Pero cuando alguien quiere llevárselo, no quiere dárselo. Es suyo, "mío".

Mío" da una sensación de "yo"; "yo" crea "yo". Y recuerda que estas puertas no son sólo para los niños, sino que permanecen así toda la vida. Cuando dices mi casa, estás siendo infantil. Cuando dices mi mujer, estás siendo infantil. Cuando dices mi religión, estás siendo infantil. Cuando un hindú empieza a pelearse con un mahometano por la religión, son niños. No saben lo que hacen. En realidad no han madurado ni crecido. Los niños discuten constantemente: "¡Mi papá es el mejor papá del mundo!".

Y los curas siguen luchando: "¡Mi concepto de Dios es el mejor, el más poderoso, el real! Los demás son más o menos".

Son actitudes muy infantiles, pero te acompañan toda la vida. Te interesa mucho tu nombre. Cuando le cambio el nombre a la gente, algunos son muy testarudos; no lo quieren. Algunas personas me escriben cartas: "Quiero tomar sannyas, pero por favor, no me cambies el nombre". ¿Por qué? ¡Mi nombre! Parece ser algo así como una gran riqueza. Y no hay nada en el nombre. Pero durante treinta años, cuarenta años, tu ego ha sobrevivido con ese nombre. Es muy difícil para el ego cerrar una puerta. Por eso se cambia el nombre, para que veas que el nombre es arbitrario: puede cambiarse cualquier día. Y por eso yo te cambio el nombre sin ningún problema. En otras religiones también se cambia el nombre. Si te conviertes en un monje Jaina, harán mucho alboroto al respecto: una gran procesión y celebración; ¡alguien se convierte en monje! Ahora se sentirá muy unido a este nuevo nombre. Tanta celebración y tanta fiesta, y tanto honor y respeto, tanto alboroto al respecto; entonces se pierde todo el sentido. Simplemente lo cambio, para que te hagas una idea de que no es nada; es arbitrario, se puede cambiar muy fácilmente. Puedes llamarte A, puedes llamarte B, puedes llamarte C, no importa. De hecho, no tienes nombre, por eso no importa. Cualquier nombre vale, es sólo utilitario.

La quinta puerta es la autoimagen. Se refiere a cómo el niño se ve a sí mismo. A través de la interacción con los padres, los elogios y los castigos, aprende a tener una determinada imagen de sí mismo, buena o mala.

El niño siempre se fija en cómo reaccionan sus padres ante él. Si hace algo, ¿le elogian o le castigan? Si se siente castigado, piensa: "He hecho algo malo. Soy malo". Si hace algo bueno y le elogian, piensa: "Soy bueno, me aprecian". Empieza a intentar hacer más y más cosas buenas, para que le aprecien. O, si los padres son realmente personas muy difíciles e imposibles, y sus exigencias son tales que el niño no puede cumplirlas, entonces toma el otro camino, empieza a hacer todo lo que ellos llaman "malo".

Reacciona y se rebela.

Estas son las dos maneras - la puerta es la misma: o lo elogias y él se siente bien de ser alguien; o si no lo elogias fácilmente entonces él dice: "Está bien, entonces te mostraré". Entonces también hará sentir su presencia. Empezará a destruir cosas, empezará a fumar, empezará a hacer cosas que a ti no te gustan. Y dirá: "¿Ahora lo ves? Tienes que tomar nota de mi; tienes que fijarte en mi. Tienes que saber que soy alguien y que estoy aquí, y no puedes desatenderme sin más". El bueno y el malo nacen así, el santo y el pecador.

El sexto es el yo como razón.

El niño aprende los caminos de la razón, la lógica y la argumentación. Aprende que puede resolver problemas.

La razón se convierte en un gran apoyo para sí mismo: por eso la gente discute. Por eso la gente educada se cree alguien. ¿Sin educación? - te sientes un poco avergonzado. Tienes un gran título, un doctorado o un título universitario, y sigues mostrando y exhibiendo tu certificado: eres medalla de oro, eres el mejor de la universidad, y esto y lo otro. ¿Por qué? - Porque estás mostrando que te has convertido en un ser racional, bien educado, educado en la mejor de las universidades, educado por el mejor de los profesores: "Puedo argumentar mejor que nadie". La razón se convierte en un gran apoyo.

Y la séptima es el esfuerzo propio, el objetivo vital, la ambición, el devenir: qué y quién es uno a través de qué o quién quiere llegar a ser. Aparecen la preocupación por el futuro, los sueños y los objetivos a largo plazo: la última etapa del ego. Entonces uno empieza a pensar qué hacer en el mundo para dejar una huella en la historia, para dejar una firma aquí, en las arenas del tiempo. ¿Ser poeta? ¿Ser político? ¿Ser un mahatma? ¿Hacer esto o aquello? La vida corre deprisa, se desliza deprisa, y uno tiene que hacer algo, de lo contrario pronto se convertirá en nada y nadie sabrá nunca que has existido. Uno quiere llegar a ser un Alejandro o un Napoleón. Si es posible, uno quiere convertirse en un buen tipo, famoso, conocido, un santo, un mahatma. Si no es posible, uno quiere llegar a ser alguien.

Muchos asesinos han confesado ante los tribunales que no habían matado a alguien porque les interesara asesinarlo, sino que sólo querían que su nombre apareciera en la primera página de los periódicos.

Un hombre asesinó a alguien por la espalda. Llegó y lo apuñaló, y ni siquiera había visto al hombre antes. Era absolutamente desconocido para él; no se conocían, no había amistad ni enemistad. Nunca lo había visto. Y esta vez tampoco había visto la cara del hombre al que había asesinado. No le había visto, simplemente le había asesinado por la espalda. El hombre estaba sentado en la playa mirando las olas, y este hombre vino y lo mató.

El tribunal se quedó perplejo, pero el hombre dijo: "No me interesaba el hombre en sí... al que maté. Era irrelevante, cualquiera lo habría hecho. Yo había ido allí para matar a alguien. Si este hombre no hubiera estado allí, entonces cualquier otro". ¿Pero por qué? Y él dijo: "Porque quería mi foto y mi nombre en la primera página de los periódicos. Mi deseo se ha cumplido. Se habla de mí en todo el país, soy feliz. Ahora estoy dispuesto a morir. Si me condenan a muerte puedo morir feliz: era conocido, era famoso".

Si no puedes hacerte famoso, intentas hacerte notorio. Si no puedes convertirte en Mahatma Gandhi, te gustaría convertirte en Adolf Hitler, pero nadie quiere seguir siendo un don nadie.

Éstas son las siete puertas a través de las cuales la ilusión del ego se fortalece, se hace cada vez más fuerte. Y éstas son las siete puertas -si comprendes- a través de las cuales el ego tiene que ser expulsado de nuevo. Poco a poco, lentamente, desde cada puerta tienes que mirar profundamente dentro de tu ego y decirle adiós. Entonces surge la nada.

El sutra:

POR LO TANTO, OH SARIPUTRA, EN LA VACUIDAD NO HAY FORMA, NI SENTIMIENTO, NI PERCEPCIÓN, NI IMPULSO, NI CONCIENCIA; NO HAY OJO, OÍDO, NARIZ, LENGUA, CUERPO, MENTE; NO HAY FORMAS, SONIDOS, OLORES, SABORES, TOCABLES U OBJETOS

DE LA MENTE; NO HAY ELEMENTO VISTA-ÓRGANO, Y ASÍ SUCESIVAMENTE, HASTA QUE LLEGUEMOS A: NO HAY ELEMENTO MENTE-CONCIENCIA; NO HAY IGNORANCIA, NI EXTINCIÓN DE LA IGNORANCIA, ETC., HASTA QUE LLEGUEMOS A:

No seas demasiado cuerdo

La primera pregunta:
Pregunta 1:

AMADO MAESTRO, ¿CUÁL ES LA DIFERENCIA ENTRE LA VACUIDAD DEL NIÑO ANTES DE LA FORMACIÓN DEL EGO Y LA INFANTILIDAD DESPIERTA DE UN BUDA?

Hay una similitud y una diferencia. Esencialmente, el niño es un Buda, pero su budeidad, su inocencia, es natural, no ganada. Su inocencia es una especie de ignorancia, no una realización. Su inocencia es inconsciente: no es consciente de ella, no la tiene presente, no ha tomado nota de ella. Está ahí, pero es inconsciente. Va a perderla. Tiene que perderla.

El paraíso se perderá tarde o temprano; está en camino hacia él. Cada niño tiene que pasar por todo tipo de corrupción, impureza - el mundo.

La inocencia del niño es la inocencia de Adán antes de ser expulsado del jardín del Edén, antes de haber probado el fruto del conocimiento, antes de ser consciente. Es animal. Mira a los ojos de cualquier animal -una vaca, un perro- y hay pureza, la misma pureza que existe en los ojos de un Buda, pero con una diferencia.

Y la diferencia también es enorme: un Buda ha vuelto a casa; el animal aún no ha salido de casa. El niño sigue en el jardín del Edén, sigue en el paraíso. Tendrá que perderlo, porque para ganar hay que perder. Buda ha vuelto a casa... todo el círculo. Se fue, se perdió, se extravió, se adentró en la oscuridad, el pecado, la miseria y el infierno.

Esas experiencias forman parte de la madurez y el crecimiento. Sin ellas no tienes columna vertebral, no tienes carácter. Sin ellas, tu inocencia es muy frágil; no puede resistir los vientos, no puede soportar las tormentas. Es muy débil, no puede sobrevivir. Tiene que pasar por el fuego de la vida: cometes mil y un errores, caes mil y una veces, y vuelves a ponerte en pie. Todas esas experiencias te hacen madurar lentamente, te convierten en un adulto.

La inocencia de Buda es la de una persona madura, completamente madura. La infancia es la naturaleza inconsciente; la budeidad es la naturaleza consciente. La infancia es una circunferencia sin idea del centro. El Buda es también una circunferencia, pero enraizada en el centro, centrada.

La infancia es el anonimato inconsciente; la budeidad es el anonimato consciente. Ambos carecen de nombre, ambos carecen de forma... pero el niño aún no ha conocido la forma y la miseria de ésta. Es como si nunca hubieras estado en una prisión, así que no sabes lo que es la libertad. Luego has estado en la prisión durante muchos años, o muchas vidas, y entonces un día te liberan... sales por las puertas de la prisión bailando, ¡extasiado! Y te sorprenderá que la gente que ya está fuera, caminando por la calle, yendo a su trabajo, a la oficina, a la fábrica, no está disfrutando en absoluto de su libertad: son inconscientes, no saben que son libres. ¿Cómo pueden saberlo? Como nunca han estado en la cárcel, no conocen el contraste; les falta el trasfondo.

Es como si escribieras con una tiza blanca en una pared blanca: nadie podrá leerlo. Qué decir de los demás: ni siquiera tú podrás leer lo que has escrito.

He oído una famosa anécdota sobre Mulla Nasruddin. En su pueblo era el único hombre que sabía escribir, así que la gente solía venir si querían escribir una carta o algún documento, o cualquier cosa. Era el único hombre que sabía escribir. Un día vino un hombre. Nasruddin escribió la carta, a pesar de que el hombre le dictó -y era una carta larga- y el hombre dijo: "Por favor, ahora léela, porque quiero estar seguro de que todo está escrito y de que no he olvidado nada, y de que no has metido la pata".

Mulla dijo: "Esto es difícil. Sé escribir pero no sé leer. Y además, la carta no va dirigida a mí, así que también será ilegal leerla".

Y el aldeano estaba convencido, la idea era perfectamente correcta, y el aldeano dijo: "Tienes razón - no va dirigida a ti".

Si escribes en una pared blanca, ni tú mismo serás capaz de leerlo, pero si escribes en una pizarra, lo leerás alto y claro. El contraste es necesario. El niño no tiene contraste; es un forro plateado sin la nube negra. Buda es un forro plateado en la nube negra.

Durante el día hay estrellas en el cielo; no van a ninguna parte, no pueden ir tan rápido, no pueden desaparecer. Ya están ahí, todo el día están ahí, pero por la noche puedes verlas debido a la oscuridad. Cuando el sol se pone, empiezan a aparecer. A medida que el sol se hunde más y más bajo el horizonte, surgen más y más estrellas. Han estado ahí todo el día, pero al faltar la oscuridad era difícil verlas.

Un niño tiene inocencia pero no tiene fondo. No se puede ver, no se puede leer; no es muy sonoro. Un Buda ha vivido su vida, ha hecho todo lo necesario -bueno y malo-, ha tocado esta polaridad y aquella, ha sido un pecador y un santo. Recuerda, un Buda no es sólo un santo; ha sido pecador y ha sido santo. Y la budeidad está más allá de ambos. Ahora ha vuelto a casa.

Por eso Buda dijo en el sutra de ayer: NA JHANAM, NA PRAPTIR NA-APRAPTIH - "No hay sufrimiento, no hay origen, no hay parada, no hay camino. No hay cognición, ni conocimiento, ni logro, ni no logro". Cuando Buda despertó le preguntaron: "¿Qué has alcanzado?". Se rió y dijo: "No he logrado nada, sólo he descubierto lo que siempre ha sido así. Simplemente he vuelto a casa. He reclamado lo que siempre fue mío y estaba conmigo. Por lo tanto, no he conseguido nada, simplemente lo he reconocido. No es un descubrimiento, es un redescubrimiento. Y cuando te conviertas en

Buda, verás que no se gana nada convirtiéndote en Buda. De repente ves que esa es tu naturaleza. Pero para reconocer esta naturaleza tienes que extraviarte, tienes que adentrarte en la confusión del mundo. Tienes que entrar en todo tipo de lugares y espacios fangosos sólo para ver tu total limpieza, tu total pureza.

El otro día te hablé de las siete puertas, de cómo se forma el ego, de cómo se fortalece la ilusión del ego. Será útil profundizar en algunas cosas al respecto.

Estas siete puertas del ego no son muy claras y separadas unas de otras; se superponen. Y es muy raro encontrar a una persona que haya alcanzado su ego desde las siete puertas. Si una persona ha alcanzado el ego desde las siete puertas, se ha convertido en un ego perfecto.

Y sólo un ego perfecto tiene la capacidad de desaparecer, no un ego imperfecto. Cuando la fruta está madura cae; cuando la fruta está inmadura se aferra. Si sigues aferrado al ego, recuerda que la fruta no está madura; de ahí el aferramiento. Si la fruta está madura, cae al suelo y desaparece. Lo mismo ocurre con el ego.

Ahora una paradoja: que sólo un ego realmente evolucionado puede rendirse. Normalmente piensas que un egoísta no puede rendirse. Esa no es mi observación, y no es la observación de los Budas a través de los tiempos. Sólo un egoísta perfecto puede rendirse. Porque sólo él conoce la miseria del ego, sólo él tiene la fuerza para rendirse. Ha conocido todas las posibilidades del ego y se ha sumido en una inmensa frustración. Ha sufrido mucho, y sabe que ya es suficiente, y quiere cualquier excusa para rendirse. La excusa puede ser Dios, la excusa puede ser un maestro, o cualquier excusa, pero quiere rendirse. La carga es demasiado pesada y la ha llevado durante mucho tiempo.

Las personas que no han desarrollado su ego pueden rendirse, pero su rendición no será perfecta, no será total. Algo muy dentro seguirá aferrándose, algo muy dentro seguirá esperando: "Tal vez haya algo en el ego. ¿Por qué te rindes?".

En Oriente, el ego no se ha desarrollado bien. Debido a la enseñanza de la ausencia de ego, surgió el malentendido de que si hay que renunciar al ego, entonces ¿por qué desarrollarlo, para qué? Una lógica simple: si hay que renunciar a él algún día, entonces ¿para qué molestarse? Entonces, ¿para qué esforzarse tanto en crearlo? ¡Hay que renunciar a ella! Así que Oriente no se ha molestado mucho en desarrollar el ego. Y a la mente oriental le resulta muy fácil inclinarse ante cualquiera. Lo encuentra muy facil, siempre esta lista para rendirse. Pero la rendición es básicamente imposible, porque todavía no tienes el ego para rendirlo.

Te sorprenderás: todos los grandes Budas de Oriente han sido kshatriyas, de la raza guerrera -Buda, Mahavira, Parshwanath, Neminath. Todos los veinticuatro tirthankaras de los jainas pertenecen a la raza guerrera, y todos los avataras de los hindúes pertenecían a la raza kshatriya -Ram, Krishna- excepto uno, Parashuram, que nació, al parecer accidentalmente, en una familia brahmánica, porque no se puede encontrar un guerrero más grande que él. Debe haber sido un accidente - toda su vida fue una guerra continua.

Es una sorpresa saber que ni un solo brahmán ha sido declarado Buda, avatara o tirthankara. ¿Por qué? El brahmán es humilde; desde el principio ha sido educado en la humildad, para la humildad. Desde el principio se le ha enseñado la ausencia de ego, de modo que el ego no está maduro y los egos inmaduros se aferran a él.

En Oriente la gente tiene egos muy, muy fragmentados, y creen que es fácil rendirse.

Siempre están dispuestos a entregarse a cualquiera. A la primera de cambio, están dispuestos a rendirse, pero su rendición nunca es profunda, sino superficial.

En Occidente ocurre justo lo contrario: las personas que vienen de Occidente tienen egos muy, muy fuertes y desarrollados. Como toda la educación occidental consiste en crear un ego evolucionado, bien definido, bien cultivado y sofisticado, piensan que es muy difícil rendirse. Ni siquiera han oído la palabra rendición. La sola idea les parece fea, humillante. Pero lo paradójico es que cuando un hombre o una mujer occidentales se rinden, la rendición es realmente profunda. Llega hasta lo más profundo de su ser, porque el ego está muy evolucionado. El ego está evolucionado; por eso crees que es muy difícil rendirse. Pero si la entrega se produce, llega hasta el fondo, es absoluta. En Oriente, la gente piensa que la entrega es muy fácil, pero el ego no está tan evolucionado, así que nunca llega muy profundo.

Un Buda es alguien que se ha adentrado en las experiencias de la vida, en el fuego de la vida, en el infierno de la vida, y ha madurado su ego hasta su última posibilidad, hasta el máximo. Y en ese momento el ego cae y desaparece. De nuevo eres un niño; es un renacimiento, es una resurrección. Primero tienes que estar en la cruz del ego, tienes que sufrir la cruz del ego, y tienes que llevar la cruz sobre tus propios hombros - y hasta el final. El ego tiene que ser aprendido; sólo entonces puedes desaprenderlo. Y entonces hay una gran alegría. Cuando te liberas de la prisión tienes una danza, una celebración en tu ser. No puedes creer por qué la gente que sale de la cárcel va tan muerta y aburrida y se arrastra. ¿Por qué no bailan? ¿Por qué no celebran? No pueden: no han conocido la miseria de la prisión.

Hay que utilizar estas siete puertas antes de convertirse en Buda. Tienes que ir al reino más oscuro de la vida, a la noche oscura del alma, para volver al amanecer, cuando vuelve a salir la mañana, vuelve a salir el sol y todo es luz. Pero rara vez ocurre que tengas un ego plenamente desarrollado.

Si me entiendes, entonces toda la estructura de la educación debería ser paradójica: primero deberían enseñarte el ego -esa debería ser la primera parte de la educación, la mitad de ella-; y luego deberían enseñarte la ausencia de ego, cómo dejarlo caer -esa será la segunda mitad-. La gente entra por una puerta, o por dos, o por tres, y se queda atrapada en un cierto ego fragmentario.

El primero, ya lo he dicho, es el yo corporal. El niño empieza a aprender despacio, lentamente: tarda unos quince meses en aprender que está separado, que hay algo dentro de él y algo fuera. Aprende que tiene un cuerpo separado de los demás cuerpos.

Pero unas pocas personas permanecen aferradas a ese ego muy, muy fragmentario durante toda su vida.

Estas son las personas conocidas como materialistas, comunistas, marxistas. La gente que cree que el cuerpo lo es todo - que no hay nada más que el cuerpo dentro de ti, que el cuerpo es toda tu existencia, que no hay conciencia separada del cuerpo, por encima del cuerpo, que la conciencia es sólo un fenómeno químico que ocurre en el cuerpo, que no estás separado del cuerpo y que cuando el cuerpo muere tú mueres, y todo desaparece... polvo en polvo... no hay divinidad en ti - reducen al hombre a materia.

Estas son las personas que permanecen aferradas a la primera puerta; su edad mental parece ser de sólo quince meses. El ego muy, muy rudimentario y primitivo sigue siendo materialista. Estas personas permanecen aferradas a dos cosas: sexo y comida. Pero recuerda, cuando digo materialista, comunista, marxista, no quiero decir que esto complete la lista. Alguien puede ser espiritualista y seguir aferrado a la primera...

Por ejemplo, Mahatma Gandhi: si lees su autobiografía, la titula Mis experimentos con la verdad. Pero si sigues leyendo su autobiografía descubrirás que el nombre no es correcto; debería haberle dado el nombre de Mis experimentos con la comida y el sexo.

La verdad no se encuentra en ninguna parte. Está continuamente preocupado por la comida: qué comer, qué no comer. Toda su preocupación parece girar en torno a la comida, y luego en torno al sexo: cómo llegar a ser célibe; éste es el tema, el trasfondo. Continuamente, dia y noche, esta pensando en comida y sexo - uno tiene que liberarse. No es un materialista, cree en el alma, cree en Dios. De hecho, porque cree en Dios, está pensando tanto en la comida, porque si come algo malo y comete un pecado, entonces estará lejos de Dios. Habla de Dios pero piensa en la comida.

Y eso no es sólo así con él, es así con todos los monjes Jaina. Él estaba bajo mucho impacto de los monjes Jaina. Nació en Gujarat. Gujarat es básicamente Jaina, el Jainismo tiene el mayor impacto en Gujarat. Incluso los hindúes se parecen más a los jainas en Gujarat que a los hindúes.

Gandhi es jaina en un noventa por ciento: nació en una familia hindú, pero su mente está condicionada por los monjes jaina. Están continuamente pensando en la comida.

Y entonces surge la segunda idea, la del sexo: cómo deshacerse del sexo. Durante toda su vida, hasta el final, estuvo preocupado por ello: cómo deshacerse del sexo. En el último año de su vida estuvo experimentando con chicas desnudas y acostándose con ellas, sólo para ponerse a prueba, porque sentía que la muerte se acercaba y tenía que ponerse a prueba para ver si aún quedaba algo de lujuria en él.

El país ardía, la gente moría: Los mahometanos mataban a los hindúes, los hindúes mataban a los mahometanos, todo el país estaba en llamas. Y él estaba en medio de todo, en Novakali, pero su preocupación era el sexo. Se acostaba con chicas, chicas desnudas; se estaba probando a sí mismo, probando si brahma-charya, su celibato, era perfecto o no.

Pero, ¿por qué esta sospecha? - Por una larga represión. Toda la vida había estado reprimiendo. Ahora, al final, le había entrado miedo, porque a esa edad todavía soñaba con el sexo. Así que desconfiaba mucho: ¿sería capaz de enfrentarse a su Dios? Ahora es un espiritualista, pero lo llamaré materialista, y un materialista muy primitivo. Su preocupación es la comida y el sexo.

No importa si estás a favor o en contra: tu preocupación muestra de dónde cuelga tu ego. E incluiré al capitalista en esto también: toda su preocupación es cómo reunir dinero, acaparar dinero - porque el dinero tiene poder sobre la materia. Puedes comprar cualquier cosa material a través del dinero. No puedes comprar nada espiritual, no puedes comprar nada que tenga un valor intrínseco; sólo puedes comprar cosas. Si quieres comprar amor, no puedes comprarlo; pero puedes comprar sexo. El sexo es la parte material del amor. A través del dinero, la materia puede ser comprada, poseída.

Ahora te sorprenderás: Incluyo al comunista y al capitalista en la misma categoría, y son enemigos, igual que incluyo a Charvaka y a Mahatma Gandhi en la misma categoría, y son enemigos. Son enemigos, pero su preocupación es la misma. El capitalista intenta acaparar dinero, el comunista está en contra. Él quiere que nadie pueda acaparar dinero, excepto el Estado. Pero su preocupación también es el dinero, también piensa continuamente en el dinero. No es casualidad que Marx haya dado el nombre de "Das Kapital" a su gran libro sobre el comunismo, "el capital". Esa es la Biblia comunista, pero el nombre es 'el capital'. Esa es su preocupación: cómo no permitir que nadie acapare dinero para que el Estado pueda acaparar, y cómo poseer el Estado - así que, de hecho, básicamente, en última instancia, acaparas el dinero.

Una vez oí que Mulla Nasruddin se había vuelto comunista. Lo conozco... Estaba un poco desconcertado. ¡Era un milagro! Conozco su posesividad. Así que le pregunté: "Mulla, ¿sabes lo que significa el comunismo?"

Dijo: "Lo sé".

Le dije: "¿Sabes que si tienes dos coches y alguien no tiene coche, tendrás que darle uno?".

Dijo: "Estoy perfectamente dispuesto a dar".

Le dije: "Si tienes dos casas y alguien se queda sin casa, ¿tendrás que darle una?".

154

Dijo: "Estoy perfectamente preparado, ahora mismo".

Y yo le dije: "Si tienes dos burros, ¿tendrás que dar un burro a otro que no los tenga?".

Dijo: "En eso no estoy de acuerdo. No puedo dar, ¡no puedo hacer eso!"

Pero yo dije: "¿Por qué? - Porque es la misma lógica, el mismo corolario".

Me dijo: "No, no es lo mismo: tengo dos burros, no tengo dos coches".

La mente comunista es básicamente una mente capitalista, la mente capitalista es básicamente una mente comunista. Son socios en el mismo juego - el nombre del juego es "el capital", "Das Kapital".

Muchas personas, millones de personas, sólo desarrollan este ego primitivo, muy rudimentario. Si tienes este ego es muy difícil rendirse; está muy inmaduro.

La segunda puerta la llamo autoidentidad.

El niño empieza a hacerse una idea de quién es. Al mirarse en el espejo, encuentra la misma cara. Cada mañana, al levantarse de la cama, corre al baño, se mira y dice: "Sí, soy yo. El sueño no ha perturbado nada". Empieza a tener la idea de un yo continuo.

Aquellas personas que se involucran demasiado con esta puerta, se enganchan con esta puerta, son los llamados espiritualistas que piensan que van al paraíso, al cielo, a moksha, pero que estarán allí. Cuando piensas en el cielo, ciertamente piensas de ti mismo que como estás aquí, estarás allí también. Tal vez el cuerpo no esté allí, pero tu continuidad interior permanecerá. Eso es absurdo. Esa liberación, esa liberación última sólo ocurre cuando se disuelve el yo y se disuelve toda identidad. Te conviertes en un vacío...

POR LO TANTO, O SARIPUTRA, en la nada no hay forma, o: LA FORMA ES VACÍO Y EL VACÍO ES FORMA.

No hay conocimiento porque no hay conocedor; ni siquiera hay vigyan, no hay consciencia, porque no hay nada de lo que ser consciente y nadie de lo que ser consciente. Todo desaparece.

Esa idea que tiene el niño de la autocontinuidad la llevan los espiritistas. Siguen buscando: de dónde entra el alma en el cuerpo, de dónde sale el alma del cuerpo, qué forma tiene el alma, planchetas y médiums, cosas así... todo basura y tonterías. El ser no tiene forma. Es la nada pura, es un cielo inmenso sin nubes. Es un silencio irreflexivo, no confinado, no contenido por nada.

Esa idea de un alma permanente, la idea de un yo, sigue jugando en sus mentes.

Aunque el cuerpo muera, quieres estar seguro de que "viviré".

Mucha gente solía acudir a Buda... porque este país ha estado dominado por este segundo tipo de ego: la gente cree en el alma permanente, el alma eterna, el atman - acudían a Buda una y otra vez y le decían: "Cuando muera, ¿quedará algo o no?". Y Buda se reía y decía: "Ahora mismo no hay nada, así que ¿por qué preocuparse por la muerte? Nunca ha habido nada desde el principio". Y esto era inconcebible para la mente india. La mente india está predominantemente enganchada con el segundo tipo de ego.

Por eso el budismo no pudo sobrevivir en la India. En quinientos años, el budismo desapareció. Encontró mejores raíces en China, debido a Lao Tzu. Lao Tzu había creado realmente un hermoso campo para el budismo allí. El clima estaba listo - como si alguien hubiera preparado el terreno; sólo se necesitaba la semilla. Y cuando la semilla llegó a China creció hasta convertirse en un gran árbol.

Pero en la India desapareció. Lao Tzu no tenía idea de ningún yo permanente, y en China la gente no se ha preocupado mucho.

Existen tres culturas en el mundo: una cultura, llamada materialista, muy predominante en Occidente; otra cultura, llamada espiritualista, muy predominante en India; y China tiene un tercer tipo de cultura, ni materialista ni espiritualista. Es taoísta: vive el momento y no te preocupes por el futuro, porque preocuparse por el cielo y el infierno y el paraíso y la moksha es básicamente estar continuamente preocupado por uno mismo. Es muy egoísta, muy egocéntrico. Según Lao Tzu, según Buda también, y según yo también, una persona que intenta alcanzar el cielo es una persona muy, muy egocéntrica, muy egoísta. Y no sabe nada de su propio ser interior: no existe el yo.

La tercera puerta era la autoestima: el niño aprende a hacer cosas y disfruta haciéndolas. Algunos se enganchan ahí: se convierten en técnicos, en artistas, en actores, en políticos, en showmen. El tema básico es el hacedor; quieren demostrar al mundo que pueden hacer algo. Si el mundo les permite cierta creatividad, bien. Si no les permite creatividad, se vuelven destructivos.

¿Sabías que Adolf Hitler quería ingresar en una escuela de arte? Quería ser pintor, esa era su idea. Como le rechazaron, porque no era pintor, porque no pudo aprobar el examen de ingreso en la escuela de arte -ese rechazo le costó mucho aceptarlo-, su creatividad se agrió. Se volvió destructivo. Pero en el fondo quería ser pintor, quería hacer algo. Como no le encontraron capaz de hacerlo, como venganza, empezó a ser destructivo.

El delincuente y el político no están muy lejos, son primos-hermanos. Si al delincuente se le da la oportunidad adecuada, se convertirá en político, y si al político no se le da la oportunidad de dar su opinión, se convertirá en delincuente. Son casos fronterizos.

En cualquier momento, el político puede convertirse en delincuente y el delincuente en político.

Y esto ha estado sucediendo a lo largo de los tiempos, pero todavía no tenemos esa perspicacia para ver las cosas.

La cuarta puerta era la autoextensión. La palabra "mío" es la palabra clave. Uno tiene que extenderse acumulando dinero, acumulando poder, haciéndose más y más y más grande: el patriota que dice: "Este es mi país, y este es el mejor país del mundo". Puedes preguntarle al patriota indio: no para de gritar por todos los rincones que este es punya bhumi, esta es la tierra de la virtud, la tierra más pura del mundo.

Una vez vino a verme un supuesto santo, un monje hindú, y me dijo: "¿No crees que éste es el único país en el que han nacido tantos budas, tantos avataras, tantos tirthankaras: Rama, Krishna y otros? ¿Por qué? Porque ésta es la tierra más virtuosa".

Le dije: "El hecho es justo el contrario: si en el barrio ves que en casa de alguien viene todos los días un médico -a veces un vaidya, un médico, un hakim, un acupuntor, y el naturópata, y esto y lo otro-, ¿qué entiendes tú por eso?".

Dijo: "¡Simple! Que esa familia está enferma".

Es el caso de la India: se necesitan tantos Budas, el país parece estar totalmente enfermo y patológico. Tantos curanderos, tantos médicos. Buda ha dicho: "Yo soy médico".

Y sabes que Krishna ha dicho: "Siempre que haya oscuridad en el mundo, y siempre que haya pecado en el mundo, y siempre que la ley del cosmos sea perturbada, yo volveré".

Entonces, ¿por qué había venido aquella vez? Debe haber sido por la misma razón. ¿Y por qué tantas veces en la India?

Pero el patriota es arrogante, agresivo, egoísta. Continúa declarando: "Mi país es especial, mi religión es especial, mi iglesia es especial, mi libro es especial, mi gurú es especial" - y todo es nada. Esto no es más que la reivindicación del ego.

Algunas personas se enganchan a esta "mina": el dogmático, el patriota, el hindú, el cristiano, el mahometano.

La quinta puerta es la autoimagen. El niño empieza a fijarse en las cosas, en las experiencias. Cuando los padres se sienten bien con el niño, él piensa: "Soy bueno". Cuando le dan palmaditas, él piensa: "Soy bueno". Cuando le miran con ira, le gritan y le dicen: "¡No hagas eso!", él siente: "Algo va mal en mí". Retrocede.

A un niño pequeño le preguntaron en la escuela el primer día que entró: "¿Cómo te llamas?".

Dijo: "Johnny Don't".

El profesor se quedó perplejo. Dijo: "¿Johnny Don't? Nunca he oído un nombre así".

Dijo: "Siempre, haga lo que haga, este es mi nombre: mi madre grita: '¡Johnny no! Mi padre grita: '¡Johnny, no! Así que creo que este es mi nombre. Don't' siempre está ahí.

Lo que estoy haciendo es irrelevante".

La quinta es la puerta por la que entra la moral: te conviertes en un moralista; empiezas a sentirte muy bien, "más santo que tú". O, en la frustración, en la resistencia, en la lucha, te conviertes en un inmoralista y empiezas a luchar con todo el mundo, a mostrar a todo el mundo.

Fritz Perls, el fundador de la Terapia Gestalt, ha escrito sobre una de sus experiencias que resultó muy fundamental para el esfuerzo de su vida. Era psicoanalista y ejercía en África. La consulta era muy buena porque él era el único psicoanalista allí. Tenía un coche grande, un gran bungalow con jardín, piscina... y todo lo que una mente mediocre quiere tener, los lujos de la clase media. Y luego se fue a Viena para asistir a una conferencia mundial de psicoanalistas. Por supuesto, era un hombre de éxito en África, así que pensaba que Freud le recibiría, que habría una gran bienvenida. Y Freud era la figura paterna de los psicoanalistas, así que quería ser acariciado por Freud. Había escrito un artículo y había trabajado durante meses en él, porque quería que Freud supiera quién era. Leyó el trabajo y no obtuvo respuesta. Freud era muy frío, otros psicoanalistas eran muy fríos. Su trabajo pasó casi desapercibido, sin comentarios. Se sintió muy conmocionado, deprimido, pero aún así tenía la esperanza de ir a ver a Freud, y entonces algo podría suceder. Y fue a ver a Freud. Estaba justo en los escalones, ni siquiera había entrado por la puerta, y Freud estaba allí de pie. Y le dijo a Freud, sólo para impresionarlo:

"Vengo de miles de kilómetros". Y en vez de darle la bienvenida, Freud le dijo: "¿Y cuándo vas a volver?". Eso le dolió mucho: "¿Ésta es la bienvenida? - ¿Cuándo vas a volver?" Y así terminó toda la entrevista.

Se dio la vuelta, repitiendo continuamente, como un mantra en su cabeza: "¡Te lo mostraré, te lo mostraré, te lo mostraré!" Y trató de mostrárselo: creó el mayor movimiento contra el psicoanálisis: la gestalt.

Es una reacción infantil. O bien el niño es aceptado, entonces se siente bien y está dispuesto a hacer todo lo que los padres quieran; o bien, si una y otra vez se siente frustrado, entonces empieza a pensar en términos de: "No hay ninguna posibilidad de que pueda recibir su amor, pero aún así necesito su atención. Si no puedo conseguir su atención de la manera correcta, conseguiré su atención de la manera incorrecta. Ahora fumaré, me masturbaré, me haré daño a mí mismo y a los demás, y haré todo tipo de cosas que ellos dicen 'No hagas', pero los mantendré ocupados conmigo. Les enseñaré".

Esta es la quinta puerta, la autoimagen. El pecador y el santo están enganchados ahí. El cielo y el infierno son las ideas de las personas que están enganchadas allí. Millones de personas están enganchadas. Temen continuamente el infierno y codician continuamente el cielo. Quieren ser acariciados por Dios, y quieren que Dios les diga: "Eres bueno, hijo mío. Estoy contento contigo". Continúan sacrificando sus vidas sólo para ser acariciados por alguna fantasía en algún lugar más allá de la vida y la muerte. Siguen haciéndose mil y una torturas sólo para que Dios les diga: "Sí, te sacrificaste por mí".

Parece como si Dios fuera masoquista o sádico, o algo así. La gente se tortura con la idea de hacer feliz a Dios. ¿Qué quieres decir con esto?

¿Ayunas y crees que Dios estará muy contento contigo? ¿Te matas de hambre y crees que Dios será muy feliz contigo? ¿Es un sádico? ¿Disfruta torturando a la gente? Y eso es lo que han estado haciendo los santos, los llamados santos: torturarse y mirar al cielo.

Tarde o temprano Dios dirá: "Buen chico, lo has hecho bien. Ahora ven y disfruta de los placeres celestiales. Ven aquí. Aquí el vino fluye en los ríos, y los caminos son de oro, y los palacios están hechos de diamantes. Y las mujeres aquí nunca envejecen, se quedan estancadas en los dieciséis. ¡Ven aquí! Has hecho suficiente, has ganado, ¡ahora puedes disfrutar!" Toda la idea detrás del sacrificio es esta. Es una idea tonta, porque todas las ideas del ego son tontas.

El sexto es el yo como razón. Llega a través de la educación, la experiencia, la lectura, el aprendizaje, la escucha: empiezas a acumular ideas, luego empiezas a crear sistemas a partir de ideas, enteros consistentes, filosofías. Aquí es donde se enganchan los filósofos, los científicos, los pensadores, los intelectuales, los racionalistas. Pero esto es cada vez más sofisticado:

de la primera, la sexta es muy sofisticada.

El séptimo es el esfuerzo propio: el artista, el místico, el utópico, el soñador... están ahí enganchados. Siempre están intentando crear una utopía en el mundo. La palabra utopía es muy hermosa: significa lo que nunca llega. Siempre está llegando, pero nunca llega; siempre está ahí, pero nunca aquí. Pero hay observadores de la luna que siguen buscando lo lejano, lo distante, y siempre se mueven en la imaginación. Los grandes poetas, la gente imaginativa, todo su ego está involucrado en el devenir. Hay alguien que quiere convertirse en Dios; es un místico.

Recuerda, "llegar a ser" es la palabra clave en el séptimo, y el séptimo es el último del ego. El ego más maduro llega ahí. Por eso sentirás, verás a un poeta -puede que no tenga nada, puede que sea un mendigo, pero en sus ojos, en su nariz, verás el gran ego.

El místico puede haber renunciado a todo el mundo y puede estar sentado en una jaula del Himalaya, en una cueva del Himalaya. Ve allí y míralo: puede que esté sentado desnudo, pero con un ego tan sutil, tan refinado. Puede que incluso te toque los pies, pero está mostrando: "¡Mira qué humilde soy!".

Hay siete puertas. Cuando el ego es perfecto, todas estas siete puertas han sido cruzadas; entonces ese ego maduro cae por sí mismo. El niño está antes de estos siete egos, y el Buda está después de estos siete egos. Es un círculo completo.

Me preguntas: "¿Cuál es la diferencia entre la vacuidad del niño antes de la formación del ego y la infantilidad despierta de un Buda?".

Esta es la diferencia. Buda se ha adentrado en todos estos siete egos, los ha visto, los ha examinado, ha descubierto que son ilusorios y ha vuelto a casa, se ha convertido de nuevo en un niño.

A eso se refiere Jesús cuando dice: "Si no os hacéis como niños, no entraréis en mi reino de Dios".

La segunda pregunta:

Pregunta 2:

AMADO MAESTRO,

TENGO CURIOSIDAD. ¿HAS LEÍDO EL LIBRO ZORBA EL GRIEGO DE KAZANTZAKIS? ME ENCANTA. ¿NO ES ZORBA EXACTAMENTE COMO USTED QUIERE QUE SEAMOS? AL MENOS ASI ES COMO YO ENTIENDO SU ENSENANZA.

He sido Zorba el Griego durante muchas vidas. No necesito leer el libro; es mi autobiografía. Y eso es lo que me gustaría que fueras.

Tómate la vida con alegría, tómate la vida con facilidad, tómate la vida con tranquilidad, no te crees problemas innecesarios.

El 99% de tus problemas los creas tú porque te tomas la vida en serio.

La seriedad es la raíz de los problemas. Sé juguetón y no te perderás nada, porque la vida es Dios. Olvídate de Dios; simplemente vive, vive en abundancia. Vive cada momento como si fuera el último. Vívelo intensamente; deja que tu antorcha arda por ambos lados a la vez. Aunque sólo sea un momento, es suficiente.

Un momento de intensa totalidad es suficiente para darte el sabor de Dios. Puedes vivir de manera tibia, a la manera burguesa, a la manera de la clase media. Puedes seguir viviendo, arrastrándote durante millones de años - sólo recogerás polvo de los caminos y nada más. Un momento de claridad, de totalidad, de espontaneidad, y arderás como una llama. Un momento es suficiente. Un momento te hará eterno; entrarás desde ese momento en la eternidad. Ese es todo mi mensaje para mis sannyasins: vívelo de tal manera que no necesites arrepentirte, nunca.

Un amigo me ha enviado un recorte de papel.

A una anciana de ochenta y cinco años le preguntó un periodista que si tuviera que volver a vivir, ¿cómo lo haría?

La anciana dijo -hay una gran perspicacia en ello, recuérdalo-: "Si tuviera que volver a vivir mi vida, me atrevería a cometer más errores la próxima vez. Me relajaría, me relajaría. Sería más tonto de lo que he sido en este viaje. Me tomaría menos en serio las cosas. Me arriesgaría más. Haría más viajes. Subiría más montañas y nadaría más ríos. Comería más helado y menos judías. Quizá tendría más problemas reales, pero menos imaginarios.

"Yo soy una de esas personas que viven sensata y cuerdamente hora tras hora, día tras día. Oh, he tenido mis momentos, y si tuviera que volver a hacerlo, tendría más de ellos.

De hecho, intentaría no tener nada más: sólo momentos, uno tras otro, en lugar de vivir tantos años por delante de cada día. He sido una de esas personas que nunca van a ninguna parte sin un termómetro, una bolsa de agua caliente, un impermeable y un paracaídas. Si tuviera que volver a hacerlo, viajaría más ligero de lo que lo he hecho.

"Si pudiera rehacer mi vida, empezaría a descalzarme antes, en primavera, y me quedaría así hasta más entrado el otoño. Iría a más bailes. Montaría en más tiovivos. Recogería más margaritas".

Y esa es también mi visión de un sannyasin. Vive este momento lo más totalmente posible. No seas demasiado cuerdo, porque demasiada cordura conduce a la locura. Deja que exista en ti un poco de locura. Eso da brío a la vida, eso hace que la vida sea jugosa. Deja que siempre haya un poco de irracionalidad. Eso te hace capaz de jugar, de ser juguetón; eso te ayuda a relajarte. Una persona cuerda está totalmente colgada de la cabeza, no puede bajar de ahí. Vive arriba. Vive por todas partes, ¡esta es tu casa! Arriba, bien, la planta baja, perfectamente bien - y el sótano también es bonito. Vive por todas partes, esta es tu casa. Y no esperes a la próxima vez, me gustaría decirle a esta anciana, porque la próxima vez nunca llega.

No es que no vayas a nacer de nuevo; nacerás de nuevo, pero entonces olvidarás. Entonces empezarás de nuevo desde el ABC. Esta anciana ha estado aquí antes. Debe haber estado aquí millones de veces antes. Y puedo decirte que cada vez, cerca de los ochenta y cinco años, ella habría decidido lo mismo: "La próxima vez lo haré de otra manera".

Pero la próxima vez no te acuerdas, ése es el problema. Pierdes toda la memoria de la vida pasada.

Luego vuelves a empezar desde ABC y pasa lo mismo.

Así que no te digo que esperes a la próxima vez. Aprovecha este momento. Este es el único momento que existe, no hay otro. Aunque tengas ochenta y cinco años puedes empezar a vivir. ¿Y qué puedes perder a los ochenta y cinco? Si vas descalzo por la playa en primavera, si recoges margaritas... aunque mueras así, no pasa nada. Morir descalzo en la playa es la forma correcta de morir. Morir recogiendo margaritas es la forma correcta de morir. No importa si tienes ochenta y cinco o quince años. Aprovecha este momento. Sé un Zorba.

Usted pregunta: "Sólo por curiosidad. ¿Has leído el libro Zorba el Griego? Me encanta".

Sólo amarlo no ayudará. Sé lo que eres. A veces ocurre que amas lo contrario de lo que eres. Te gusta lo contrario de lo que eres, porque libera fantasías en ti. Te da una visión de cómo te gustaría ser: ése es el atractivo de un Zorba.

Pero amar el libro no ayudará. Eso es lo que la gente ha estado haciendo a lo largo de los siglos.

La gente ama la Biblia, y no se convierte en Jesús, y ama el Sutra del Corazón - lo repiten, lo cantan todos los días. Millones de personas en Oriente repiten el Sutra del Corazón cinco veces al día -en China, en Japón, en Corea, en Vietnam- y no paran de repetirlo. Es un sutra pequeño; se puede repetir en cuestión de minutos. Lo aman, pero no se convierten en él.

Sé un Zorba. Recuérdalo: amar los libros no va a ayudar, sólo ser ayuda.

"Me gusta tanto. ¿No es Zorba exactamente como quieres que seamos?"

No exactamente, porque no me gustarían muchas Zorbas en el mundo. No exactamente, porque sería feo, monótono y aburrido. Sé un Zorba a tu manera, no exactamente.

Nunca intentes imitar a nadie, nunca seas un imitador; eso es un suicidio. Entonces nunca podrás disfrutar. Siempre serás un calco, nunca serás el original. Y todo lo que sucede en la vida -la verdad, la belleza, el bien, la liberación, la meditación, el amor- le sucede al original, nunca a la copia al carbón. Cuidado, no exactamente; eso es peligroso. Si simplemente empiezas a seguir a Zorba y a hacer las cosas como él las hace, tendrás problemas. Así es como la gente lo ha hecho.

Mira a los cristianos, mira a los hindúes: lo han intentado exactamente. ¡Nadie puede volver a ser Buda! ¡Dios no permite ninguna repetición! Dios no permite gente de segunda mano, ama a la gente de primera mano. Amó a Buda. Amó tanto que está acabado. Ahora no hay necesidad de Buda. Ya no sería una historia de amor.

Sería como ir a ver la misma película que has visto antes, sería como leer el mismo libro que has leído muchas veces antes. Dios no es aburrido ni estúpido, nunca permite que nadie repita a nadie: Cristo sólo una vez, Buda sólo una vez... ¡y tú también sólo una vez! Y tú estás solo, no hay nadie como tú. Sólo tú eres tú. A esto le llamo reverencia por la vida. Esto es realmente respeto por uno mismo.

Aprende de Zorba, aprende el secreto, pero nunca trates de imitarlo. Aprende el clima, aprecia, adéntrate en él, simpatiza con él, participa con Zorba, y luego ve por tu cuenta. Luego sé tú mismo.

La tercera pregunta:

Pregunta 3:

MAESTRO, ¿PODRÍAS HABLAR DE LO QUE HAY EN COMÚN ENTRE LA ORACIÓN Y LA MEDITACIÓN, Y TAMBIÉN DE LA DIFERENCIA ENTRE AMBAS?

La pregunta es de Mark Nevejan...

P.D. NO ME CONOCES PORQUE TODAVIA NO TE HE CONOCIDO PERSONALMENTE. ARUP ME CONOCE UN POCO.

Arup no se conoce a sí misma, ¿cómo puede conocerte? - ¡Ni siquiera un poco! No me conoces, eso es cierto. Pero te conozco porque me conozco a mí mismo. El día que llegué a conocerme a mí mismo, llegué a conocer a todo el mundo, porque es la misma nada floreciendo de diferentes maneras.

Te conozco, Mark. Puede que no me conozcas. ¿Cómo puedes conocerme? - No te conoces a ti mismo. Pero yo te conozco. Puede que no conozca tu forma, pero te conozco... y tú no eres la forma.

POR LO TANTO, OH SARIPUTRA...

LA FORMA ES VACÍO, EL VACÍO ES FORMA.

Conozco la verdad que hay en ti; quizá no conozca la personalidad que te rodea. Por eso puedo ayudarte, porque te conozco. Por eso puedo llevarte al más allá, porque te conozco. Si no te conozco, no puedo llevarte más allá.

Y usted pregunta: "¿Podría hablar de lo que hay en común entre la oración y la meditación, y también de la diferencia entre ambas?". Iba a hablar de ello ayer, pero había tantas preguntas que no pude responderle.

Mark ha escrito hoy otra pregunta:

Pregunta 3.5

QUERIDO VERANO DE CONCIENCIA Y LIBERTAD, EL OTRO DÍA TE HICE UNA PREGUNTA SOBRE LO QUE ES COMÚN Y LO QUE ES DIFERENTE EN LA ORACIÓN Y EN LA MEDITACIÓN. MIENTRAS TANTO, HE ESTADO LEYENDO EN TU LIBRO YO SOY LA PUERTA, Y HE ENCONTRADO LA RESPUESTA. GRACIAS POR LA RESPUESTA.

CIELO NUBLADO HOLANDÉS LLAMADO MARK NEVEJAN.

¡No te llamarás Mark Nevejan por mucho tiempo! Creo que será hoy, porque no espero a mañana. Te encontraré un nombre bonito. No estará nublado; no será un cielo holandés nublado. Será un cielo de verano indio sin nubes.

Te ocurrirá muchas veces que hagas una pregunta, y si la buscas, la encontrarás.

Se necesita paciencia, porque cuando respondo a las preguntas de los demás, también son las tuyas. Sólo se necesita paciencia. Cuando respondo a una pregunta, respondo a muchas: a las que me han hecho y a las que no, a las que me harán en el futuro y a las que nunca me harán.

Qué bien, Mark, que hayas esperado un día y no te hayas enfadado. Algunas personas se enfadan mucho.

Me escriben cartas enfadados: "He estado haciendo preguntas y no me respondes". No me escuchan, sólo buscan su pregunta. Ese es su ego, la pregunta no es importante: "Mi pregunta tiene que ser respondida". Y siempre que veo que alguien ha hecho una pregunta en la que "mi" es más importante, nunca respondo.

Mukta está sentada allí. Ella sigue escribiendo preguntas y preguntas una y otra vez:

"Maestro, ¿por qué nunca respondes a mis preguntas?" El día que suelte su "mi", empezará a encontrar respuestas.

Estoy respondiendo continuamente. Pero cuando estás demasiado apegado a tu pregunta, y simplemente estás esperando a que tu pregunta sea respondida, te perderás todas las respuestas que han estado lloviendo sobre ti. Sucede muchas veces que cuando respondo a una pregunta, el que pregunta no puede recibirla, pero otros la reciben más fácilmente, porque no están preocupados, no es su pregunta, así que están sentados en silencio. No están excitados, no están tensos, no es nada personal. Pueden relajarse y disfrutar de la respuesta. Cuando es tu pregunta, estás tenso y tienes miedo. Y nunca pierdo la oportunidad: si puedo pegarte, te pego.

La cuarta pregunta:

Pregunta 4:

AMADO MAESTRO,

LE HE OÍDO DECIR REPETIDAMENTE QUE DEBEMOS PERMANECER EN EL MUNDO, EN EL MERCADO. SIN EMBARGO, LA MAYORÍA DE LAS PERSONAS QUE CONOZCO AQUÍ PLANEAN VIVIR CON USTED EN GUJARAT, Y SÓLO REGRESAN A OCCIDENTE PARA REUNIR EL DINERO SUFICIENTE PARA HACERLO. SE ESTA PLANEANDO UNA GRAN COMUNIDAD. POR FAVOR, COMENTEN.

USTED SUBRAYA LA IMPORTANCIA DE ESTAR CON UN MAESTRO VIVO, PERO QUE DESPUÉS DE ESTABLECER UNA CONEXIÓN SIEMPRE ESTÁ CON NOSOTROS. ¿POR QUÉ TODO EL MUNDO QUIERE VIVIR EN SU COMUNIDAD EN LUGAR DE QUEDARSE

EN EL MUNDO? CIERTAMENTE SERÍA MARAVILLOSO, PERO ¿QUÉ PASA CON EL MERCADO?

Va a ser el mayor mercado que jamás hayas visto. No te preocupes por eso. Va a ser el mundo mismo - más intenso, por supuesto, de lo que puedas encontrar en cualquier parte; más caótico, por supuesto. Y nadie lo está planeando, recuerda, está surgiendo de la nada.

POR LO TANTO, ¡OH SARIPUTRA...!

La quinta pregunta:

Pregunta 5:

MAESTRO, ¿QUÉ POSIBILIDADES TIENE TU SOCIEDAD IDEAL FRENTE A LOS POLÍTICOS Y LOS CURAS Y LOS INTERESES CREADOS DEL CAPITAL?

En primer lugar, no me interesa ninguna sociedad ideal. Ni siquiera me interesa un individuo ideal. La palabra ideal es una palabra sucia para mí. No tengo ideales. Los ideales te han vuelto loco. Son los ideales los que han hecho de toda esta tierra un gran manicomio.

El ideal significa que no eres lo que deberías ser. Crea tensión, ansiedad, angustia.

Te divide, te vuelve esquizofrénico. Y el ideal está en el futuro y tú estás aquí.

¿Y cómo puedes vivir si no eres el ideal? Primero hay que ser el ideal y luego empezar a vivir, y eso nunca ocurre. Eso no puede ocurrir por la propia naturaleza de las cosas. Los ideales son imposibles; por eso son ideales. Te vuelven loco y te enloquecen. Y surge la condena, porque siempre te quedas corto con respecto al ideal. Se crea la culpa. De hecho, eso es lo que han estado haciendo los sacerdotes y los políticos: quieren crearte culpabilidad. Para crear culpa utilizan ideales; ese es el sencillo mecanismo. Primero dan un ideal, luego la culpa viene automáticamente.

Si te digo que dos ojos no son suficientes, necesitas tres ojos; ¡abre tu tercer ojo! Lee a Lobsang Rampa - ¡abre tu tercer ojo! Y ahora te esfuerzas, de esta manera y de aquella, y te pones de cabeza, y haces un mantra - y el tercer ojo no se abre. Empiezas a sentirte culpable: te falta algo... no eres la persona adecuada. Te deprimes.

Te frotas el tercer ojo con fuerza y no se abre.

Cuidado con todas estas tonterías. Estos dos ojos son hermosos. Y si sólo tienes un ojo, es perfecto. ... Porque Jesús dice: "Cuando dos ojos se convierten en uno, entonces todo el cuerpo está lleno de luz". Pero no estoy diciendo que debas intentar hacer un ojo de dos. Simplemente acéptate como eres. Dios te ha hecho perfecto, no ha dejado nada incompleto en ti.

Y si sientes que estás incompleto, eso forma parte de la perfección. Eres perfectamente imperfecto. Dios lo sabe mejor: que sólo en la imperfección hay crecimiento, sólo en la imperfección hay flujo, sólo en la imperfección hay algo posible. Si sólo fueras perfecto estarías muerto como una roca. Entonces no pasaría nada, entonces no podría pasar nada. Si me entiendes, me gustaría decírtelo: Dios también es perfectamente imperfecto; de lo contrario, estaría muerto desde hace mucho tiempo. No habría esperado a Friedrich Nietzsche para declarar que Dios está muerto.

¿Qué haría este Dios si fuera perfecto? Entonces no podría hacer nada, entonces no podría tener ninguna libertad para hacer. No podría crecer; no tendría adónde ir. Simplemente estaría atrapado ahí. Ni siquiera podría suicidarse, porque cuando eres perfecto no haces cosas así.

Acéptate tal y como eres.

No me interesa ninguna sociedad ideal, en absoluto. Ni siquiera me interesan los individuos ideales. No me interesa el idealismo en absoluto.

Y para mí la sociedad no existe, sólo hay individuos. La sociedad es sólo una estructura de funcionamiento, utilitaria. No puedes encontrarte con la sociedad. ¿Te has encontrado alguna vez con la sociedad? ¿Has visto alguna vez a la humanidad? ¿Has visto alguna vez el hinduismo, el islam?

No, siempre te encuentras con el individuo, el individuo concreto, sólido.

Pero la gente ha estado pensando cómo mejorar la sociedad, cómo hacer una sociedad ideal. Y estas personas han demostrado ser calamidades. Han sido una gran desgracia. Debido a su sociedad ideal han destruido el respeto de la gente por sí mismos, y han creado culpa en todo el mundo. Todo el mundo es culpable, nadie parece ser feliz como es. Y puedes crear culpa por cualquier cosa - y una vez creada la culpa, te vuelves poderoso. La persona que te crea la culpa se vuelve poderosa sobre ti -recuerda esta estrategia- porque entonces sólo él puede redimirte de la culpa. Entonces tienes que ir a él. El sacerdote primero crea la culpa, luego tienes que ir a la iglesia. Entonces tienes que ir y confesar: "He cometido este pecado", y él te perdona en nombre de Dios. Primero creó la culpa en nombre de Dios, luego te perdona en nombre de Dios.

Escucha esta historia.

Calvino fue sorprendido por su madre cometiendo un grave pecado, e inmediatamente fue enviado a confesión.

"Padre", dijo Calvin, "jugué conmigo mismo".

"¿Por qué has hecho eso?", se enfadó mucho el cura y gritó.

"No tenía nada mejor que hacer", dijo Calvin.

"Por penitencia, reza cinco padrenuestros y cinco avemarías".

Una semana más tarde, la madre de Calvino lo sorprendió de nuevo, y una vez más fue enviado a confesión.

"Padre, jugué conmigo mismo".

"¿Por qué has hecho eso?"

"No tenía nada mejor que hacer", dijo Calvin.

"Por penitencia, haz diez padrenuestros y cinco avemarías".

A la semana siguiente, Calvin volvió a ser culpable. "Vuelve", le dijo su madre. "Y toma este pastel de chocolate para el buen Padre".

Mientras esperaba en una larga cola, Calvin se terminó la tarta. En el confesionario dijo: "Padre, mamá te envió un pastel de chocolate, pero me lo comí todo mientras esperaba".

"¿Por qué has hecho eso?", preguntó el sacerdote.

"No tenía nada mejor que hacer".

"¿Por qué no jugaste contigo entonces?"

Al cura no le interesa lo que estás haciendo; él tiene su interés personal: su tarta de chocolate. Y entonces puedes irte al infierno. Entonces haz lo que quieras, pero ¿dónde está la tarta de chocolate?

Os crean culpables y luego os perdonan en nombre de Dios. Os hacen pecadores y luego dicen: "Ahora venid a Cristo, él es el salvador".

No hay nadie que pueda salvarte, porque en primer lugar no has cometido ningún pecado. No necesitas ser salvado.

Este es el mensaje de Buda: ¡Ya estás ahí! ¡Ya estás salvado! No es necesario que venga el salvador, no eres culpable. No hay sufrimiento, Sariputra, no se origina el sufrimiento, no se detiene, y no hay camino hacia él. No se alcanza, no no se alcanza. Ya es así, es tu propia naturaleza.

No me interesa ninguna sociedad ideal. Por favor, abandona ese sueño; ha creado grandes pesadillas en el mundo. Recuerden, ahora no puede pasar nada políticamente. La política está muerta.

Votes lo que votes, a la derecha o a la izquierda, hazlo sin ilusiones. Es necesario renunciar a la idea de que cualquier sistema puede ser un salvador. Ningún sistema puede ser salvador: comunismo, fascismo, gandhismo.

Ninguna sociedad puede salvarte, y ninguna sociedad puede ser una sociedad ideal. Y no hay ningún salvador - Cristo, Krishna o Rama. Solo tienes que dejar esa tonteria que estas cargando acerca de la culpa y de que eres un pecador.

Pon toda tu energía en bailar, en celebrar. Y entonces serás ideal, aquí y ahora, no es que tengas que convertirte en ideal.

La ideología, como tal, ha perdido su verdad. De hecho, nunca la tuvo. Y el poder de persuasión también ha desaparecido. Pocas mentes serias creen ya que se puedan establecer planos y, a través de la ingeniería social, lograr una nueva utopía de armonía social. Vivimos en la era de la libertad absoluta. Hemos alcanzado la mayoría de edad. La humanidad ya no es infantil, es más madura. Vivimos en una época muy socrática, porque la gente se plantea todas las preguntas importantes de la vida. No empieces a anhelar un futuro ideal, una idea, la perfección. Abandona todos los ideales y vive aquí y ahora.

Mi comuna no va a ser una sociedad ideal. Mi comuna va a ser una comuna herenow.

Suficiente por hoy.

Vacío total

POR LO TANTO, OH SARIPUTRA, ES DEBIDO A SU NO CONSECUCIÓN QUE UN BODHISATTVA, POR HABER CONFIADO EN LA PERFECCIÓN DE LA SABIDURÍA, MORA SIN CUBIERTAS DE PENSAMIENTO.

EN AUSENCIA DE PENSAMIENTOS-CUBRIDORES NO SE HA HECHO TEMBLAR, HA SUPERADO LO QUE PUEDE TRASTORNAR, Y AL FINAL ALCANZA EL NIRVANA.

TODOS LOS QUE APARECEN COMO BUDAS EN LOS TRES PERIODOS DE TIEMPO DESPIERTAN PLENAMENTE A LA ILUMINACIÓN MÁXIMA, CORRECTA Y PERFECTA PORQUE HAN CONFIADO EN LA PERFECCIÓN DE LA SABIDURÍA.

¿Qué es la meditación? - porque todo este Sutra del Corazón trata del núcleo más íntimo de la meditación. Profundicemos en ello.

Lo primero: la meditación no es concentración. En la concentración hay un yo que se concentra y hay un objeto en el que se concentra. Hay dualidad. En la meditación no hay nadie dentro y nada fuera. No es concentración. No hay división entre el adentro y el afuera. El adentro sigue fluyendo hacia el afuera, el afuera sigue fluyendo hacia el adentro. La demarcación, el límite, la frontera, ya no existe. El adentro es afuera, el afuera es adentro; es una conciencia no dual.

La concentración es una conciencia dual: por eso la concentración crea cansancio; por eso cuando te concentras te sientes agotado. Y no puedes concentrarte durante veinticuatro horas, tendrás que tomarte vacaciones para descansar. La concentración nunca puede convertirse en tu naturaleza.

La meditación no cansa, la meditación no agota. La meditación puede convertirse en algo de veinticuatro horas, día tras día, año tras año. Puede convertirse en una eternidad. Es la relajación misma.

La concentración es un acto, un acto voluntario. La meditación es un estado sin voluntad, un estado de inacción. Es relajación. Uno simplemente ha caído en su propio ser, y ese ser es el mismo que el ser de todos. En la concentración hay un plan, una proyección, una idea. En la concentración la mente funciona a partir de una conclusión: estás haciendo algo. La concentración surge del pasado.

En la meditación no hay ninguna conclusión detrás. No estás haciendo nada en particular, simplemente estás siendo. No tiene pasado, no está contaminado por el pasado. No tiene futuro, es puro de todo futuro. Es lo que Lao Tzu ha llamado wei-wu-wei, acción a través de la inacción. Es lo que han dicho los maestros zen: Sentado en silencio sin hacer nada, llega la primavera y la hierba crece por sí misma. Recuerda, "por sí misma": no se hace nada. No estás tirando de la hierba hacia arriba; llega la primavera y la hierba crece por sí misma. Ese estado -cuando permites que la vida siga su propio camino, cuando no quieres dirigirla, cuando no quieres darle ningún control, cuando no la manipulas, cuando no le impones ninguna disciplina-, ese estado de pura espontaneidad indisciplinada, es lo que es la meditación.

La meditación es en el presente, puro presente. La meditación es inmediatez. No puedes meditar, pero puedes estar en meditación; no puedes estar en concentración, pero puedes concentrarte.

La concentración es humana, la meditación es divina.

La concentración tiene un centro en ti; de ese centro procede. La concentración tiene un yo en ti. De hecho, el hombre que se concentra mucho empieza a reunir un yo muy fuerte. Empieza a volverse más y más poderoso, empieza a volverse más y más una voluntad integrada. Se verá más recogido, más de una pieza.

El hombre de meditación no se vuelve poderoso: se vuelve silencioso, se vuelve pacífico. El poder surge del conflicto; todo poder surge de la fricción. De la fricción surge la electricidad. Puedes crear electricidad a partir del agua: cuando el río cae desde la ladera de una montaña hay fricción entre el río y las rocas, y la fricción crea energía. Por eso la gente que busca el poder siempre está luchando. La lucha crea energía. Siempre es a través de la fricción como se crea la energía, se crea el poder. El mundo entra en guerra una y otra vez porque está demasiado dominado por la idea de poder. No se puede ser poderoso sin luchar.

La meditación trae la paz. La paz tiene su propio poder, pero ése es un fenómeno totalmente distinto. El poder que surge de la fricción es violento, agresivo, masculino. El poder -utilizo esta palabra porque no hay otra- que surge de la paz es femenino. Tiene gracia. Es un poder pasivo, receptivo, abierto. No surge de la fricción; por eso no es violento.

Buda es poderoso, poderoso en su paz, en su silencio. Es tan poderoso como una flor de rosa, no como una bomba atómica. Es tan poderoso como la sonrisa de un niño...

muy frágil, muy vulnerable; pero no es tan poderoso como una espada. Él es poderoso, como una pequeña lámpara de barro, la pequeña llama que arde brillante en la noche oscura. Es una dimensión de poder totalmente diferente. Este poder es lo que llamamos poder divino. Es de no-fricción.

La concentración es una fricción: luchas con tu propia mente. Intentas enfocar la mente de una determinada manera, hacia una determinada idea, hacia un determinado objeto. La fuerzas, la haces volver una y otra vez. Intenta escapar, huye, se extravía, empieza a pensar en mil y una cosas, y tú la traes de nuevo y la fuerzas. Entras en una lucha contra ti mismo. Ciertamente se crea poder; ese poder es tan dañino como cualquier otro poder, ese poder es tan peligroso como cualquier otro poder. Ese poder volverá a utilizarse para dañar a alguien, porque el poder que surge de la fricción es la violencia. Algo que surge de la violencia va a ser violento, va a ser destructivo. El poder que surge de la paz, de la no fricción, de la no lucha, de la no manipulación, es el poder de una flor de rosa, el poder de una pequeña lámpara, el poder de un niño sonriendo, el poder de una mujer llorando, el poder que está en las lágrimas y en las gotas de rocío.

Es inmensa pero no pesada; es infinita pero no violenta.

La concentración te convertirá en un hombre de voluntad. La meditación te convertirá en un vacío.

Eso es lo que Buda le dice a Sariputra. Prajnaparamita significa exactamente 'meditación, la sabiduría del más allá'.

No puedes traerla, pero puedes estar abierto a ella. No necesitas hacer nada para traerla al mundo, no puedes traerla, está más allá de ti. Tienes que desaparecer para que venga. La mente tiene que cesar para que haya meditación. La concentración es un esfuerzo de la mente; la meditación es un estado de no-mente. La meditación es conciencia pura, la meditación no tiene ningún motivo.

La meditación es el árbol que crece sin semilla: ése es el milagro de la meditación, la magia, el misterio. La concentración tiene una semilla: te concentras con un propósito determinado, hay un motivo, está motivada. La meditación no tiene motivo. Entonces, ¿por qué meditar si no hay motivo?

La meditación sólo existe cuando has examinado todos los motivos y has descubierto que carecen de ellos, cuando has recorrido toda la ronda de motivos y has visto su falsedad. Has visto que los motivos no te llevan a ninguna parte, que sigues moviéndote en círculos; sigues siendo el mismo. Los motivos siguen y siguen guiándote, conduciéndote, casi volviéndote loco, creando nuevos deseos, pero nunca se consigue nada. Las manos siguen tan vacías como siempre.

Cuando esto se ha visto, cuando has mirado en tu vida y has visto que todos tus motivos fallan...

Ningún motivo ha tenido éxito, ningún motivo ha traído bendición a nadie. Los motivos sólo prometen; los bienes nunca se entregan. Un motivo falla y otro motivo viene y te promete de nuevo... y eres engañado de nuevo. Al ser engañado una y otra vez por los motivos, un día de repente te das cuenta, de repente lo ves, y ese mismo ver es el comienzo de la meditación. No tiene semilla, no tiene motivo. Si estás meditando por algo, entonces te estás concentrando, no meditando. Entonces sigues en el mundo, tu mente sigue interesada en cosas baratas, en trivialidades. Entonces eres mundano. Incluso si meditas para alcanzar a Dios, eres mundano. Incluso si meditas para alcanzar el nirvana, eres mundano, porque la meditación no tiene objetivo.

La meditación es la comprensión de que todos los objetivos son falsos. La meditación es la comprensión de que los deseos no conducen a ninguna parte. Ver eso... Y esto no es una creencia que puedas obtener de mí o de Buda o de Jesús. Esto no es conocimiento; tendrás que verlo. ¡Puedes verlo ahora mismo! Has vivido, has visto muchos motivos, has estado en agitación, has pensado qué hacer, qué no hacer, y has hecho muchas cosas. ¿A dónde te ha llevado todo esto? Simplemente, ¡mira dentro! No digo que estés de acuerdo conmigo, no digo que creas en mí. Simplemente te estoy haciendo consciente de un hecho que has estado descuidando. Esto no es una teoría, es una simple afirmación de un hecho muy simple. Tal vez porque es tan simple, por eso sigues sin mirarlo. La mente siempre está interesada en las complejidades, porque se puede hacer algo con una cosa compleja. No se puede hacer nada con un fenómeno simple.

Lo sencillo se pasa por alto, lo sencillo se descuida, lo sencillo se ignora. Lo simple es tan obvio que nunca lo investigas. Sigues buscando complejidades: la complejidad encierra un reto. La complejidad de un fenómeno, de un problema, de una situación, te plantea un reto. En ese reto surge la energía, la fricción, el conflicto: tienes que resolver este problema, tienes que demostrar que puedes resolver este problema. Cuando hay un problema, te emociona la posibilidad de demostrar algo. Pero lo que estoy afirmando es un simple hecho: no es un problema. No supone ningún reto, simplemente está ahí. Puedes mirarlo o puedes evitarlo. Y no grita; es muy sencillo. Ni siquiera puedes llamarla una vocecita en tu interior; ni siquiera susurra. Simplemente está ahí, puedes mirar o no mirar.

Véalo. Y cuando digo "Véalo", quiero decir que lo vea ahora mismo, inmediatamente. No hay necesidad de esperar. Y sé rápido cuando digo: "¡Véanlo! Míralo, pero rápido, porque si empiezas a pensar, si no lo ves rápido, inmediatamente, en esa fracción de segundo entra la mente y la mente empieza a cavilar, y la mente empieza a traer pensamientos, y la mente empieza a traer prejuicios.

Y te encuentras en un estado filosófico: muchos pensamientos. Entonces tienes que elegir lo que está bien y lo que está mal, y la especulación ha comenzado. Te has perdido el momento existencial.

El momento existencial es ahora mismo. Sólo echar un vistazo, y eso es meditación - esa mirada es una meditación. Sólo ver la facticidad de cierta cosa, de cierto estado, es meditación.

La meditación no tiene motivo, por lo tanto no tiene centro. Y como no hay motivo ni centro, no hay yo en ella. En la meditación no funcionas desde un centro, actúas desde la nada. La meditación consiste en responder desde la nada.

La mente se concentra: actúa desde el pasado. La meditación actúa en el presente, a partir del presente.

Es una respuesta pura al presente, no es reacción. No actúa por conclusiones, actúa viendo lo existencial.

Observa en tu vida: hay una gran diferencia cuando actúas por conclusiones. Ves a un hombre, te sientes atraída - un hombre hermoso, se ve muy bien, se ve inocente. Sus ojos son hermosos, la vibración es hermosa. Pero entonces el hombre se presenta y dice: "Soy judío", y tú eres cristiano. Inmediatamente algo hace clic y hay distancia: ahora el hombre ya no es inocente, el hombre ya no es bello. Tienes ciertas ideas sobre los judíos. O, él es cristiano y tú eres judío; tienes ciertas ideas sobre los cristianos -lo que el cristianismo ha hecho a los judíos en el pasado, lo que otros cristianos han hecho a los judíos, cómo han torturado a los judíos a lo largo de los tiempos... y de repente él es cristiano- y algo cambia inmediatamente.

Esto es actuar a partir de conclusiones, prejuicios, no mirar a este hombre - porque este hombre puede no ser el hombre que tú crees que un judío tiene que ser... porque cada judío es un tipo diferente de hombre, cada hindú es un tipo diferente de hombre, también lo es cada mahometano. No puedes actuar a partir de prejuicios. No puedes actuar categorizando a la gente. No puedes encasillar a la gente; no se puede encasillar a nadie. Puedes haber sido engañado por cien comunistas, y cuando te encuentres con el centésimo primer comunista no sigas creyendo en la categoría que has hecho en tu mente: que los comunistas son engañosos, ni nada de eso. Puede tratarse de otro tipo de hombre, porque no hay dos personas iguales.

Cuando actúas a partir de conclusiones, eso es mente. Cuando miras el presente y no permites que ninguna idea obstruya la realidad, que obstruya el hecho, sólo miras el hecho y actúas a partir de esa mirada, eso es meditación.

La meditación no es algo que haces por la mañana y ya has terminado, la meditación es algo que tienes que ir viviendo cada momento de tu vida. Caminar, dormir, sentarse, hablar, escuchar... tiene que convertirse en una especie de clima. Una persona relajada permanece en él.

Una persona que sigue dejando caer el pasado permanece meditativa. Nunca actúes a partir de conclusiones; esas conclusiones son tus condicionamientos, tus prejuicios, tus deseos, tus miedos y todo lo demás. En resumen, ¡estás ahí!

Tú significa tu pasado. Tú significa todas tus experiencias del pasado. No permitas que los muertos anulen a los vivos, no permitas que el pasado influya en el presente, no permitas que la muerte domine tu vida: eso es la meditación. En resumen, en la meditación no estás ahí. Los muertos no controlan a los vivos.

La meditación es un tipo de experiencia que te da una cualidad totalmente diferente para vivir tu vida. Entonces no vives como un hindú, o un mahometano, indio o alemán; simplemente vives como conciencia. Cuando vives en el momento y no hay nada que interfiera, la atención es total porque no hay distracción; las distracciones vienen del pasado y del futuro. Cuando la atención es total, el acto es total. No deja residuos. Continúa liberándote, nunca crea jaulas para ti, nunca te aprisiona. Y ese es el objetivo último de Buda; eso es lo que él llama nirvana.

Nirvana" significa libertad, total, absoluta, sin obstáculos. Te conviertes en un cielo abierto.

No tiene fronteras, es infinito. Simplemente está ahí... y luego está la nada a tu alrededor, dentro y fuera. La nada es la función de un estado meditativo de conciencia. Y en esa nada está la bendición. La nada misma es la bendición.

Ahora los sutras.

POR LO TANTO, OH SARIPUTRA, ES DEBIDO A SU NO CONSECUCIÓN QUE UN BODHISATTVA, POR HABER CONFIADO EN LA PERFECCIÓN DE LA SABIDURÍA, MORA SIN CUBIERTAS DE PENSAMIENTO.

EN AUSENCIA DE PENSAMIENTOS QUE LO CUBRAN NO SE HA HECHO TEMBLAR, HA SUPERADO LO QUE PUEDE PERTURBAR, Y AL FINAL ALCANZA EL NIRVANA.

Recuerda, ese "por lo tanto" es siempre una indicación de que Buda sigue mirando en la nada de Sariputra -mientras él sigue sintiendo que sus energías se relajan, que sus energías ya no están agitadas, que no está cavilando sino escuchando, que no está pensando sino que simplemente está allí con Buda, presente, abierto, disponible. Ese "por lo tanto" indica ese despliegue del ser de Sariputra. Buda está viendo que cada vez se abren más pétalos para poder ir un paso más allá, para poder tomar a Sariputra un poco más profundamente. Sariputra está disponible.

Este "por tanto" no es lógico, este "por tanto" es existencial. Mirando a Buda, Sariputra se despliega. Y mirando a Sariputra, Buda está dispuesto a llevarlo un poco más lejos, hacia el más allá. Cada afirmación es cada vez más profunda y más elevada.

POR LO TANTO, OH SARIPUTRA, ES DEBIDO A SU NO CONSECUCIÓN QUE UN BODHISATTVA, POR HABER CONFIADO EN LA PERFECCIÓN DE LA SABIDURÍA, MORA SIN CUBIERTAS DE PENSAMIENTO.

Hay que meditar en cada una de las palabras, no concentrarse en ellas, sino meditarlas; escucharlas, mirarlas, no contemplarlas, no pensar en ellas. Estas cosas son más elevadas que el pensamiento, más grandes que el pensamiento. El pensamiento es una tontería en estos reinos.

Primero dice:

... ...ES POR SU FALTA DE LOGRO...

No se puede alcanzar la meditación, porque la meditación no puede tener un motivo. Cuando consigues algo, lo consigues por un motivo. Cuando logras algo, siempre tienes que trabajar para el futuro y planificar para el futuro. Ahora mismo no puedes conseguir nada, excepto la meditación. Permíteme repetirlo: No puedes conseguir nada ahora mismo, excepto la meditación. ¿Por qué?

Si quieres dinero no puedes conseguirlo ahora mismo, tendrás que trabajar duro para conseguirlo; legalmente, ilegalmente... pero tendrás que trabajar para conseguirlo.

Hay formas lentas, puedes convertirte en un hombre de negocios; y hay formas más rápidas, puedes convertirte en un político - pero tendrás que hacer algo. Lento o rápido, pero se necesitará tiempo. El tiempo es imprescindible. Sin tiempo no puedes conseguir dinero. Si no hay tiempo, ¿cómo puedes conseguirlo en este mismo momento? Incluso si quieres robar al vecino, si quieres robar el bolsillo de la persona que está sentada a tu lado, incluso eso llevará tiempo. El tiempo es imprescindible. Si quieres hacerte famoso, necesitarás tiempo. Si quieres llegar a ser políticamente poderoso, necesitarás tiempo.

Sólo la meditación puede alcanzarse ahora mismo, en este mismo momento, instantáneamente. ¿Por qué? ¿Por qué? No la has reclamado, es cierto; pero permanece ahí, sin reclamar. Puedes reclamarlo ahora mismo. No tienes que perder ni un solo momento.

... ...ES POR SU FALTA DE LOGRO...

Y el nirvana no es más que la meditación convertida en un círculo completo. Dios no es más que el capullo de la meditación convertido en flor.

No son logros, son tus propias realidades. Puedes pasarlas por alto durante siglos, descuidarlas durante siglos, pero no puedes perderlas; están ahí, sentadas dentro de ti. Cualquier día cierras los ojos y miras y empezarás a reír. Y has estado buscando esta bendición, y buscando en lugares equivocados. Estabas buscando esta seguridad que viene de la nada, pero estabas buscando en dinero, balances bancarios, esto y aquello. Y nunca sucedió a través de eso. No puede suceder a través de eso. Nada fuera de ti puede hacer que tu vida sea segura. El exterior es inseguro; ¿cómo puede hacer que tu vida sea segura? El gobierno no puede hacer que tu vida sea segura porque el propio gobierno es inseguro: la revolución puede estar al caer. El banco no puede asegurarte la vida porque puede quebrar. Sólo los bancos pueden quebrar, ¿qué si no? La mujer que amas no puede asegurarte la vida: puede enamorarse de otro. El hombre que amas no puede asegurarte la vida: puede morir.

Todas estas cosas se quedan ahí. Así que cuantos más valores tengas fuera más inseguro te vuelves, porque entonces tienes miedo del banco porque puede quebrar. Si no tienes ninguna cuenta no te importa; que quiebre cualquier día. Pero si tienes una cuenta bancaria, entonces te preocupas. Entonces tienes una inseguridad más: la posibilidad de que el banco quiebre. Ahora no puedes dormir porque sigues pensando en lo que va a pasar.

Si has depositado tu confianza en algo exterior, eso crea más inseguridad. Por eso, cuanto más rica es una persona, más insegura se siente. Y no estoy a favor de la pobreza, recuérdalo. No estoy diciendo: Sé pobre. La pobreza no tiene nada de santo. Y no estoy diciendo que el pobre esté seguro; tiene sus inseguridades. El rico tiene sus inseguridades; por supuesto, las inseguridades del rico son más complejas y las del pobre son simples, pero las inseguridades están ahí. Y no estoy diciendo que ser pobre sea algo muy especial, o que ser pobre sea algo muy importante y significativo, o que puedas presumir de ser pobre.

Ser pobre no tiene nada que ver con la espiritualidad. Ser rico tampoco tiene nada que ver con la espiritualidad. Son hechos irrelevantes. El pobre también mira al exterior tanto como el rico. Puede que el pobre sólo tenga un carro de bueyes y el rico un Cadillac, pero eso no importa. El carro de bueyes está tan fuera como el Cadillac; ambos miran hacia fuera. El rico puede tener muchas cuentas bancarias, y el pobre puede tener sólo un pequeño monedero o puede tener un poco de dinero ahorrado, pero eso no importa: ambos miran hacia fuera.

La seguridad está en el camino interior, porque allí llegas a saber que no hay nadie que muera, que no hay nadie que sufra, que no hay nada que pueda pasar, que hay cielo puro.

Las nubes van y vienen, y el cielo permanece. Las vidas van y vienen, las formas van y vienen, pero la nada permanece.

Esta nada ya existe. Por eso Buda dice que sólo puede alcanzarse cuando se comprende que es inalcanzable. Sólo se puede alcanzar cuando se comprende el hecho básico: que ya está ahí, que ya es el caso.

Este vacío que está ahí no tiene que evolucionar ni desarrollarse de ninguna manera. Está completamente ahí.

De ahí que pueda alcanzarse en un solo instante. Buda lo llama "vacío pleno", porque el vacío sólo puede ser pleno si está ahí. Si no está llena, significa que hay algo más que la vacuidad, y ese algo más obstaculizará, obstruirá, y ese algo más creará una dualidad, y ese algo más creará una fricción, y ese algo más creará tensión, y ese algo más creará ansiedad; no puedes estar tranquilo con "algo más".

El vacío sólo existe cuando está lleno, cuando se han eliminado todas las obstrucciones, cuando no hay nada en su interior, cuando no hay nadie que lo observe. Buda dice: Esta vacuidad ni siquiera es una experiencia, porque si la experimentas significa que estabas allí para experimentarla. Eres tú, así que no puedes experimentarlo. Sólo puedes experimentar algo que no eres tú. La experiencia significa dualidad: el observador y lo observado, el conocedor y lo conocido, el sujeto y el objeto, el que ve y lo visto. Pero sólo hay vacío, nadie que lo vea, nadie que sea visto, nada como objeto, nada como sujeto. Este vacío no dual es pleno. Está completamente lleno. Su plenitud no puede ser refinada, su plenitud no puede ser añadida. No se le puede quitar nada porque no hay nada, y no se le puede añadir nada; está completamente lleno.

La "vacuidad plena" no es una experiencia, porque no hay experimentador en ella. Por lo tanto, Buda dice: La espiritualidad no es una experiencia. Dios no puede ser experimentado. Los que dicen: "He experimentado a Dios", o no entienden lo que dicen o están utilizando un lenguaje muy, muy inadecuado. No se puede experimentar a Dios. En esa experiencia no se encuentra. La experiencia está ahí, pero quien la experimenta no está ahí, así que no puedes afirmar que sea una experiencia.

Así que cuando alguien le preguntaba a Buda: "¿Has experimentado a Dios?", él se quedaba callado, no decía ni una sola palabra. Cambiaba de tema inmediatamente, empezaba a hablar de otra cosa.

Siempre que se le preguntó, durante toda su vida, guardó silencio. Mucha gente pensaba que no había experimentado a Dios; por eso callaba. Pero es la única persona que no ha dicho nada, ni negativo ni positivo. Y no es porque no haya experimentado. Ha experimentado, pero no se puede hablar de experiencia; por eso calla. Por eso calló Jesús cuando Poncio Pilato le preguntó: "¿Qué es la verdad?".

J. Krishnamurti sigue diciendo... y hace una distinción muy sutil entre experiencia y vivencia, y es una distinción hermosa -dice: "Es una vivencia, no una experiencia". Es un proceso, no una cosa. Está vivo, no muerto. Está en curso, no terminado. Entras en Dios, y entonces es un fenómeno continuo: sigue y sigue y sigue por toda la eternidad; nunca sales de él. Es una experiencia, un proceso vivo, como un río, como una flor que se abre y se abre y se sigue abriendo. Y nunca tiene fin.

Decir que uno ha experimentado a Dios es estúpido, barato y tonto. Decir que uno ha alcanzado moksha, nirvana, la verdad, no tiene mucho sentido, porque son cosas que no pueden categorizarse como logros.

Así que Buda dice:

POR LO TANTO, OH SARIPUTRA, ES DEBIDO A SU FALTA DE LOGRO...

Cuando la mente se ha detenido por completo y ya no está interesada en conseguir nada, entonces alcanza la budeidad. Cuando la mente se ha detenido por completo y no va a ninguna parte, empieza a ir hacia dentro, empieza a caer en el propio ser, ese abismo abismal. La vacuidad plena se alcanza mediante el no logro. Así que no os convirtáis en triunfadores, no empecéis a pensar en términos de logro: que tenéis que conseguir esto y aquello, que tenéis que alcanzar a Dios. Estos son juegos; la mente te está engañando de nuevo. El nombre del juego cambia, pero el juego, el juego sutil, sigue siendo el mismo.

... QUE UN BODHISATTVA ALCANZA... A TRAVÉS DEL NO LOGRO...

POR HABER CONFIADO EN LA PERFECCIÓN DE LA SABIDURÍA...

Esta es una afirmación muy, muy significativa. Buda dice: Uno no debe confiar en nada en absoluto. Ahora bien, esto va muy en contra de la religión budista ordinaria, porque la religión budista ordinaria tiene tres refugios fundamentales: BUDDHAM SHARANAM GACHCHHAMI, SANGAM SHARANAM GACHCHHAMI, DHAMMAM SHARANAM GACHCHHAMI. Cuando el discípulo se acerca a Buda, se inclina ante él, se rinde ante él y dice: "Tomo refugio en Buda" - BUDDHAM SHARANAM GACHCHHAMI.

"Me refugio en la comunidad del Buda" - SANGAM SHARANAM GACHCHHAMI: "Me refugio en la ley enseñada por el Buda" - DHAMMAM SHARANAM GACHCHHAMI. Y Buda dice aquí que uno no debe confiar en nada - no hay refugio, en ninguna parte ningún refugio.

Este Sutra del Corazón ha sido llamado el alma del budismo, y la iglesia de Buda ha sido llamada el cuerpo. Esos tres refugios son para la mente muy ordinaria que está en busca de algún refugio, algún puntal, algún apoyo. Estas afirmaciones son para el alma más elevada

- la que ha llegado a la sexta, y sólo está colgando entre la sexta y la séptima, sólo un pequeño empujón...

POR LO TANTO, OH SARIPUTRA...

Se ha dicho que el primer sermón de Buda, que se llama el Sermón del Giro de la Rueda de la Religión, Dhamma Chakrapravatan Sutra -ese fue su primer sermón, cerca de Varanasi- creó la llamada religión ordinaria, para las masas ordinarias. En ese sermón declara: "Venid y refugiaos en Buda; venid y refugiaos en la ley enseñada por Buda; venid y refugiaos en la comunidad, en la comuna de Buda."

Después de veinte años declara esta segunda dispensación. Tardó veinte años en llevar a unas pocas personas a la más alta posibilidad. Este es conocido como el segundo sermón más importante. El primero fue en Saranath, cerca de Varanasi, cuando dijo a la gente: "Venid y refugiaos en mí. Lo he logrado. Venid y refugiaos en mí. ¡He alcanzado! Venid y participad de mí. ¡He llegado! Ven y sígueme". Eso era para la mente ordinaria; es natural. Buda no podría haber declarado el Sutra del Corazón; las masas no habrían sido capaces de entenderlo.

Luego trabajó durante veinte años con sus discípulos. Ahora Sariputra se acerca mucho.

Por esa cercanía, dice:

POR LO TANTO, OH SARIPUTRA...

Ahora puedo decírtelo. Puedo decirte que habiendo confiado en la perfección de la sabiduría...

Sólo hay que confiar en una cosa: la conciencia, la atención. Sólo hay que confiar en una cosa: la propia fuente interior, el ser. Hay que abandonar todo lo demás, todos los refugios.

Después de haber confiado en nada más que la perfección de la meditación, lo que uno tiene que hacer es no confiar en nada, mundano o de otro tipo, dejarlo todo, dar a la vacuidad resultante una carrera libre, sin obstáculos por cualquier actitud a favor o en contra, dejar de confiar en nada, no buscar en ninguna parte ningún refugio o apoyo - esa es la verdadera renuncia.

Nuestro yo separado es una realidad espuria que sólo puede mantenerse a sí misma encontrando apoyos en los que apoyarse. Acudir en busca de refugio a los tres tesoros es el acto central de la religión budista: refugio en el Buda, refugio en la sangha, refugio en el dhamma. Aquí Buda refuta eso. No es contradictorio. Simplemente dice lo que se puede entender. En mis afirmaciones encontrarás mil y una contradicciones, porque se han hecho en referencia a diferentes personas. Cuanto más crezcas, diferentes afirmaciones serán hechas por mí - porque mis afirmaciones son una respuesta a ti. No estoy hablando con las paredes. Hablo contigo, y sólo puedo darte lo que tú puedes recibir. Cuanto más elevada sea tu conciencia, cuanto más profunda sea tu conciencia, más diferentes serán las cosas que yo afirme.

Naturalmente, esas diferentes afirmaciones serán muy contradictorias. Si uno busca una coherencia lógica, no encontrará ninguna. No se puede encontrar ninguna consistencia lógica en las declaraciones de Buda. Por eso, el día que Buda murió, el budismo se dividió en treinta y seis escuelas.

El día exacto en que murió, y los discípulos se dividieron en treinta y seis escuelas, ¿qué ocurrió?

Como había estado haciendo tantas declaraciones a diferentes personas -debido a sus diferentes conciencias y comprensiones-, todos empezaron a pelearse y a pelearse. Decían: "¡Esto me lo ha dicho Buda!". Piénsalo: los cinco primeros discípulos, a los que había dicho: "Yo he alcanzado; ahora venid a mí y yo os llevaré allí"... si esos primeros discípulos se hubieran encontrado con Sariputra y Sariputra hubiera dicho: "Se alcanza a través de una especie de no-alcanzamiento; quien declara que ha alcanzado se equivoca, porque no se puede alcanzar"... ¿qué habrían dicho esos primeros discípulos? Habrían dicho: "¿De qué estás hablando? Somos los discípulos más antiguos, los de más edad, y ésta fue la primera declaración que Buda nos hizo: '¡Yo he alcanzado! De hecho, nunca le habríamos seguido si no lo hubiera declarado. Como lo declaró, le seguimos. Nuestro motivo estaba claro: como él lo había logrado, nosotros también queríamos lograrlo; por eso le seguimos. Y él nos había dicho: 'Yo soy vuestro refugio. Venid y refugiaos en mí. Dejadme ser vuestro refugio'. ¿Y de qué tonterías estás hablando? Buda no pudo haber dicho esto. Debes haberlo entendido mal. Algo ha ido mal, o te lo has inventado".

Ahora bien, esta declaración, este Sutra del Corazón, se hizo en privado. Se le había dicho a Sariputra, estaba dirigida específicamente a Sariputra. Es como una carta. Sariputra no puede presentar ninguna prueba, porque en aquella época no existían las grabadoras. Simplemente puede decir, puede prestar juramento: "No estoy diciendo nada falso. Buda me ha dicho: 'Confía sólo en tu meditación y en nada más'" La mente que confía en algo más es el yo espurio, el ego. El ego no puede existir sin apoyos, quiere apoyos. Algo tiene que sostenerlo. Una vez que se han eliminado todos los apoyos, el ego cae al suelo y desaparece. Pero sólo cuando el ego cae al suelo surge en ti esa consciencia que es eterna, que es intemporal, inmortal.

Aquí, Buda dice: "No hay refugio, Sariputra. No hay remedio, Sariputra. No hay nada ni ningún lugar a donde ir. Tú ya estás allí".

Si llegas a esta plenitud sin estar preparado, te dará un gran temblor. Si alguien te lanza a ella... Por ejemplo, a veces la gente viene a mí con profundo amor y respeto; me dicen: "Maestro, ¿por qué no me empujas un poco más?". Si no estás preparado para ello y te empujan a ello, no te va a ayudar. Puede obstaculizar tu progreso durante muchas vidas. Una vez que hayas entrado en esa nada sin estar preparado estarás tan conmocionado, tan asustado, tan muerto de miedo, que nunca más, al menos durante unas cuantas vidas, te acercarás a ninguna persona que hable de la nada, que hable de Dios. Lo evitarás. Ese miedo se convertirá en una semilla en ti.

No, no puedes ser empujado sin estar preparado. Sólo se te puede empujar despacio, lentamente, sólo en la misma proporción en que estés preparado.

¿Ha oído la famosa frase de S??ren Kierkegaard, el filósofo danés, fundador del existencialismo moderno? Dice: "El hombre es un temblor, un temblor constante". ¿Por qué? - Porque la muerte está ahí. ¿Por qué? - Porque el miedo está ahí: "Un día puedo no ser".

Tiene razón sobre la mente ordinaria: todo el mundo tiembla. El problema es siempre: "Ser o no ser". Siempre está ahí colgando: la muerte. No puedes concebir desaparecer en la nada - duele, asusta. Y si miras en lo más profundo de ti mismo, te encontrarás temblando con la idea de no ser nada. Quieres ser, quieres permanecer, quieres persistir. Quieres persistir para siempre. Por eso la gente que no sabe nada de su ser interior sigue creyendo que el alma es inmortal, no porque lo sepan, sino por miedo. Por ese temblor tienen que creer que el alma es inmortal. Es una especie de deseo cumplido.

Así que cualquier idiota que hable de la inmortalidad del alma te atraerá. Te enganchará. No es que hayas entendido lo que dice -puede que ni él mismo lo haya entendido-, pero te resultará muy atractivo. En la India la gente cree en la inmortalidad del alma, y no se puede encontrar gente más cobarde en ningún otro lugar. Durante mil años fueron esclavos, esclavos de países muy pequeños. Cualquiera que viniera a la India, conquistaba la India sin ninguna dificultad. Era tan simple. Y estas son las personas que creen en la inmortalidad del alma. De hecho, un país que cree en la inmortalidad del alma no puede ser conquistado en absoluto, porque nadie tendrá miedo de morir. ¿Cómo se puede conquistar a una persona que no tiene miedo a morir? Todos habrían muerto, pero no habrían cedido a ningún tipo de sumisión, no habrían podido ceder ante ningún conquistador. Pero durante mil años, India siguió siendo esclava. Muy fácilmente, siguió siendo un esclavo.

Inglaterra es un país muy pequeño; en la India hay algunos distritos más grandes.

Inglaterra podía gobernar este gran país fácilmente; no era difícil. ¿Por qué? ... ¡Y esta gente creía que el alma es inmortal! Pero la creencia no es su experiencia, la creencia es por miedo. Entonces todo se explica. Son personas cobardes, temerosas, con miedo a morir - de ahí que se aferren a la idea de que el alma es inmortal. No es que lo sepan, no es que lo hayan experimentado; nunca han experimentado nada parecido, sólo han experimentado la muerte que les rodea. A causa de la muerte tienen mucho miedo. Así que, por un lado, siguen creyendo en la inmortalidad del alma; por otro, cualquiera puede torturarlos y ellos están dispuestos a someterse y tocarles los pies.

Es por miedo que el hombre cree en la inmortalidad. Es por miedo que el hombre cree en Dios.

Es por temblor. S??ren Kierkegaard tiene raz?n sobre la mente ordinaria.

Otro filósofo existencialista, Jean-Paul Sartre, dice: "El hombre está condenado a ser libre".

¿Por qué "condenado"? ¿Por qué esta fea palabra "condenado"? La libertad, ¿es una especie de condena? Sí, para la mente ordinaria lo es, porque libertad significa peligro. Libertad significa que no puedes confiar en nada, que tienes que confiar sólo en ti mismo. Libertad significa que todos los apoyos han desaparecido. Libertad significa básicamente la nada.

Sólo eres libre cuando no eres nada.

Escucha lo que dice Sartre: "El hombre, como libertad, se convierte en angustia". ¿Angustia? ¿Por la libertad? Sí, si no estás preparado para ello, si no estás preparado para entrar en ella, es angustia.

Nadie quiere ser libre, a pesar de lo que la gente siga diciendo. Nadie quiere ser libre.

La gente quiere ser esclava, porque en la esclavitud la responsabilidad puede echársele a otro. Nunca eres responsable, sólo eres un esclavo: ¿qué puedes hacer? Sólo hiciste lo que se te ordenó.

Pero cuando eres libre, tienes miedo. Surge la responsabilidad. Cada acto, y te sientes responsable: si haces esto, puede pasar esto; o si haces lo otro, puede pasar otra cosa. Entonces la elección es tuya, y la elección crea temblor. Y Jean-Paul Sartre tiene razón sobre la mente ordinaria: la libertad crea angustia.

Dice: "El hombre está condenado a ser libre", porque la libertad crea pavor. Es una libertad espantosa. Nada puede garantizarme contra mí mismo cuando soy libre. No se me da ningún valor en el que pueda refugiarme. Yo mismo tengo que crear esos valores. Yo decido el sentido de mí mismo y de mi universo, solo, injustificable y sin excusa. Yo soy un desvelamiento de la libertad, tú eres otro. Mi libertad es una constante revelación de mi ser, la tuya también. Nuestra singularidad consiste en que cada uno lo hace a su manera.

Pero Sartre piensa que la libertad crea angustia, y la libertad es una especie de condena, una maldición.

Y Kierkegaard dice: "El hombre es un temblor constante". Y Buda quiere que entres en esta libertad, en esta nada. Naturalmente, tienes que estar preparado para ello.

Sariputra ya está listo.

POR LO TANTO, OH SARIPUTRA, ES DEBIDO A SU INALCANZABILIDAD QUE UN BODHISATTVA, POR HABER CONFIADO EN LA PERFECCIÓN DE LA SABIDURÍA, MORA SIN CUBIERTAS DE PENSAMIENTOS.

EN LA AUSENCIA DE PENSAMIENTO-CUBIERTA NO SE HA HECHO TEMBLAR, HA SUPERADO LO QUE PUEDE TRASTORNAR, Y AL FINAL ALCANZA EL NIRVANA.

HA SUPERADO LO QUE PUEDE MOLESTAR... y no tiene temblor en esta nada.

Parece casi imposible para la mente ordinaria: ¿cómo puedes permanecer sin temblar cuando estás desapareciendo? Cuando te fundes en lo desconocido, ¿cómo puedes permanecer imperturbable? ¿Cómo conseguir no escapar? ¿Cómo puedes conseguir no empezar a encontrar apoyos y soportes para poder crear de nuevo esa sensación de ser el ego, el yo?

Por eso Buda tuvo que esperar veinte años. Y entonces, también, declaró esta verdad a Sariputra en un diálogo personal, no como un sermón público. Y si la gente no creyó a Sariputra, también tienen razón, porque Buda les había estado diciendo otra cosa.

Recuerda esto sobre mí. Recuerda esto: mis afirmaciones son contradictorias porque se hacen a personas diferentes, se hacen a conciencias diferentes. Y cuanto más crezcas, más contradictorio me volveré; más tendré que refutar lo que he dicho antes, porque ya no será relevante para ti. Con tu conciencia creciente tendré que responder de una manera diferente. Cada giro en tu conciencia será un giro en mis afirmaciones. Y cuando me haya ido no creéis treinta y seis escuelas - ¡porque treinta y seis no servirán!

La nada trae la libertad. La libertad del yo es la libertad suprema. No hay libertad más elevada que esa. La nada es libertad. Y no es angustia, como dice Jean-Paul Sartre, y no es temblor, como dice Kierkegaard. Es la bendición, la dicha suprema. No es temblor porque no hay nadie que tiemble.

La meditación te prepara para ello, porque a medida que entras en meditación te encuentras cada día menos contigo mismo. Y cuanto menos te encuentras a ti mismo, en la misma proporción crecen tus bendiciones, tu bendición, tu dicha. Poco a poco, lentamente, aprendes las matemáticas del mundo interior: cuanto más eres, más en el infierno; cuanto menos eres, más en el cielo.

El día que no lo eres, es el nirvana; ha llegado el hogar definitivo. Has cerrado el círculo, has vuelto a ser un niño. Ya no existe el yo.

Recuerda, libertad no significa libertad del yo. Libertad significa: libertad del yo. Para Sartre significa "libertad del yo". Por eso se siente como una condena; el yo permanece. Se libera, pero permanece, y por eso hay miedo.

Si la libertad es tal que el yo ha desaparecido en ella, y sólo hay libertad y nadie libre, entonces ¿quién puede temblar, y quién puede sentir la angustia, y quién puede sentirse condenado? Y entonces no hay cuestión de elección; esa libertad actúa por sí misma. Uno actúa por falta de elección, y no queda ninguna responsabilidad, porque no hay nadie que pueda sentir ninguna responsabilidad. La nada actúa. Wei-wu-wei: la no acción actúa. Es una respuesta entre la nada interior y la nada exterior, y no hay nada que la obstruya.

ES DEBIDO A SU NO CONSECUCIÓN QUE UN BODHISATTVA, POR HABER CONFIADO EN LA PERFECCIÓN DE LA SABIDURÍA...

solo... HABITA SIN CUBIERTAS DE PENSAMIENTO.

Ahora no hay pensamiento-cubrimiento. Y el pensamiento-cubrimiento es la barrera que te separa de la nada exterior. Eso es lo que le decía anoche a Neelamber, el ex-Mark del que hablé ayer.

Ayer por la tarde entró en sannyas; se convirtió en Neelamber. Neelamber significa cielo azul. ¿Qué divide el cielo exterior del cielo interior? Tus pensamientos-cubrimientos. Esas son las ropas que no permiten que tu desnudez esté en contacto con el cielo, que tu ser desnudo tienda un puente con el cielo. El pensamiento de que eres hindú, el pensamiento de que eres cristiano, el pensamiento de que eres comunista o fascista, divide. El pensamiento de que eres bello o feo divide. El pensamiento de que eres inteligente o poco inteligente divide. Cualquier tipo de pensamiento - y la división. Y tienes millones de pensamientos. Tendrás que pelarte a ti mismo como se pela una cebolla, capa tras capa. Pelas una cubierta, otra capa está allí; pélala, otra capa está allí. Y, naturalmente, cuando pelas una cebolla se te llenan los ojos de lágrimas; es doloroso. Cuando empiezas a descubrir tu ser, es más doloroso. No es como quitarse la ropa, es como quitarse la piel.

Pero si sigues pelando, llegas un día en que toda la cebolla ha desaparecido y sólo queda la nada en tus manos. Esa nada es la dicha.

Buda dice: Un bodhisattva mora sin pensamientos. Está aquí, pero no es nadie; está aquí, pero no tiene ideas; está aquí, pero no tiene pensamientos. No es que no pueda utilizar pensamientos... Yo uso pensamientos continuamente. Estoy hablando contigo ahora mismo, tengo que usar la mente y los pensamientos - pero no me cubren. Están a mi lado. Cuando los necesito, los uso. Cuando no los estoy usando, no están ahí - mi cielo interior y el cielo exterior son uno. E incluso mientras los utilizo sé que no pueden dividirme. Son instrumentales, puedes utilizarlos, pero no te cubren en modo alguno.

... MORA SIN PENSAMIENTO-CUBIERTAS...

Buda dice que hay tres tipos de pensamiento-cubrimiento. El primero es karma averna - actos incompletos. Los actos incompletos cubren tu ser. Cada acto quiere completarse. Hay un impulso intrínseco en todo para completarse. Siempre que permites que algún acto te rodee incompleto, te cubre: karma averna, karma que te cubre.

La segunda es klesas averna. La codicia, el odio, los celos y cosas así: se llaman klesas, impurezas; te cubren.

¿Lo has visto? Una persona enfadada está casi siempre enfadada, a veces menos, a veces más, pero enfadada al fin y al cabo. Está dispuesto a saltar sobre cualquier cosa. Está listo, con cualquier excusa, para entrar en cólera. Está hirviendo por dentro. Y lo mismo ocurre con la persona celosa: la persona celosa sigue buscando algo por lo que pueda estar celosa. La esposa celosa busca en los bolsillos del marido para ver si encuentra algo, en sus cartas, en sus archivos para ver si encuentra algo.

Siempre que Mulla Nasruddin vuelve a casa hay alguna pelea, por una cosa u otra.

Su mujer es tan buscadora que siempre encuentra algo. Un número de teléfono en su agenda y empieza a sospechar. Un pelo en su abrigo, y se lanza a una gran investigación: ¿de dónde ha salido ese pelo?

Un día no pudo encontrar nada, ni siquiera un pelo. Mulla lo había hecho todo aquel día; aun así, empezó a llorar y a llorar.

Y Mulla dijo: "¿Y ahora qué pasa? ¿No has podido encontrar ni un solo pelo en mi abrigo...?".

Ella dijo: "Por eso estoy llorando. ¡Así que ahora has empezado a salir con mujeres calvas!"

Es muy difícil, realmente, encontrar una mujer calva, pero esa es la mente de una persona celosa.

Son coberturas. Buda las llama klesas, impurezas; el egoísta siempre está buscando algo de lo que presumir o por lo que sentirse herido. La persona posesiva siempre está en busca de algo para poder mostrar su posesividad, o en encontrar algo negativo para poder luchar por ello.

La gente sigue... y no hablo de otros, hablo de ti. Sólo observa tu mente - por lo que sigues buscando. Vigila tu mente durante veinticuatro horas y te encontrarás con todas estas cubiertas, avernas.

Hay actos incompletos, o impurezas; o, el tercero se llama ghaya avernas - creencias, opiniones, ideologías, coberturas de conocimiento. No te permiten conocer, no te dan suficiente espacio para ver. Hay que deshacerse de estas tres cubiertas.

Cuando se abandonan estas tres cubiertas, se habita en la nada. Esa palabra "morar" también debe entenderse.

Buda dice: Él mora en la nada. Es su hogar, la nada es su hogar. Él habita en ella, es una morada. La ama, está completamente en sintonía con ella. No le es ajena, no se siente un extraño en ella. Y no se siente como si estuviera en un hotel y mañana tuviera que abandonarlo. Es su morada. Cuando se han abandonado las cubiertas del pensamiento, la nada es tu hogar. Estás en total armonía con ella.

Kierkegaard y Sartre nunca han estado allí. Sólo han especulado sobre ello. Sólo piensan en ello, en cómo será. Por eso Kierkegaard se estremece. Él simplemente piensa, como tú piensas...

Piensa cómo será cuando mueras, y te pondrán en una pira funeraria, y estarás acabado para siempre. Y entonces no podrás ver estos hermosos árboles, estas hermosas personas, y no volverás a reír, y no volverás a amar, y no verás las estrellas. Y el mundo continuará, y tú no estarás aquí en absoluto. ¿No sientes un escalofrío?

¿No sientes un temblor? Todo continuará - los pájaros cantarán y el sol saldrá y los océanos rugirán y algún águila seguirá y seguirá volando más y más alto, y las flores estarán allí y su fragancia, y la fragancia de la tierra húmeda - todo eso estará allí.

Y de repente un día no estarás, y tu cuerpo estará muerto. Este hermoso cuerpo con el que has estado viviendo y has estado cuidando tanto -estaba enfermo y te molestaba- y un día será tan inútil que la gente que lo había amado, la misma gente, lo llevará a una pira funeraria y le prenderá fuego. Visualízalo. Especula, y viene el temblor.

Kierkegaard debe haber especulado sobre ello. Debe haber sido una persona muy temerosa.

Se cuenta de él que era hijo de un hombre rico. El padre murió; había dejado suficiente dinero para Kierkegaard, así que nunca trabajó, contemplaba continuamente. Podía permitírselo fácilmente: no había nada que hacer. Tenía suficiente dinero en el banco. El primer día de cada mes iba al banco -ese era todo su trabajo- a coger algo de dinero. Y entonces vivía y meditaba. En su sentido de meditación significa contemplación, meditar, pensar. Eso es lo que significa la palabra inglesa meditation. No es una traducción correcta para dhyana.

Cuando la gente acude a mí y les digo que mediten, me dicen: "¿Sobre qué?". La palabra inglesa significa meditar sobre algo, algún objeto. La palabra india dhyana significa estar en ello, no meditar sobre algo. Es un estado, no una actividad.

Así que contemplaba y pensaba, rumiaba y filosofaba. Se dice que se enamoró de una hermosa mujer, pero no podía decidir si casarse o no. El mismo fenómeno del amor se convirtió en un temblor en él. Durante tres años le dio vueltas al asunto y finalmente decidió no casarse. Y estaba enamorado. Toda la vida no pudo olvidar a la mujer, toda la vida se sintió desdichado por la mujer. La mujer estaba enamorada, él estaba enamorado; aun así decidió no casarse. ¿Por qué? - Porque la sola idea del amor le producía temblores. El amor es una especie de muerte. Si realmente amas a una persona, mueres en ella, desapareces en ella.

Cuando haces el amor... Tengo que usar esta palabra 'hacer' - no es correcta, pero ningún lenguaje es realmente correcto. Así que recuerda, tengo que usar palabras con todas sus limitaciones. El amor no se puede hacer.

Hacer el amor" es una expresión equivocada: sucede. Pero cuando ocurre, cuando estás en un espacio de amor con alguien, aparece el miedo porque estás desapareciendo. Por eso mucha, mucha gente, millones de personas, nunca llegan al orgasmo, porque el orgasmo es una muerte.

Y Kierkegaard estaba tan enamorado que llegó a temer perderse en esa mujer. Ese miedo era demasiado. Abandonó la idea. Se negó, no quiso casarse.

Sufrió toda su vida -eso lo aceptó- pero por miedo... Era una persona orientada al miedo.

Vivía perfectamente bien, sin hacer nada, sólo filosofando. Y hay una anécdota muy extraña del día en que murió. Murió cuando volvía del banco. Era el primer día de algún mes; venía del banco, cogiendo su dinero - pero éste era el último dinero. Murió en el camino. Se cree que murió de miedo, porque ya no quedaba dinero en el banco. Estaba perfectamente sano, no estaba enfermo, no había razón para que muriera tan repentinamente. Pero al salir del banco -y el director del banco le había dicho: "Esto es lo último; su dinero se ha acabado"- no pudo llegar a su casa. Murió en el camino.

No pudo haber experimentado la nada de la que habla Buda. Sólo ha podido pensar en ella; de ahí el miedo. Y Jean-Paul Sartre tampoco ha estado en ese espacio llamado meditación. No es un meditador; es de nuevo un pensador, y totalmente occidental. No ha conocido la manera oriental de entrar. De ahí que la libertad parezca una condena, y la libertad, una angustia.

La verdad es justo lo contrario. Si entras en la libertad, en la nada, hay dicha. Si entras en esa muerte absoluta llamada amor, hay satori, samadhi. Buda dice: Habita en esa nada, es su casa. No es angustia, no es temblor, no es una condena. Él habita allí. Es su casa.

... NO SE HA HECHO TEMBLAR, HA SUPERADO LO QUE PUEDE TRASTORNAR, Y AL FINAL ALCANZA EL NIRVANA.

Buda no dice nada más. Él dice: Entras en este estado de nada, entonces el nirvana es un resultado natural. Al final llega por sí mismo. No tienes que preocuparte por ello; en primer lugar, no puedes hacer nada al respecto. Simplemente te adentras en la nada, y entonces la nada empieza a crecer, a crecer, se hace más y más vasta, y un día se convierte en toda tu existencia. Entonces llega el nirvana: has dejado de ser. Has desaparecido en el universo.

Alguien preguntó a Buda: "Cuando te hayas ido y no vuelvas a entrar en el cuerpo, ¿qué será de ti?".

Y dijo: "Desapareceré en la existencia. Si pruebas la existencia, me probarás a mí".

Y sí, es cierto: si saboreas la existencia, saborearás a todos los Budas -Krishna, Cristo, Buda, Mahavira, Zaratustra, Lao Tzu, Kabir, Nanak-, saborearás a todos los Budas. El día que entres en esa nada, serás bienvenido por todos los Budas.

Toda la existencia palpita con la budeidad porque muchos Budas han desaparecido en ella. Han elevado el nivel mismo de la existencia.

Eres afortunado, porque antes que tú muchos Budas han entrado en la existencia.

Cuando vayas allí, no serás mal recibido.

TODOS LOS QUE APARECEN COMO BUDAS EN LOS TRES PERIODOS DE TIEMPO DESPIERTAN PLENAMENTE A LA ILUMINACIÓN MÁXIMA, CORRECTA Y PERFECTA PORQUE HAN CONFIADO EN LA PERFECCIÓN DE LA SABIDURÍA.

El único refugio es la perfección de la sabiduría, la perfección de la meditación. En el pasado ha sido así, en el presente es así, en el futuro será así. Cualquiera que se convierta en un Buda, se convierte en uno a través de la meditación. Refúgiate en la meditación. Refúgiate en la nada.

Suficiente por hoy.

El camino de la inteligencia

La primera pregunta:

Pregunta 1:

AMADO MAESTRO, ¿PUEDE EL INTELECTO SER UNA PUERTA A LA ILUMINACION, O LA ILUMINACION SOLO SE CONSIGUE A TRAVES DE LA ENTREGA?

La iluminación siempre pasa por la rendición, pero la rendición se consigue a través de la inteligencia.

Sólo los idiotas no pueden rendirse. Para rendirte necesitas una gran inteligencia. Ver el punto de la rendición es el clímax de la perspicacia; ver el punto de que no estás separado de la existencia es lo más elevado que la inteligencia puede darte.

No hay conflicto entre la inteligencia y la entrega. La rendición es a través de la inteligencia, aunque cuando te rindes la inteligencia también se rinde. Al rendirse, el intelecto se suicida. Viendo la inutilidad de sí mismo, viendo lo absurdo de sí mismo, viendo la angustia que crea, desaparece. Pero esto ocurre a través de la inteligencia. Y especialmente en lo que concierne a Buda, el camino es de la inteligencia. La propia palabra buda significa inteligencia despierta.

En el Sutra del Corazón una cuarta parte de las palabras utilizadas significan inteligencia. La palabra buda significa despierto, bodhi significa despertar, sambodhi significa despertar perfecto, abhisambuddha significa el plenamente despierto, bodhisattva significa preparado para llegar a ser plenamente despierto. Todos se remontan a la misma raíz, budh, que significa inteligencia. La palabra buddhi, intelecto, también procede de la misma raíz. La raíz budh tiene muchas dimensiones. No hay una sola palabra inglesa que pueda traducirla; tiene muchas implicaciones. Es muy fluida y poética. En ningún otro idioma existe una palabra como budh, con tantos significados. La palabra budh tiene al menos cinco significados.

El primero es despertar, despertarse uno mismo, y despertar a los demás, estar despierto. Como tal, se opone a estar dormido, en el letargo del engaño del que el iluminado despierta como de un sueño. Ese es el primer significado de la inteligencia, budh: crear un despertar en ti.

De ordinario, el hombre está dormido. Aunque creas que estás despierto, no lo estás. Caminando por la calle, estás completamente despierto, en tu mente. Pero visto desde la visión de un Buda, estás profundamente dormido, porque mil y un sueños y pensamientos claman en tu interior.

Tu luz interior está muy nublada. Es una especie de sueño. Sí, tus ojos están abiertos, obviamente, pero la gente puede caminar en un sueño, en el sueño, con los ojos abiertos. Y Buda dice: Tú también caminas dormido, con los ojos abiertos.

Pero tu ojo interior no está abierto. Aún no sabes quién eres. No has mirado en tu propia realidad. No estás despierto. Una mente llena de pensamientos no está despierta, no puede estar despierta.

Sólo una mente que ha abandonado los pensamientos y el pensamiento, que ha dispersado las nubes a su alrededor -y el sol está ardiendo brillante, y el cielo está completamente vacío de nubes- es la mente que tiene inteligencia, que está despierta.

La inteligencia es la capacidad de estar en el presente. Cuanto más estás en el pasado o estás en el futuro, menos inteligente eres. La inteligencia es la capacidad de estar aquí y ahora, de estar en este momento y en ningún otro. Entonces estás despierto.

Por ejemplo, estás sentado en una casa y de repente ésta se incendia; tu vida corre peligro. Entonces, por un momento estarás despierto. En ese momento no tendrás muchos pensamientos. En ese momento olvidarás todo tu pasado. En ese momento no serás acosado por tus recuerdos psicológicos - que habías amado a una mujer treinta años antes, ¡y vaya si fue fantástico! O, que el otro día habías estado en el restaurante chino, y todavía perdura el sabor, y el aroma y el olor del pan recién hecho. No tendrás esos pensamientos. No, cuando tu casa está en llamas no puedes permitirte este tipo de pensamientos. De repente te precipitarás a este momento: la casa está ardiendo y tu vida está en juego. No soñarás con el futuro, con lo que harás mañana. Mañana ya no es relevante, ayer ya no es relevante, ¡incluso hoy ya no es relevante! - sólo este momento, este instante. Ese es el primer significado de budh, inteligencia.

Y luego hay grandes percepciones. Un hombre que quiere estar realmente despierto, que quiere ser realmente un Buda, tiene que vivir cada momento con tal intensidad - como tú vives sólo rara vez, raramente, en algún peligro.

El primer significado es opuesto al sueño. Y, naturalmente, sólo puedes ver la realidad cuando no estás dormido. Puedes enfrentarte a ella, puedes mirar a los ojos de la verdad -o llámala Dios- sólo cuando estás despierto. ¿Comprendes el punto de intensidad, el punto de estar en llamas?

Totalmente despierto, hay discernimiento. Esa percepción trae libertad, esa percepción trae verdad.

El segundo significado de budh es reconocer, es decir, darse cuenta, conocer, notar, prestar atención. Así pues, un Buda es aquel que ha reconocido lo falso como falso y tiene los ojos abiertos a lo verdadero como verdadero. Ver lo falso como falso es el comienzo de la comprensión de lo que es la verdad. Sólo cuando ves lo falso como falso puedes ver lo que es la verdad.

No puedes seguir viviendo en ilusiones, no puedes seguir viviendo en tus creencias, no puedes seguir viviendo en tus prejuicios si quieres conocer la verdad. Lo falso tiene que ser reconocido como falso.

Ese es el segundo significado de budh: el reconocimiento de lo falso como falso, de lo falso como falso.

Por ejemplo, has creído en Dios; has nacido cristiano o hindú o mahometano. Te han enseñado que Dios existe, te han hecho tener miedo de Dios - que si no crees sufrirás, que serás castigado, que Dios es muy feroz, que Dios nunca te perdonará. El Dios judío dice: "Soy un Dios muy celoso. Adórame sólo a mí y a nadie más". El Dios mahometano también dice lo mismo: "Sólo hay un Dios, y ningún otro Dios; y sólo hay un profeta de Dios -Mahoma- y no hay ningún otro profeta".

Este condicionamiento puede calar tan hondo en ti que puede seguir perdurando aunque empieces a no creer en Dios.

El otro día estuvo aquí Mulla Nasruddin, y le pregunté: "Mulla Nasruddin, desde que te has vuelto comunista, te has convertido en camarada, ¿qué pasa con Dios?".

Dijo: "¡No hay Dios! - y Mahoma es el único profeta".

Un condicionamiento puede llegar muy hondo: Mahoma sigue siendo el profeta.

Te han educado para creer en Dios, y has creído. Esto es una creencia.

Que Dios exista o no no tiene nada que ver con tu creencia. La verdad no tiene nada que ver con tu creencia. Creer o no creer no tiene nada que ver con la verdad. Pero si crees en Dios seguirás viendo -al menos, pensando- que ves a Dios. Si no crees en Dios, esa incredulidad en Dios te impedirá conocer. Todas las creencias impiden, porque se convierten en prejuicios a tu alrededor, se convierten en cubiertas del pensamiento - lo que Buda llama avarnas.

El hombre inteligente no cree en nada ni deja de creer en nada.

El hombre inteligente está simplemente abierto a reconocer lo que sea. Si Dios está ahí, lo reconocerá, pero no según su creencia; no tiene creencia. Sólo en una inteligencia no creyente puede aparecer la verdad. Cuando ya crees no dejas espacio a la verdad para que venga a ti. Tu prejuicio está entronizado, ya entronizado. No puedes ver algo que vaya en contra de tu creencia; te asustarás, te estremecerás, empezarás a temblar. Has puesto tanto en tu creencia: tanta vida, tanto tiempo, tantas oraciones, cinco oraciones cada día. Durante cincuenta años un hombre se ha dedicado a su creencia; ahora, de repente, ¿cómo puede reconocer el hecho de que no existe Dios? Un hombre ha dedicado toda su vida al comunismo, creyendo que no hay Dios; ¿cómo puede llegar a ver si Dios está ahí? Seguirá evitando.

No estoy diciendo nada sobre si Dios es o no es. Lo que estoy diciendo es algo que tiene que ver contigo, no con Dios. Se necesita una mente, una mente clara, una inteligencia que no se aferre a ninguna creencia. Entonces eres como un espejo: reflejas lo que es, no lo distorsionas. Ese es el segundo significado de budh.

Una persona inteligente no es comunista ni católica. Una persona inteligente no cree, no deja de creer. Ese no es su camino. Mira a la vida y está dispuesto a ver lo que sea. No tiene barreras para su visión; su visión es transparente. Sólo esas pocas personas alcanzan la verdad.

El tercer significado de la raíz budh, inteligencia, es conocer, comprender. El Buda conoce lo que es; comprende lo que es, y en esa misma comprensión está libre de toda esclavitud: conocer en el sentido de comprender, no en el sentido de saber.

Buda no tiene conocimientos. Una persona inteligente no se preocupa mucho por la información y el conocimiento. A una persona inteligente le importa mucho más la capacidad de conocer. Su auténtico interés está en saber, no en el conocimiento.

Saber te da comprensión; el conocimiento sólo te da una sensación de comprensión sin darte comprensión real. El conocimiento es una pseudo-moneda, es engañoso. Sólo te da la sensación de que sabes, y no sabes nada en absoluto. Puedes seguir acumulando conocimiento tanto como quieras, puedes seguir acumulándolo, puedes llegar a ser muy, muy entendido. Puedes escribir libros, tener títulos, doctorados, licenciaturas, y seguir siendo la misma persona ignorante y estúpida de siempre. Esos títulos no te cambian; no pueden cambiarte. De hecho, tu estupidez se hace más fuerte... ¡ahora tiene títulos! Puede demostrarlo con certificados. No puede demostrarlo a través de la vida, pero puede demostrarlo a través de los certificados. No puede demostrarlo de ninguna otra manera, pero tendrá títulos, certificados, reconocimientos de la sociedad; la gente cree que sabes, y tú también crees que sabes.

¿No lo has visto? La gente que se cree muy entendida es tan ignorante como cualquiera, a veces más ignorante. Es muy raro encontrar gente inteligente en el mundo académico, muy raro. Yo he estado en el mundo académico, y lo digo por experiencia. He visto agricultores inteligentes, no he visto profesores inteligentes. He visto leñadores inteligentes, no he visto profesores inteligentes. ¿Por qué? ¿Qué les pasa a estas personas?

Una cosa ha fallado: pueden depender del conocimiento. No necesitan convertirse en conocedores, pueden depender del conocimiento. Han encontrado un camino de segunda mano. El de primera mano necesita valor. La primera mano, el conocimiento, sólo se lo pueden permitir unas pocas personas: los aventureros, las personas que van más allá del camino ordinario por el que se mueven las multitudes, las personas que se adentran por pequeños senderos en la jungla de lo incognoscible. El peligro es que se pierdan. El riesgo es alto.

Cuando puedes obtener conocimientos de segunda mano, ¿para qué molestarse? Puedes sentarte en tu silla. Puedes ir a la biblioteca o a la universidad, puedes recopilar información. Puedes hacer una gran pila de información y sentarte encima de ella. A través del conocimiento tu memoria se hace más y más grande, pero tu inteligencia no se hace más grande. A veces ocurre que cuando no sabes mucho, cuando no tienes muchos conocimientos, tendrás que ser inteligente en algunos momentos.

He oído...

Una mujer compró una lata de fruta, pero no pudo abrirla. No sabía cómo abrirla. Así que corrió a su estudio para mirar en el libro de cocina. Cuando buscó en el libro la página y la referencia, y volvió corriendo dispuesta a abrir la lata, el criado ya la había abierto.

Preguntó: "¿Pero cómo lo has hecho?".

El criado dijo: "Señora, cuando no se sabe leer, hay que usar la mente".

Sí, así es como sucede. Es por eso que los agricultores, jardineros, leñadores, son más inteligentes, tienen una especie de frescura a su alrededor. No pueden leer, así que tienen que usar sus mentes. Uno tiene que vivir y tiene que usar su mente.

El tercer significado de budh es conocer, en el sentido de comprender.

El Buda ha visto lo que es. Comprende lo que es, y en esa misma comprensión está libre de toda esclavitud. ¿Qué significa eso? Significa que tienes miedo.

Por ejemplo, estas charlas sobre el Sutra del Corazón están haciendo que mucha gente sienta miedo. Muchas personas han enviado sus mensajes: "¡Maestro, no más! Nos haces tener miedo de la nada y de la muerte". Prageet tiene mucho miedo. Vidya tiene mucho miedo, y muchos más. ¿Por qué? ¿No quieres deshacerte del miedo? Si quieres deshacerte del miedo tendrás que entender el miedo. Quieres evitar el hecho de que el miedo está ahí, el miedo a la muerte está ahí.

Ahora bien, Prageet, en apariencia, parece un hombre fuerte -un Rolfer-, pero en el fondo tiene mucho miedo a la muerte; es una de las personas más miedosas de por aquí. Tal vez por eso en la superficie ha adoptado la postura de la fuerza, del poder, de un matón. ¡Eso es un Rolfer!

He oído que últimamente el diablo en el infierno está nombrando Rolfers: torturan a la gente por su propio bien, y torturan muy técnicamente.

Si tienes miedo en tu interior, tendrás que crear algo fuerte a tu alrededor, como un caparazón duro, para que nadie se entere de que tienes miedo. Y ese no es el único punto: tú tampoco sabrás que tienes miedo gracias a esa coraza dura. Te protegerá de los demás, te protegerá de tu propia comprensión.

Una persona inteligente no escapa de ningún hecho. Si es miedo, se adentrará en él, porque la salida es a través de él. Si siente que el miedo y el temblor surgen en él, lo dejará todo a un lado: primero hay que atravesar ese miedo. Se adentrará en él, intentará comprenderlo. No intentará no tener miedo; no se hará esa pregunta. Simplemente hará una pregunta: "¿Qué es este miedo? Está ahí, forma parte de mí, es mi realidad. Tengo que entrar en él, tengo que entenderlo. Si no lo comprendo, una parte de mí seguirá siendo desconocida. ¿Y cómo voy a saber quién soy si sigo evitando partes? No entenderé el miedo, no entenderé la muerte, no entenderé la ira, no entenderé mi odio, no entenderé mis celos, no entenderé esto y aquello...". Entonces, ¿cómo vas a conocerte a ti mismo?

Todo esto eres tú. Este es tu ser. Tienes que adentrarte en todo lo que hay, en cada rincón y esquina. Tienes que explorar el miedo. Incluso si tiemblas, no hay de qué preocuparse: tiembla, pero entra. Es mucho mejor temblar que escapar, porque una vez que escapas, esa parte seguirá siendo desconocida para ti, y cada vez tendrás más miedo de mirarla porque ese miedo seguirá acumulándose. Se hará más y más grande si no te adentras en él ahora mismo, en este momento. Mañana habrá vivido veinticuatro horas más.

¡Cuidado! - te habrá echado más raíces, tendrá un follaje más grande, se hará más fuerte; y entonces será más difícil de atajar. Es mejor irse ahora, ya es tarde.

Y si entras en él y lo ves... Y ver significa sin prejuicios. Ver significa que no condenas el miedo como malo desde el principio. ¿Quién sabe? - no es malo.

¿Quién sabe que lo es? El explorador tiene que permanecer abierto a todas las posibilidades; no puede permitirse una mente cerrada. Una mente cerrada y la exploración no van de la mano. Se adentrará en ella. Si conlleva sufrimiento y dolor, sufrirá el dolor, pero se adentrará en ello. Temblará, dudará, pero se adentrará: "Es mi territorio, tengo que saber lo que es. ¿Quizás lleve algún tesoro para mí? Quizá el miedo sólo esté ahí para proteger el tesoro".

Esa es mi experiencia, esa es mi comprensión: si profundizas en tu miedo encontrarás el amor. Por eso ocurre que cuando estás enamorado, el miedo desaparece. Y cuando tienes miedo no puedes estar enamorado. ¿Qué significa esto? Una simple aritmética - el miedo y el amor no existen juntos. Eso significa que debe ser la misma energía la que se convierte en miedo; entonces no queda nada para convertirse en amor. Se convierte en amor; entonces no queda nada para convertirse en miedo.

Entra en el miedo, Prageet, Vidya, y todos los demás que sientan miedo. Entrad en él y encontraréis un gran tesoro. Oculto tras el miedo está el amor, y oculta tras la ira está la compasión, y oculta tras el sexo está el samadhi.

Entra en cada cosa negativa y encontrarás lo positivo. Y conociendo lo negativo y lo positivo, sucede lo tercero, lo último - lo trascendental. Ese es el significado de la comprensión, budh, inteligencia.

Y el cuarto significado es ser iluminado e iluminar. El Buda es la luz, se ha convertido en la luz. Y puesto que él es la luz y se ha convertido en la luz, también muestra la luz a los demás, naturalmente, obviamente. Él es la iluminación. Su oscuridad ha desaparecido, su llama interior arde brillante. Sin humo es su llama. Este significado es opuesto a la oscuridad y a la correspondiente ceguera e ignorancia. Este es el cuarto significado: convertirse en luz, iluminarse.

Normalmente eres una oscuridad, un continente de tinieblas, un continente oscuro, inexplorado. El hombre es un poco extraño: sigue explorando el Himalaya, sigue explorando el Pacífico, sigue llegando a la Luna y a Marte; sólo hay una cosa que nunca intenta: explorar su ser interior. El hombre ha aterrizado en la Luna, pero aún no ha aterrizado en su propio ser. Esto es extraño. Tal vez aterrizar en la luna sea sólo una huida, ir al Everest es sólo una huida.

A lo mejor no quiere entrar, porque tiene mucho miedo. Lo sustituye por otras exploraciones para sentirse bien, de lo contrario tendrá que sentirse muy, muy culpable. Empiezas a escalar una montaña y te sientes bien, y la montaña más grande está dentro de ti y aún no ha sido escalada. Empiezas a sumergirte en las profundidades del Pacífico, y el mayor Pacífico está dentro de ti, sin explorar, sin cartografiar. Y empiezas a ir a la luna, ¡qué tontería! Y estás malgastando tu energía en ir a la luna, y la verdadera luna está dentro de ti - porque la verdadera luz está dentro de ti.

La persona inteligente irá primero hacia dentro. Antes de ir a cualquier otra parte, irá a su propio ser; eso es lo primero, y debe tener la primera preferencia. Sólo cuando te has conocido a ti mismo puedes ir a cualquier otro lugar. Entonces, dondequiera que vayas, llevarás una dicha a tu alrededor, una paz, un silencio, una celebración.

Así que el cuarto significado es estar iluminado.

La inteligencia es la chispa. Ayudada, cooperando con ella, puede convertirse en el fuego, la luz y el calor. Puede convertirse en luz, puede convertirse en vida, puede convertirse en amor: todo eso está incluido en la palabra iluminación. Una persona iluminada no tiene rincones oscuros en su ser. Todo es como la mañana - el sol está en el horizonte; la oscuridad de la noche y lo lúgubre de la noche han desaparecido, y las sombras de la noche han desaparecido. La tierra está de nuevo despierta. Ser un Buda es alcanzar una mañana, un amanecer dentro de ti. Esa es la función de la inteligencia, la función última.

Y el quinto significado de budh es sondear. Hay una profundidad en ti, una profundidad sin fondo, que hay que sondear. O, el quinto significado puede ser penetrar, dejar todo lo que obstruye y penetrar hasta el núcleo mismo de tu ser, el corazón. Por eso este sutra se llama Sutra del Corazón, Prajnaparamita Hridayam Sutra: penetrar.

La gente intenta penetrar muchas cosas en la vida. Tu impulso, tu gran deseo de sexo no es más que una especie de penetración. Pero es una penetración en el otro. La misma penetración tiene que ocurrir en tu propio ser: tienes que penetrarte a ti mismo. Si penetras en otra persona, eso puede darte una visión momentánea, pero si te penetras a ti mismo puedes alcanzar el orgasmo cósmico universal que permanece y permanece y permanece.

Un hombre conoce a una mujer exterior, y una mujer conoce a un hombre exterior: se trata de un encuentro muy superficial, pero significativo, que aporta momentos de alegría. Cuando la mujer interior se encuentra con el hombre interior... Y llevas a ambos dentro de ti: una parte de ti es femenina, una parte de ti es masculina. No importa si eres hombre o mujer; todo el mundo es bisexual.

El quinto significado de la raíz budh significa penetración. Cuando tu hombre interior penetra en tu mujer interior se produce un encuentro; te vuelves completo, te conviertes en uno. Y entonces todos los deseos por lo externo desaparecen. En esa ausencia de deseos está la libertad, está el nirvana.

El camino de Buda es el camino de Buda. Recuerda que "Buda" no es el nombre de Gautama el Buda, Buda es el estado que ha alcanzado. Su nombre era Gautam Siddhartha. Un día se convirtió en Buda, un día floreció su bodhi, su inteligencia.

'Buda' significa exactamente lo mismo que 'Cristo'. El nombre de Jesús no es Cristo: ése es el florecimiento último que le sucedió. Lo mismo ocurre con Buda. Ha habido muchos Budas además de Gautam Siddartha.

Todo el mundo tiene la capacidad de budh. Pero budh, esa capacidad de ver, es como una semilla en ti: si brota, se convierte en un gran árbol, florece, empieza a bailar en el cielo, empieza a susurrar a las estrellas, eres un Buda.

El camino de Buda es el camino de la inteligencia. No es un camino emocional, no, en absoluto.

No es que las personas emocionales no puedan llegar; hay otros caminos para ellas: el camino de la devoción, el Bhakti Yoga. El camino de Buda es puro Gyan Yoga, el camino del conocimiento. El camino de Buda es el camino de la meditación, no del amor.

Y al igual que budh, hay otra raíz, gya, en la base de gyanam. Gyanam significa cognición, conocimiento. Y la palabra prajna, que significa sabiduría - prajnaparamita - la sabiduría del más allá, o sangya, que significa percepción, sensibilidad, o vigyanam que significa consciencia - estas raíces provienen de gya. Gya significa conocer.

Estas palabras se repiten muchas veces en el sutra, no sólo en éste, sino en todos los sutras de Buda. Encontrarás algunas palabras más, repetidas muy a menudo, y esas palabras son ved - ved significa conocer; de ved viene la palabra hindú veda - o man, que significa mente; manan que significa mente; o chit, que significa conciencia; chaitanya, que de nuevo significa conciencia. Estas palabras son casi como adoquines en el camino de Buda. Su camino es el de la inteligencia.

Una cosa más que hay que recordar: el sutra, es cierto, apunta a algo que está mucho más allá del intelecto. Pero la manera de llegar a eso es seguir al intelecto tan lejos como te lleve.

El intelecto tiene que ser utilizado, no descartado; tiene que ser trascendido, no descartado. Y sólo se puede trascender cuando se ha alcanzado el peldaño más alto de la escalera. Tienes que seguir creciendo en inteligencia. Entonces llega un momento en que la inteligencia ha hecho todo lo que puede hacer. En ese momento despídete de la inteligencia. Te ha ayudado mucho, te ha llevado bastante, ha sido un buen vehículo. Ha sido una barca con la que has cruzado: has llegado a la otra orilla, entonces dejas la barca. Entonces no llevas el barco en la cabeza; eso sería una tontería.

El camino de Buda pasa por la inteligencia, pero va más allá de ella. Llega un momento en que la inteligencia te ha dado todo lo que puede darte, entonces ya no es necesaria. Entonces, finalmente, tú también la abandonas, su trabajo ha terminado. La enfermedad se ha ido, ahora esa medicina también tiene que irse. Y cuando estás libre de la enfermedad y de la medicina también, entonces eres libre. A veces sucede que la enfermedad se ha ido, y ahora te has vuelto adicto a la medicina. Esto no es libertad.

Tienes una espina clavada en el pie y te duele. Coges otra espina para poder sacarte la espina del pie con la ayuda de la otra. Cuando te has sacado la espina tiras las dos; no guardas la que te ha sido útil. Ya no tiene sentido. El trabajo de la inteligencia consiste en ayudarte a tomar conciencia de tu ser. Una vez que ese trabajo ha tenido lugar y tu ser está ahí, ya no hay necesidad de este instrumento. Puedes decir adiós, puedes decir gracias.

El camino de Buda es el camino de la inteligencia, de la inteligencia pura, aunque va más allá.

La segunda pregunta:

Pregunta 2:

AMADO MAESTRO,

¿ES VERDAD QUE HAY QUE PASAR POR EL INFIERNO?

No necesitas pasar por el infierno porque ya estás allí. ¿Dónde más encontrarás el infierno?

Este es tu estado ordinario: el infierno. No pienses que el infierno está en algún lugar profundo bajo la tierra. El infierno eres tú. Tú, inconsciente, eso es el infierno. Tú, funcionando sin inteligencia: eso es el infierno. Y debido a que tanta gente funciona de forma poco inteligente, el mundo está siempre angustiado, hay tanta gente neurótica en la Tierra. Y a menos que estés iluminado seguirás siendo neurótico, más o menos. Tanta gente destructiva, porque la creatividad sólo es posible cuando tu inteligencia está despierta.

La creatividad es una función de la inteligencia. La gente estúpida sólo puede ser destructiva. Y eso es lo que ocurre: la gente sigue preparándose para más y más destrucción. Eso es lo que hacen sus científicos, eso es lo que hacen sus políticos.

He oído una hermosa historia:

Después de la segunda guerra mundial, Dios estaba muy desconcertado. No podía creer lo que veían sus ojos.

Al ver Hiroshima, Nagasaki... no podía creer que hubiera creado este tipo de hombre. Empezó a pensar de nuevo, como si hubiera cometido un error: debería haberse detenido con los animales, no debería haber creado a Adán y Eva - porque el hombre se estaba volviendo tan destructivo.

Para dar una última oportunidad llamó a tres representantes del mundo, uno ruso, uno americano y uno inglés. Eran los poderosos después de la segunda guerra mundial. Le preguntó al ruso: "¿Por qué sigues preparando más y más destrucción? Si necesitáis algo, pedídmelo y lo haré inmediatamente. Pero no más destrucción".

El ruso miró muy arrogantemente a Dios y le dijo: "¡Escucha, primero no creemos que lo seas! Tenemos nuestra propia trinidad - Marx, Lenin, Stalin" - una trinidad muy impía, pero los comunistas tienen esa trinidad. "Creemos en ellos, no creemos en vosotros. Pero si quieren que creamos en ustedes, tendrán que darnos pruebas".

"¿Cuál es la prueba?" preguntó Dios.

Y el ruso dijo: "¡Destruyan América, destrúyanla absolutamente! No debe quedar ni rastro de esta enfermedad llamada América. Entonces te adoraremos, entonces nuestras iglesias empezarán a rezar de nuevo, nuestros templos se abrirán. Haremos nuevos santuarios para ti".

Dios estaba muy conmocionado... ¡la sola idea de destruir toda América!

Al verle callado, el ruso dijo: "Y si no puedes hacerlo, no te preocupes. Lo haremos de todos modos. Nos llevará un poco más de tiempo, ¡pero lo haremos! No hace falta que estés tan triste. Si no puedes hacerlo, simplemente di que no puedes hacerlo".

Dios miró al americano y le dijo: "¿Cuál es tu deseo? ¿Qué quieres?"

Dijo: "No mucho, un deseo muy simple: que no haya lugar para Rusia en el mapa. No queremos ver a la URSS en el mapa. No mucho, sólo eliminar... Todo está bien; es sólo esta U.R.S.S. la que duele. Duele mucho, nos vuelve locos, y haremos cualquier cosa para eliminarla. Y si ustedes no hacen nada, ¡con sus bendiciones lo vamos a hacer!".

Ahora Dios estaba aún más desconcertado y confundido. Estaba bien por parte del representante ruso, porque ellos no creen en Dios. No pasa nada. ¿Pero América? América cree en Dios, así que no parece haber diferencia entre el creyente y el no creyente, entre el capitalista y el comunista, entre el dictatorial y el democrático. No parece haber diferencia esencial, su deseo es el mismo. Pensaba que el representante inglés podría ser más humano, comprensivo; al menos sería caballeroso, ¡y lo fue!

Dios le preguntó: "¿Cuál es tu deseo? ¿Qué quieres?"

El inglés dijo: "No tenemos ningún deseo. Cumple los deseos de ambos simultáneamente, ¡y nuestro deseo estará cumplido!".

Pero así es como ha existido el hombre, a lo largo de los tiempos: mucho más interesado en la destrucción, en destruir al otro, que en vivir uno mismo, que en disfrutar de la vida. El hombre parece estar obsesionado con la muerte: dondequiera que se mueve, lleva muerte, destrucción.

Esta sociedad neurótica existe porque los individuos son neuróticos. Este mundo es feo porque tú eres feo. Aportas tu fealdad a este mundo. Y todo el mundo sigue acumulando fealdad, neurosis, y el mundo se convierte cada vez más en un infierno. No necesitas ir a ninguna otra parte; este es el único infierno que existe.

Pero puedes salir de él. Entendiendo cómo tu mente está ayudando a crear este infierno, puedes retirarte. Y una sola persona que se retira de crear este infierno, no cooperador, rebelde, se convierte en una gran fuente de traer el cielo a la tierra, se convierte en una puerta.

No necesitas ir al infierno, ya estás allí. Necesitas ir al cielo ahora.

Y de hecho, cuando digo que necesitas ir al cielo, lo que quiero decir exactamente es que el cielo necesita venir a ti. Ábrete al cielo. Deja que todas tus energías destructivas se ofrezcan a la creatividad, deja que tu oscuridad se convierta en luz, deja que tu conciencia se vuelva meditativa, y te convertirás en una puerta para Dios, y Dios podrá venir a través de ti al mundo de nuevo.

Ese es el significado de la parábola cristiana de que Jesús nace de una mujer, María, que es virgen. Esto es una parábola - significativa, tiene un gran significado en ella. Pero la gente tonta trata de decir que ella era realmente virgen físicamente. Eso no tiene sentido. Pero era virgen: era pura, completamente pura. Ella era el cielo en la tierra - sólo entonces pudo Jesús entrar a través de ella, sólo entonces pudo Dios extender su mano en el mundo.

Te conviertes en un vehículo: deja que Dios toque algún instrumento a través de ti: una veena, un sitar. Deja que Dios toque una canción a través de ti; te conviertes en su flauta, un bambú hueco. Y eso es lo que te he estado diciendo todos estos días: si te conviertes en una nada, serás un bambú hueco.

Y puedes convertirte en una flauta, y la canción de Dios puede descender a la tierra. Es muy necesario. Incluso si un poco de salud es posible a través de ti en este mundo loco... Se necesita mucho, se necesita urgentemente.

La tercera pregunta:

Pregunta 3:

AMADO MAESTRO,

EL OTRO DÍA DIJISTE QUE SI FUERAS TAXISTA NADIE PODRÍA RECONOCERTE. NO ESTOY DE ACUERDO. AL MENOS YO SI TE RECONOCERIA.

Señora, no le creo.

No sabes lo suficiente sobre ti. Aprecio tu amor por mí, pero no puedo decir que seas capaz de reconocerme.

Te contaré una historia real.

Estuve muchos años con una familia en cierta ciudad de la India, una familia muy rica, millonaria. Era muy respetuoso conmigo, era un seguidor. Cuando iba a su ciudad, me tocaba los pies tantas veces como podía, al menos cuatro o cinco veces al día.

Después de siete u ocho años, quiso venir a visitar el lugar donde yo solía quedarme en Jabalpur. Vino. Sólo para desconcertarlo, sólo para confundirlo, fui a recibirlo a la estación. Él no esperaba que yo fuera a recibirle a la estación.

Solía caer a mis pies. Aquel día me tocó los pies, pero a medias - porque surgió en él un gran ego: que he venido a recibirle. Vino a recibirme durante siete años y cada año, al menos tres o cuatro veces, yo visitaba su ciudad. No se lo esperaba. Esperaba que alguien le llevara hasta mí. ¿Pero que yo mismo fuera a recibirle? - Eso ni lo soñaba. Debió de discutir por dentro:

"Soy alguien, un millonario..." Ese día se inclinó, pero muy a medias. ¿Cómo puedes inclinarte ante alguien que ha venido a recibirte a la estación, con gran respeto?

Salimos de la estación y, cuando vio que iba a llevarle de vuelta a casa, desapareció todo su respeto. Entonces empezó a hablar como un amigo. El millonario se hizo muy "famillonario". Y al cabo de tres días, cuando se marchó -yo había ido a despedirme de él- no me tocó los pies.

Y toda la familia con la que vivía sabía que le estaba gastando una broma, y el pobre se había enganchado a ella. Todos se rieron cuando partió el tren. Les dije: "Esperad. La próxima vez, que venga, esperará que le toque los pies. Y no será ninguna maravilla si me obliga a tocarle los pies".

Así son las cosas, así funciona la mente. Me reconoces, me quieres, pero no conoces tu propia mente. Y en ese experimento perdí a uno de mis seguidores millonarios. He estado perdiendo muchos seguidores de esa manera, pero sigo experimentando.

La cuarta pregunta:

Pregunta 4:

AMADO MAESTRO,

¿POR QUÉ ME CUESTA TANTO ENTREGARME A UN HOMBRE?

Entonces no te rindas. ¿Por qué crearte problemas innecesariamente? ¿Quién te está diciendo que te rindas a un hombre en primer lugar? No te rindas. ¿Por qué empiezas a crearte problemas innecesarios? Si no tienes ganas de rendirte, no te rindas.

El otro día una mujer me preguntó, me escribió una carta diciendo: "He venido aquí, pero no siento que este lugar sea para mí. ¿Qué debo hacer?"

¡Largo! ¡Piérdete! ¿Por qué molestarse?

Y también se ha preguntado: "¿Debo hacer caso a mi corazón o confiar en ti?".

Escucha a tu corazón, señora, y piérdete tan rápido como puedas. ¿Cómo puedes confiar en mí en contra de tu corazón? ¿Quién confiará en mí? ¡El corazón confía! Si el corazón está en contra, ¿quién va a confiar en mí? ¿Y por qué estás creando tal división en ti mismo? Te volverás esquizofrénico: una parte que intenta rendirse y forzar, y otra que quiere irse. O estás aquí totalmente o te vas. Si no puedes rendirte, no te rindas. A nadie le interesa que te rindas.

Y la rendición no se puede hacer, no se puede forzar. Llega cuando llega. Si no puedes rendirte a un hombre, significa que no puedes amar a un hombre. Por amor la entrega viene naturalmente. Si no hay amor, la entrega no se puede manejar. Olvídalo.

Puede que la que pregunta sea lesbiana: ¡perfecto, entrégate a una mujer! Al menos ríndete a alguien a quien puedas rendirte. Quizás a través de esa entrega aprendas a entregarte también a un hombre. Así es como se aprende.

Cada niño es auto-sexual cuando nace: sólo se ama a sí mismo, no puede amar a nadie más.

Entonces el niño se vuelve homosexual: ama a alguien como él, no puede amar al contrario. Luego, aún creciendo, se vuelve heterosexual: ahora puede amar al contrario. Eso es lo que Jesús dice: "Ama a tu enemigo" - enemigo significa la mujer. Enemigo significa lo contrario; eso es lo más elevado en el amor. Entonces llega un momento en que el sexo desaparece, la persona se vuelve asexual. Pero ése es el punto más alto, y sólo puede alcanzarse a través de estas etapas. Tal vez el que pregunta esté enganchado en algún punto de la homosexualidad. No hay nada malo. Estés donde estés, en la etapa que estés, sé amoroso, entrégate. De esa etapa saldrá la otra, crecerá por sí misma. No la fuerces.

No estoy aquí para hacerte sentir culpable, no estoy aquí para crear ningún tipo de fisura en tu ser.

Estoy a favor de la relajación, porque sólo a través de la relajación llegarás a saber quién eres. Así que lo que sea fácil, hazlo. No seas masoquista y no intentes crearte problemas. Muévete felizmente, de forma relajada. Y lo que sea fácil para ti en este momento, sigue haciéndolo. A través de ello sucederá algo mejor, pero sólo a través de ello. No puedes saltar de repente.

La quinta pregunta:

Pregunta 5:

AMADO MAESTRO,

¿QUÉ SENTIDO TIENE EL UNIVERSO FÍSICO SI EL DESTINO DEL HOMBRE ES, EN ÚLTIMA INSTANCIA, TRASCENDERLO?

Esa es la cuestión: si no, ¿cómo vas a trascender? El universo es necesario para trascender.

La miseria es necesaria para trascender, la oscuridad es necesaria para trascender, el ego es necesario para trascender - porque sólo cuando trasciendes hay alegría, bendición.

Entiendo su pregunta. Es una pregunta muy antigua, que se formula una y otra vez, porque desconcierta a la mente. Si Dios ha creado el mundo, ¿por qué ha creado miseria en él? Podría haberte regalado la felicidad. Entonces, ¿por qué ha creado la ignorancia? ¿No es lo bastante poderoso como para crear seres iluminados desde el principio?

Lo es, y eso es lo que está haciendo. Pero ni siquiera Dios es lo bastante poderoso para hacer que sucedan imposibles. Sólo lo posible es posible. Sólo puedes saber lo que es la salud cuando eres capaz de estar enfermo; de lo contrario, no puedes conocerla. Sólo puedes conocer la luz cuando sabes lo que es la oscuridad. Sólo puedes conocer la relajación cuando sabes lo que es la tensión, sólo puedes conocer la libertad cuando sabes lo que es la esclavitud. Ni siquiera Dios es lo bastante potente para darte simplemente la libertad. Con la libertad, en el mismo paquete, viene la esclavitud. Y tienes que pasar por la esclavitud para saborear la libertad. Es como si no tienes hambre, no puedes disfrutar de la comida.

Lo que preguntas es: "¿Qué necesidad hay de pasar hambre? ¿Por qué no podemos seguir comiendo sin hambre?". El hambre crea el dolor, el hambre crea la necesidad, y entonces comes y hay alegría. Sin hambre no habrá alegría. Puedes preguntar a las personas muy, muy ricas que han perdido el hambre: no disfrutan de la comida, no pueden. Es la intensidad del hambre lo que da alegría. Por eso, una vez que has comido, durante seis, siete u ocho horas tienes que ayunar para volver a disfrutar de la comida.

La existencia es dialéctica: oscuridad/luz, vida/muerte, verano/invierno, juventud/vejez, todo va junto.

Usted pregunta: "¿Qué sentido tiene el universo físico si el destino de los hombres es, en última instancia, trascenderlo?".

Precisamente, esa es la cuestión. El universo está creado para que trasciendas. De lo contrario, nunca sabrás lo que es la trascendencia. Puedes permanecer dichoso, pero no sabrás lo que es la dicha. Y permanecer dichoso sin saber lo que es la dicha, no vale la pena. Y el conocimiento sólo es posible a través de lo opuesto, por eso.

La sexta pregunta:

Pregunta 6:

AMADO MAESTRO,

TODO EL MUNDO, POR SUPUESTO, CONSIGUE LO QUE CONSIGUE, Y NO CONSIGUE LO QUE NO CONSIGUE. Y LA LÍNEA ENTRE CONSEGUIR QUE TE LO DEN, Y NO CONSEGUIR QUE TE LO DEN, PARECE SER BASTANTE DELGADA. ¿CONSEGUIR LO QUE SE CONSIGUE ES DIFERENTE DE CONSEGUIRLO? DESPUÉS DE PREGUNTARLO, ME DOY CUENTA DE QUE EN CIERTO SENTIDO ES DIFERENTE, PORQUE LA PALABRA ES AMBIGUA. "RECIBIR" SIGNIFICA TANTO

RECIBIR COMO ENTENDER. BLA, BLA, BLA... POR FAVOR, ACLÁRELO.

Anurag, parece que eres un est-hole. Blah, blah, blah...

La séptima pregunta:

Pregunta 7:

MAESTRO, ¿POR QUÉ DEBO TOMAR SANNYAS?

Porque mañana puede que no lo seas. En el momento siguiente puede que no lo seas. Y sannyas no es mas que una vision de vivir este momento completa, total, absolutamente.

Sannyas significa simplemente que no pospondrás más la vida. Sannyas significa simplemente que ya no vivirás en sueños, que te apoderarás de este momento y le sacarás todo el jugo ahora mismo. Eso es sannyas: es una forma de vida intensa, de vida sensible.

Y recuerda, la vida es muy accidental. Uno nunca sabe.

Escucha esta historia.

Un vendedor llegó un día a casa de improviso, y las primeras palabras que dijo al entrar por la puerta fueron: "¿Dónde está? ¡Sé que está aquí! Lo siento en los huesos".

Su mujer, que en ese momento estaba fregando los platos, le dijo: "¿A quién buscas?".

Vendedor: "No me vengas con esas. ¡Sabes a quién busco y lo encontraré!".

Miró en el armario, debajo de la cama y en el desván. Miró por la ventana del segundo piso y vio a un joven de pelo claro que subía a un descapotable rojo.

"¡Ahí está!", dijo, y agarró el frigorífico, lo acercó a la ventanilla y lo empujó hacia fuera. Aplastó al tipo del coche y él mismo murió de un infarto.

San Pedro: "¿Qué te ha pasado, joven?"

Joven: "Morí aplastado por un frigorífico".

San Pedro: "¿Y tú?"

Vendedor: "Mientras empujaba un frigorífico por una ventana morí de un infarto".

San Pedro al tercer hombre: "¿De qué moriste?"

Tercer hombre: "Bueno, yo estaba sentado en esta nevera, ocupándome de mis asuntos, y ..."

La vida es muy accidental. Uno nunca sabe de dónde vendrá la nevera. Alguien puede estar sentado en ella, ocupándose de sus propios asuntos... Por eso digo que te hagas sannyasin: este es el único momento para vivir, y no hay otro momento.

Suficiente por hoy.

¡Se fue, se fue, se fue más allá!

POR LO TANTO UNO DEBE CONOCER EL PRAJNAPARAMITA COMO EL GRAN HECHIZO, EL HECHIZO DEL GRAN CONOCIMIENTO, EL HECHIZO SUPREMO, EL HECHIZO INIGUALABLE, ALLAYER DE TODO SUFRIMIENTO, EN VERDAD - PORQUE ¿QUÉ PODRÍA SALIR MAL?

POR EL PRAJNAPARAMITA HA SIDO ENTREGADO ESTE HECHIZO.

FUNCIONA ASÍ:

IDO, IDO, IDO MÁS ALLÁ, IDO DEL TODO MÁS ALLÁ, ¡OH QUÉ DESPERTAR, SALUD!

ESTO COMPLETA EL CORAZÓN DE LA SABIDURÍA PERFECTA.

Teilhard de Chardin divide la evolución humana en cuatro etapas. A la primera la llama geosfera, a la segunda, biosfera, a la tercera, noosfera, y a la cuarta, cristosfera. Estas cuatro etapas son inmensamente significativas. Hay que comprenderlas. Comprenderlas te ayudará a entender el clímax del Sutra del Corazón.

La geosfera. Es el estado de conciencia absolutamente dormido, el estado de la materia. La materia es la conciencia dormida. La materia no está en contra de la conciencia, la materia es un estado de conciencia dormido, aún no despierto. Una roca es un Buda dormido; un día u otro la roca se convertirá en un Buda. Puede tardar millones de años, eso no importa. La diferencia será sólo de tiempo, y el tiempo no importa mucho en esta eternidad. Por eso en Oriente se hacen estatuas de piedra; es muy simbólico: la roca y Buda se unen a través de una estatua de piedra. La roca es lo más bajo y Buda es lo más alto.

La estatua de piedra dice que incluso en la piedra se esconde un Buda. La estatua de piedra dice que Buda no es más que la roca venida a la manifestación; la roca ha expresado todo su potencial.

Esta es la primera etapa: la geosfera. Es materia, es inconsciencia, es sueño, es pre-vida.

En este estado no hay libertad, porque la libertad entra a través de la conciencia. En este estado sólo hay causa y efecto. La ley es absoluta. Ni siquiera un accidente es posible. La libertad no se conoce. La libertad entra sólo como una sombra de la conciencia; cuanto más consciente te vuelves, más libre eres. De ahí que a Buda se le llame mukta, totalmente libre. La roca está totalmente esclavizada, encadenada por todas partes, por todos lados, en todas las dimensiones. La roca es el alma prisionera, Buda es el alma con alas. Ya no hay cadenas, ni ataduras, ni encarcelamientos; ningún muro rodea a Buda. Su ser no tiene fronteras. Su ser es tan vasto como la existencia misma. Es uno con el todo.

Pero en el mundo de la geosfera, la causa y el efecto son el único dhamma, la única ley, el único Tao. La ciencia sigue confinada a la geosfera, porque sigue pensando en términos de causa y efecto. La ciencia moderna es una ciencia muy rudimentaria, muy primitiva, porque no puede concebir nada más que la materia. Su concepción es muy limitada, y por eso está creando más miseria de la que resuelve. Su visión es tan finita, su visión es tan diminuta, pequeña, que no puede reconciliarse con la totalidad de la existencia. Mira desde un agujerito y cree que eso es todo. La ciencia sigue confinada a la geosfera. La ciencia sigue esclavizada, aún no tiene alas. Sólo tendrá alas cuando empiece a ir más allá de la causa y el efecto.

Sí, hay pequeñas chispas. El físico nuclear está entrando en el mundo que está más allá de la causa y el efecto, cruzando la frontera. De ahí que surja, con gran fuerza, el principio de incertidumbre. Causa-efecto es el principio de certeza: haces esto y esto sucederá. Calientas el agua a cien grados y el agua se evapora: eso es causa y efecto. El agua no tiene libertad. No puede decir: "Hoy no estoy de humor y no voy a evaporarme a cien grados. Simplemente digo que no". No, no puede decir eso; no puede resistirse, no puede luchar contra la ley. Es muy respetuoso con la ley, muy obediente. Otro día, cuando el agua se siente muy feliz, no puede decir: "No hace falta que te molestes demasiado. Voy a evaporarme a cincuenta grados. Voy a complacerte". No, eso no es posible.

La vieja física, la vieja ciencia, no vislumbraba el principio de incertidumbre. El principio de incertidumbre significa el principio de libertad. Ahora, pequeños atisbos están sucediendo.

Ahora ya no están tan seguros como antes. Ahora ven que, en lo más profundo, también en la materia hay una cierta cualidad de libertad. Es muy difícil decir si el electrón es una partícula o una onda: se comporta de las dos maneras, a veces así, a veces de otra manera. Y no hay forma de predecirlo. Es un cuanto. Y no sólo eso: su libertad es tal que a veces se comporta simultáneamente como una onda y como una partícula. Esto es totalmente imposible de concebir o comprender para el viejo científico. Aristóteles no podría entenderlo, Newton no podría entenderlo. Es imposible de ver. Decir que algo se comporta simultáneamente como una línea y un punto es ilógico. ¿Cómo puede algo comportarse como un punto y como una línea? O es una línea o es un punto.

Pero ahora los físicos empiezan a vislumbrar el núcleo más íntimo de la materia. De una forma muy, muy indirecta, están tropezando con uno de los mayores factores de la vida: la libertad.

Pero en la geosfera no existe. Es sushupti.

La palabra sushupti significa sueño absoluto - ni siquiera un sueño se agita. Las rocas ni siquiera sueñan, no pueden soñar. Para soñar tendrán que ser un poco más conscientes. La roca simplemente está ahí. No tiene personalidad, no tiene alma, al menos no en la actualidad. Ni siquiera puede soñar; su sueño es imperturbable. Día y noche, año tras año, sigue durmiendo. Ha dormido durante milenios y seguirá durmiendo durante milenios. Ni siquiera un sueño lo perturba.

En el yoga dividimos la conciencia en cuatro etapas. Son muy relevantes para la división de De Chardin. La primera es sushupti, el sueño profundo. La geosfera corresponde a eso. La geosfera se parece más a la muerte que a la vida. Por eso la materia parece estar muerta. No lo está. Está esperando a que crezca su vida, es como una semilla. Parece muerta: está esperando el momento adecuado para estallar en vida. Pero ahora mismo está muerta. No hay mente. Recuerda que en la última etapa tampoco habrá mente. Un Buda está en un estado de no-mente, y la roca también está en un estado de no-mente. De ahí el significado de una estatua de piedra: el encuentro de dos polaridades. Que la roca esté en estado de no-mente significa que la roca sigue estando por debajo de la mente. Buda está en un estado de no-mente: eso significa que Buda ha ido más allá de la mente. Existe una similitud, al igual que existe una similitud entre un niño y un santo. El niño está por debajo de la mente, el santo está más allá de la mente. La roca tendrá que pasar por toda la agitación de la vida por la que ha pasado Buda. Ha pasado y pasado y pasado, y ha ido más allá, completamente más allá. Pero hay una similitud: vuelve a existir en un estado de no-mente. Ha llegado a ser tan plenamente consciente que la mente no es necesaria.

La roca es tan inconsciente que la mente no puede existir. En la roca lo inconsciente es absoluto, de ahí que la mente no sea posible. En el Buda la conciencia es absoluta y la mente no es necesaria. Dejad que os lo explique; es una de las cosas más importantes que hay que aprender, que hay que comprender.

La mente es necesaria sólo porque no eres realmente consciente. Si eres realmente consciente, entonces hay discernimiento, no hay pensamiento. Entonces actúas a partir de la percepción, no actúas a partir de tu mente. Entonces la mente no es necesaria. Cuando ves una cosa como verdadera, ese mismo ver se convierte en tu acción.

Por ejemplo, estás en una casa y la casa está ardiendo. Lo ves, no es un pensamiento.

Simplemente lo ves y sales de casa. No esperas, no reflexionas, no le das vueltas. No indagas, no consultas libros, no vas a pedir consejo a alguien sobre qué hacer.

Vienes de dar un paseo vespertino y, justo en el camino, te cruzas con una serpiente. Salta. Antes de pensar, saltas. No saltas por pensar, sino por percepción. El gran peligro está ahí, el peligro mismo te hace vivo, intenso, consciente, y das el salto desde la consciencia. Es un salto sin mente.

Pero estos momentos son raros en tu vida porque aún no estás preparado para vivir tu conciencia intensa y totalmente. Para Buda, esa es su forma normal. Vive tan totalmente que la mente nunca es necesaria, nunca es consultada.

La primera esfera, la geosfera, es una esfera sin mente. No hay yo, obviamente, porque sin la mente el yo no puede existir. De nuevo, en la cuarta, no habrá yo, porque sin la mente ¿cómo puede existir el yo? La mente necesita funcionar desde un centro, de ahí que cree el ego, el yo. La mente tiene que mantenerse a si misma en control, la mente tiene que mantenerse a si misma en un cierto patron, orden. Tiene que mantenerse a sí misma. Para mantenerse crea un centro, porque solo a traves del centro puede mantener el control. Sin un centro no será capaz de mantener el control. Así que una vez que la mente entra, el ego está en camino. Tarde o temprano la mente necesitará al ego.

Sin el ego, la mente no podrá funcionar. De lo contrario, ¿quién controlará, quién dirigirá, quién manipulará, quién planificará, quién soñará, quién proyectará? ¿Y quién estará ahí para ser referido como algo constante? - Porque la mente sigue cambiando. Un pensamiento tras otro... es una procesión de pensamientos. Estarás perdido si no tienes ego: no sabrás quién eres, ni adónde vas, ni para qué.

En la geosfera no hay mente, ni yo, ni tiempo. Está por debajo del tiempo. El tiempo aún no ha entrado. La roca no conoce pasado, presente ni futuro. Y lo mismo ocurre con Buda.

También está más allá del tiempo. No conoce pasado, presente ni futuro. Vive en la eternidad. De hecho, ese es el verdadero significado de estar en el presente. Estar en el presente no significa ese espacio que está entre el pasado y el futuro. En el diccionario ese es el significado que se le da: el espacio entre el pasado y el futuro se llama presente. Pero eso no es el presente. ¿Qué clase de presente es éste? Ya se está convirtiendo en pasado; está dejando de existir. Este momento, si lo llamas "presente", en el momento en que lo has llamado "presente" ya se ha ido al pasado; ya no es presente. Y ese momento al que llamabas "futuro", en el momento en que lo llamabas "futuro", se ha convertido en presente y se está convirtiendo en pasado. Este presente no es un presente real.

El presente que está entre el pasado y el futuro no es más que una parte del pasado y del futuro, de la procesión del tiempo.

El presente del que hablo, el ahora del que hablo, o del que habla Buda, o Cristo cuando dice: "No penséis en el mañana. Mirad los lirios en el campo: no se afanan, no hilan, y mirad qué hermosos son. ¡Qué belleza increíble! Ni siquiera Salomón era tan hermoso vestido con toda su gloria. Mirad los lirios del campo...". Esos lirios viven en una especie de desconocimiento; no conocen el pasado, no conocen el futuro.

El Buda no conoce pasado, futuro ni presente. No conoce ninguna división. Ese es el estado de eternidad. Entonces el ahora está absolutamente ahí. Sólo hay ahora, y sólo aquí, y nada más. Pero la roca también está en ese estado, inconsciente, por supuesto.

La segunda esfera es la biosfera. Significa vida, preconciencia. La primera esfera era la materia, la segunda es la vida: árboles, animales, pájaros. La roca no puede moverse, la roca no tiene vida en ninguna parte, no es visible en ninguna parte. El árbol tiene más vida, el animal aún más, el pájaro aún más. El árbol está enraizado en la tierra, no puede moverse mucho. Se mueve un poco, se balancea, pero no puede moverse mucho; no tiene tanta libertad. Ciertamente tiene un poco de libertad, pero el animal tiene más libertad. Puede moverse, puede elegir un poco más de libertad: adónde ir, qué hacer. El pájaro tiene incluso un poco más de libertad: puede volar. Esta es la esfera llamada biosfera, la esfera de la vida. Es preconciencia; sólo está naciendo una conciencia rudimentaria. La roca era absolutamente inconsciente. No puedes decir que el árbol es absolutamente inconsciente. Sí, es inconsciente, pero algo de la consciencia se está filtrando, un rayo de consciencia está entrando. Y el animal es un poco más consciente.

El primer estado se corresponde con el sushupti de Patanjali, el sueño profundo. El segundo estado corresponde al swabana de Patanjali, el estado de sueño. La conciencia viene como un sueño.

Sí, los perros sueñan. Puedes ver a un perro dormido y verás que está soñando.

A veces, en sueños, intentará cazar moscas. Y a veces verás que está triste, y a veces verás que parece feliz. Mira un gato, y a veces está saltando sobre un ratón en su sueño, y puedes ver lo que está haciendo en el sueño - comiendo el ratón, limpiando su bigote. Puedes observar al gato: el sueño ha entrado, están sucediendo cosas en el mundo de la consciencia. La conciencia está emergiendo. La causa-efecto sigue predominando, pero no tanto como en una roca. Se hace posible un poco de libertad y, por tanto, empiezan a ocurrir accidentes.

El animal tiene un poco de libertad. Puede elegir algunas cosas, puede ser temperamental:

puede estar de buen humor y ser amistoso contigo, puede estar de mal humor y no será amistoso contigo. Un poco de decisión ha entrado en su ser, pero muy poco, sólo el principio. El yo todavía no está integrado. Es un yo muy suelto, una mezcolanza, pero está surgiendo. La estructura está tomando forma, la forma está surgiendo.

El animal está orientado al pasado; vive del pasado. El animal no tiene idea del futuro, no puede planificar el futuro, no puede pensar en el futuro. Incluso si a veces piensa en el futuro, es muy, muy fragmentario. Por ejemplo, cuando el animal tiene hambre, puede pensar en el futuro, en unas horas, en que conseguirá comida. Tiene que esperar. Pero el animal no puede pensar en un mes, dos meses, tres meses en el futuro. El animal no puede concebir los años; no tiene calendario, ni concepto del tiempo. Está orientado al pasado. Todo lo que ha sucedido en el pasado espera que suceda también en el futuro. Su futuro es más o menos lo mismo que el pasado; es una repetición. Está dominado por el pasado. El tiempo entra por el pasado, el yo entra por el pasado.

La tercera esfera es la noosfera; surge la mente, la autoconciencia. La primera era inconsciencia, la segunda era preconsciencia, la tercera es autoconsciencia.

La conciencia llega, pero viene acompañada de una calamidad: el yo. No puede venir de otro modo; el yo es un mal necesario. La conciencia viene con la idea del "yo". Comienza la reflexión, comienza el pensamiento, surge la personalidad. Y con la mente viene la orientación hacia el futuro: el hombre vive en el futuro, los animales viven en el pasado.

Las sociedades desarrolladas viven en el futuro, las no desarrolladas viven en el pasado. Los pueblos primitivos siguen viviendo en el pasado. Sólo los civilizados viven en el futuro. Vivir en el futuro es un estado superior a vivir en el pasado. Los jóvenes viven en el futuro, los viejos empiezan a vivir en el pasado. Los jóvenes están más vivos que los viejos. Los nuevos países, las nuevas culturas, viven en el futuro. Por ejemplo, Estados Unidos vive en el futuro, India vive en el pasado. India sigue cargando con cinco mil, diez mil años de pasado. Es una carga tan pesada, es tan difícil llevarla, es aplastante, pero uno sigue llevándola. Es la herencia, y uno está muy orgulloso del pasado.

Estar orgulloso del pasado es simplemente un estado incivilizado. Hay que tender la mano hacia el futuro, hay que ir a tientas hacia el futuro. El pasado ya no existe, el futuro va a existir: hay que prepararse para él.

Se puede ver de muchas maneras. La mente india sólo se emociona con los acontecimientos pasados. Aun así, la gente sigue representando el drama de Rama cada año, y están muy emocionados. Han pasado miles de años y han estado representando el mismo drama una y otra vez, y lo volverán a representar. Y están muy emocionados. No se emocionaron tanto cuando el primer hombre pisó la luna; no se emocionaron tanto como se emocionaron y se han emocionado siempre con el drama de Rama. Conocen la historia, la han visto muchas veces, pero es su herencia; están muy orgullosos de ella.

Te sorprenderá saber que hay mahatmas hindúes y mahatmas jaina en la India que han estado intentando demostrar que el hombre no ha pisado la Luna, que los americanos están engañando. ¿Por qué? Porque la luna es un dios. ¿Cómo se puede caminar sobre la luna? Y hay gente que les escucha y les sigue.

Un monje jaina vino a verme una vez a Gujarat y me dijo: "¡Apóyame... y tengo miles de seguidores!". Y los tenía. Y todo, el tema de su vida, era que los americanos han estado engañando, que esas fotografías son todo trucos fotográficos que se han producido, que esas rocas que se han traído de la luna se han traído de Siberia o de algún lugar del planeta. Nadie ha ido nunca y nadie puede ir nunca a la luna, porque en los shastras jaina, en las escrituras jaina, está escrito que la luna es un dios. ¿Cómo puedes caminar sobre Dios? Esto es orientación al pasado. Esto es muy mortal.

Por eso India no puede crecer, no puede evolucionar, no puede progresar. Está anclada en el pasado.

Con la noosfera, con la mente, la autoconciencia, la reflexión, el pensamiento, la personalidad, surge la orientación hacia el futuro. Y cuanto más empiezas a prepararte para el futuro, más ansioso, por supuesto, te vuelves. Así que los americanos son las personas más tensas, inquietas. Los indios son muy tranquilos, tan tranquilos que no tienen ninguna eficiencia. ¿Sabes que cuando los indios cambian una bombilla eléctrica, se necesitan tres indios? - uno para sostener la bombilla y dos para girar la escalera. Son personas muy tranquilas, relajadas; no sufren ansiedad, no saben lo que es la ansiedad.

La ansiedad entra con el futuro, porque hay que planificar. No puedes seguir repitiendo las viejas costumbres de tu vida. Y cuando haces algo nuevo existe la posibilidad de equivocarte, más posibilidad de equivocarte. Cuanto más intentas lo nuevo, más ansioso te vuelves. Por eso, psicológicamente, Estados Unidos es el país más perturbado y la India el más tranquilo.

Los animales no tienen ansiedad. Vivir en el pasado es un estado mental inferior, por supuesto más cómodo, más conveniente. Y los mahatmas hindúes siguen diciendo al mundo: "Mirad qué pacíficos somos. No existe la neurosis. Incluso si morimos de hambre, morimos de hambre muy, muy silenciosamente. Incluso si morimos, morimos muy, muy aceptablemente. Y ustedes se están volviendo locos".

Pero recuerda que el progreso pasa por la ansiedad. Con el progreso hay ansiedad, hay temblores: de equivocarse, de hacer algo mal, de perder el norte. Con el pasado no hay problema: sigues repitiéndolo. Es un pasado asentado, sus caminos son perfectamente conocidos. Tú los has recorrido, tus padres también, y así sucesivamente, desde Adán y Eva. Todo el mundo lo ha hecho; no hay posibilidad de equivocarse. Con algo nuevo, entra la ansiedad, el miedo, el temor al fracaso.

Esta tercera esfera, la noosfera, es la esfera de la ansiedad, de la tensión. Si tienes que elegir entre la segunda y la tercera, elige la tercera, no elijas la segunda. Aunque no sea necesario elegir entre la tercera y la segunda, puedes elegir entre la tercera y la cuarta; entonces elige la cuarta. Elige siempre lo más alto.

Recuerda, cuando condeno la mente india, no estoy condenando a Buda ni a Krishna. Ellos han elegido el cuarto: también están en reposo, también están relajados, pero su relajación proviene de dejar caer el tiempo, no de vivir en el pasado. Están completamente relajados, no tienen ansiedad ni neurosis. Su mente es un lago tranquilo y sin olas, pero no por elegir el segundo, sino por elegir el cuarto; no por permanecer por debajo de la mente, sino por ir más allá de la mente. Pero así son las cosas.

La gente ha visto a Buda en la India, y han visto el silencio, y han visto la bendición del hombre, y han visto la gracia, y han visto que la vida puede vivirse con tal relajación... ¿por qué no vivir una vida así? Pero no han hecho ningún esfuerzo para pasar a la cuarta etapa. Al contrario, han recaído de la tercera y se han instalado en la segunda etapa. Da algo parecido al silencio de Buda; pero es "algo parecido", no es exactamente eso. Siempre es más fácil asentarse en el pasado y volverse más conveniente y cómodo. Buda no se ha asentado en el pasado; ni siquiera se ha asentado en el futuro. No se ha conformado con el tiempo en sí, ha abandonado el tiempo, ha abandonado la mente que crea el tiempo. Ha abandonado el ego que crea ansiedad.

Los indios han optado por dejar de lado el futuro porque parece crear ansiedad: "¿El futuro crea ansiedad? Puedes dejar el futuro". Entonces retrocederás, recaerás en el estado anterior. Suelta el ego y entonces irás más allá.

La tercera esfera es como lo que Patanjali llama vigilia. La primera es el sueño, la segunda es el sueño, la tercera es la vigilia - tu vigilia, por supuesto, no la vigilia de un Buda. Tu llamada vigilia: los ojos están abiertos pero los sueños vagan dentro de ti; los ojos están abiertos pero el sueño está ahí dentro de ti. Estás lleno de sueño incluso cuando estás despierto. Este es el tercer estado. Y siempre es útil; si estás cansado del día, caes en un sueño, te relaja. Luego caes en un sueño profundo que te relaja aún más. Por la mañana vuelves a estar fresco. Vuelves a caer en el descanso porque eso es lo que ya sabes, y está ahí en tu sistema; puedes entrar en él.

El cuarto estado tiene que ser creado; no está en tu sistema. Es tu potencial, pero nunca antes has estado en él. Es arduo, es ir contracorriente, cuesta arriba. El cuarto estado es la cristoesfera - puedes llamarla la budasfera, significa lo mismo; puedes llamarla la krishnasfera, significa lo mismo. Con el tercer estado hay una especie de libertad, una pseudo-libertad, la libertad conocida como elección. Esto tiene que ser entendido, es de gran importancia.

En la tercera etapa simplemente tienes un pseudo tipo de libertad, y esa libertad es la libertad de elección. Por ejemplo, dices: "Mi país es religiosamente libre". Eso significa que puedes elegir: puedes ir a una iglesia o a un templo, y el país y su ley no te crearán ningún problema. Puedes hacerte mahometano o hindú o cristiano: puedes elegir. El país es libre" significa que puedes elegir tu vida, dónde quieres vivir, qué quieres hacer, qué quieres decir. La elección de expresión, la libertad: que puedes decir lo que quieras, que puedes hacer lo que quieras, que puedes elegir cualquier estilo religioso o político; puedes ser comunista, puedes ser fascista, puedes ser liberal, puedes ser demócrata, y todas esas tonterías. Puedes elegir. Es sólo una pseudo-libertad. ¿Por qué lo llamo pseudo-libertad? - Porque una mente llena de pensamientos no puede ser libre.

Si has vivido durante cincuenta años y tu mente ha sido condicionada por tus padres y los profesores y la sociedad, ¿crees que puedes elegir? Elegirás a partir de tu condicionamiento. ¿Cómo va a ser una elección? En primer lugar, has sido condicionado.

Es como cuando hipnotizas a alguien. Puedes llevar a alguien a Santosh, nuestro hipnotizador, y él puede hipnotizarlo y decirle: "Mañana por la mañana irás al mercado y comprarás un cierto tipo de cigarrillo, una cierta marca". Él puede sugerir esto a esa persona en hipnosis profunda. Mañana por la mañana se levantará y no tendrá ni idea de que va a comprar una determinada marca de cigarrillos en el mercado, porque el condicionamiento ha entrado en el inconsciente, ha sido puesto en el inconsciente. Su mente consciente no es consciente. Ni siquiera tendrá idea de por qué va al mercado. Pero encontrará alguna racionalización: dirá: "Vayamos hoy de compras". ¿Por qué hoy? Dirá: "Esta es mi libertad. Iré cuando quiera. ¿Quién eres tú para impedírmelo? Esta es mi libertad". Y no es consciente, completamente inconsciente de que esto no es libertad en absoluto. E irá al mercado con la idea de que es libre, y puede que ni siquiera piense ni por un momento que va a comprar una determinada marca de cigarrillos. Y de repente se encuentra con una tienda y se dice: "¿Por qué no compras un paquete de cigarrillos? Llevas tanto tiempo sin fumar". Y se lo está pensando. Y va a la tienda y dice: "Deme esta marca de cigarrillos, 555". ¿Por qué no Panamá? ¿Por qué no Wills? ¿Por qué no Berkeley? Él dirá: "¡Esta es mi elección! Soy libre de elegir". Y comprará el 555, y seguirá siendo libre, al menos en su idea. No es libre, ha sido condicionado.

Has sido condicionado como hindú, como cristiano, como mahometano, como indio, como chino, como alemán, ¿cómo puedes ser libre? Has sido condicionado por tus padres, por tu sociedad, por tu barrio, por tu escuela, colegio, universidad, ¿cómo puedes ser libre? Tu libertad es falsa. Es falsa, sólo te da la sensación de libertad y te hace feliz; de lo contrario, no hay libertad en ella. Cuando vas a la iglesia, ¿estás abandonando tu libertad? Cuando vas al templo hindú, ¿estás renunciando a tu libertad? Analízalo y verás que no es por libertad; naciste en una familia hindú.

A veces puede ocurrir que uno nazca en una familia cristiana y quiera ir a un templo hindú. Eso también es un condicionamiento, de otro tipo. Quizá tus padres eran demasiado cristianos, demasiado, y tú no podías absorber tanta tontería. Hay un límite. Te volviste antagonista, empezaste a rebelarte contra ello; te convertiste en un reaccionario. Te llevaban a la iglesia. Y eran poderosos, y tú eras un niño pequeño, y no podías hacer nada; estabas indefenso. Pero siempre pensabas: "Ya te enseñaré". El día que te volviste poderoso dejaste de ir a la iglesia.

Ahora esta idea, "Yo te mostraré", ha sido implantada por su obsesión con la iglesia. Es de nuevo hipnosis - en el orden inverso, pero sigue siendo hipnosis. Estás reaccionando, no eres libre. Si quieres ir a la iglesia no podrás ir, te encontrarás a ti mismo alejándote. No irás porque es la iglesia a la que te llevaban tus padres. No puedes ir a esta iglesia; te convertirás en un hindú. Empezaras a hacer cosas que tus padres nunca quisieron que hicieras solo para demostrarles. Esto es reacción. La primera es obediencia, la segunda es desobediencia, pero no hay libertad en ninguna de las dos.

Y una cosa más: no es sólo una cuestión de condicionamiento el que no seas libre. Cuando eliges entre dos cosas, puede que nadie te haya condicionado sobre esas dos cosas; hay millones de cosas para las que no has sido condicionado en absoluto. Cuando eliges entre dos cosas, lo haces desde la confusión, y desde la confusión no puede haber libertad. Quieres casarte con una chica o con otra, ¿cómo vas a elegir? Estás confundido.

Todos los días recibo cartas de personas: "Estoy dividido entre dos mujeres. ¿Qué debo hacer? Esta mujer es hermosa físicamente, en proporción, tiene unos ojos muy, muy bonitos, una especie de encanto; el cuerpo es vibrante, radiante, vivo - pero psicológicamente es muy fea. La otra mujer es psicológicamente bella, pero físicamente fea. ¿Y ahora qué hacemos?". Y te quedas destrozado.

He oído hablar de un hombre que pensaba casarse. Estaba enamorado de una mujer, pero ella era muy pobre. Era hermosa, pero muy pobre. Y otra mujer estaba enamorada de él, que era muy rica pero muy fea. Pero había algo hermoso en ella: su sonido, su voz. Era una gran cantante.

Ahora estaba destrozado. La hermosa mujer no tenía esa voz, esa voz cantante; y él era un amante de la música. Tenía un rostro hermoso, pero la forma no era tan importante para él como la voz.

Era pobre y quería una mujer que le aportara mucho dinero para tener seguridad y poder dedicarse a la música con todo su corazón, sin tener que preocuparse por el dinero o cosas así. Quería dedicar toda su vida a la música. Aquella mujer tenía dos cosas: el dinero y una hermosa voz, pero era completamente fea. Era muy difícil mirarla, su cara era repulsiva. La mujer pobre era hermosa, pero su voz era ordinaria y no tenía dinero. Si elegía a aquella mujer, tendría que abandonar su pasión por la música. Tendría que convertirse en empleado de alguna estúpida oficina, o en profesor o algo así. Y entonces no podría dedicarse a la música. La música necesita una devoción total, la música es una amante muy celosa, no te deja ir a ninguna parte, quiere absorberte por completo, totalmente. Así que estaba dividido. Y finalmente su amor por la música ganó, y se casó con la mujer fea.

Llegaba a casa y se iban a dormir. Las noches oscuras estaban bien porque él no miraba a la mujer, así que no había problema. Pero por la mañana, cuando los rayos del sol se filtraban y él estaba despierto, y miraba el rostro de la mujer, era tan repulsivo. Sacudió con fuerza a la mujer y le dijo: "¡Canta! ¡Canta inmediatamente! Canta inmediatamente!" - sólo para protegerse de aquella fealdad.

La gente me escribe: "Estamos divididos entre dos mujeres, o entre dos hombres. ¿Qué debemos hacer?"

Esta confusión surge porque estás motivado. Hay una motivación: dinero, música, seguridad. No hay amor; por eso estás desgarrado. Si hubiera amor, amor intenso, amor apasionado, no habría elección. Esa pasión decidiría por sí misma. No estarías eligiendo, no estarías desgarrado. Pero la gente no es tan inteligente ni tan intensa. Viven muy tibiamente, más o menos; no viven intensamente; sus vidas no tienen fuego.

La verdadera libertad sólo ocurre cuando tu vida se vuelve tan total en cada momento que no hay necesidad de decidir; esa totalidad decide. ¿Me sigues? - la totalidad misma decide. No te enfrentas a dos alternativas: si casarte con esta mujer o con aquella. Tu corazón está totalmente con una. No hay ningún motivo, así que no estás dividido y no hay confusión. Si decides por confusión crearás conflicto. La confusión te llevará a confusiones más profundas. Nunca decidas por confusión.

Por eso Krishnamurti sigue hablando de la falta de elección. La falta de elección es libertad.

No eliges, simplemente te vuelves totalmente intenso. Simplemente te vuelves absolutamente alerta, consciente, atento.

Por ejemplo, usted me está escuchando: puede escucharme de forma tibia -medio dormido, medio despierto, bostezando, pensando en mil y una cosas, haciendo planes, con la última noche todavía rondándole, con resacas de mil y un tipos- y también me está escuchando. Entonces se plantea la cuestión de si estoy diciendo la verdad o no. Si estás escuchando con pasión, si estás completamente alerta, esa misma pasión decidirá. En esa intensidad sabrás lo que es la verdad. Si digo algo que es verdad, inmediatamente te llegará al corazón. Como serás tan inteligente, ¿cómo no te darás cuenta? Tu inteligencia estará tan alerta, ¿cómo no te darás cuenta? Y si hay algo que no es verdad, lo verás inmediatamente. La visión vendrá, inmediata. No habrá decisión por tu parte: "¿Debo seguir a este hombre o no?" Eso es por confusión. No me has escuchado, no me has visto.

¡Vean el sentido de esto! Con la verdad no hace falta estar de acuerdo o en desacuerdo. La verdad tiene que ser escuchada totalmente, con sensibilidad, eso es todo. Y esa misma sensibilidad decide. Verás, inmediatamente sientes la verdad. En ese mismo sentimiento te has movido hacia la verdad, no es que estés de acuerdo o en desacuerdo, no es que yo te haya convencido o convertido. Yo no convierto a nadie; la verdad convierte. Y la verdad no es una creencia, y la verdad no es un argumento; la verdad es una presencia. Si estás presente la sentirás. Si no estás presente no la sentirás.

Así que en la tercera etapa, la noosfera, hay pseudo-libertad. A partir de la confusión, decides; de ahí que la confusión siga creciendo. La confusión trae conflicto, porque siempre hay dos lados en ti: hacer esto o hacer aquello, ser o no ser. Y decidas lo que decidas, el otro lado permanecerá ahí y esperará su momento para vengarse. La libertad sólo ocurre en la cuarta etapa.

La cristoesfera es la cuarta. Con la cristoesfera, la no-mente llega a existir - la no-mente de un Buda, de un Cristo, no de una roca. Con la cuarta viene la consciencia, sin centro, sin yo en ella; sólo consciencia pura sin fronteras, consciencia infinita. Entonces no puedes decir "soy consciente". No hay "yo" en ella, es sólo consciencia. No tiene nombre ni forma. Es la nada, es el vacío. Con esta consciencia, el pensamiento no es necesario; la perspicacia empieza a funcionar, la intuición empieza a funcionar.

El intelecto vive de la enseñanza. Otros tienen que enseñarte, eso es la enseñanza. La intuición nadie tiene que enseñártela: viene de dentro, crece de ti, es un florecimiento de tu ser.

Esta es la cualidad de la conciencia llamada meditación, intuición, perspicacia, conciencia sin centro, atemporalidad; o puedes llamarla el ahora, el presente. Pero recuerda, no es el presente entre el pasado y el futuro; es el presente en el que el pasado y el futuro se han disuelto.

De Chardin lo llama "el punto omega", Buda lo llama nirvana, los jainas lo llaman moksha, Cristo lo llama "Dios Padre". Son nombres diferentes. Todo este sutra trata del movimiento de la tercera a la cuarta, de la noosfera a la cristoesfera, del intelecto a la inteligencia, de la autoconciencia a la no autoconciencia. La tercera es como la vigilia, la vigilia ordinaria, y la cuarta es lo que Patanjali llama turiya, "la cuarta". No le ha dado ningún nombre, y eso parece ser muy hermoso. Llámala "cristoesfera" y parecerá cristiana; llámala "Krishnasfera" y parecerá hindú; llámala "budadesfera" y parecerá budista.

Patanjali es muy, muy puro; simplemente lo llama "el cuarto". Eso lo contiene todo. No le ha dado un nombre particular. A los tres les da nombres porque tienen formas, y dondequiera que esté la forma, el nombre es relevante. Lo que no tiene forma no puede tener ningún nombre: turiya, "el cuarto".

Todo este Sutra Prajnaparamita trata del movimiento de la tercera a la cuarta.

Sariputra está en la cima de la tercera: la noosfera - reflexión, pensamiento, autoconciencia.

Ha viajado hasta el extremo en el tercero, ha alcanzado el máximo de él. No hay más. Está parado en la línea fronteriza.

POR LO TANTO, OH SARIPUTRA...

Buda está de pie más allá del límite y llama a Sariputra: "Ven... ven... y aún ven..." Todo el sutra se condensa hoy en este último sutra. Todos los sutras, hasta ahora, eran sólo la preparación para esta última cima.

TASMAJ JNATAVYAM: PRAJNAPARAMITA MAHA-MANTRO MAHA- VIDYAMANTRO 'NUTTARA-MANTRO' SAMASAMA-MANTRAH...

POR LO TANTO UNO DEBE SABER...

TASMAJ JNATAVYAM...

... Por lo tanto, lo único que vale la pena saber es esto. Esta es la conclusión de todo este hermoso diálogo. El diálogo es entre dos energías, Buda y Sariputra, porque Sariputra no ha dicho ni una sola palabra. Este es un diálogo muy superior al que existe entre Arjuna y Krishna en el Gita, porque Arjuna dice algo. Es verbal. Arjuna es más un estudiante que un discípulo. Se convierte en discípulo sólo al final. Cuando se convierte en discípulo, Krishna se convierte en el maestro. Si el discípulo no es un discípulo, ¿cómo puede el maestro ser un maestro? Si el discipulo es solo un estudiante, entonces el maestro es solo un maestro.

Donde termina el Gita, ahí comienza este Sutra Prajnaparamita. Sariputra es un discípulo: completamente silencioso, no ha pronunciado una sola palabra, ni siquiera ha hecho una pregunta - no verbalmente. Es un invitado, no un preguntón. Todo su ser está preguntando, no su mente. No está verbalizando; su existencia es un signo de interrogación. Está de pie ante Buda, todo su ser sediento, en llamas, en llamas. Al ver su estado, Buda sigue diciendo cosas por su cuenta. No es que el discípulo tenga que preguntar; el maestro sabe cuándo el discípulo necesita. El maestro sabe mucho mejor que el propio discípulo cuál es su necesidad. El discípulo tiene que esperar. Tal vez Sariputra ha esperado durante muchos años, casi veinte años, este momento: cuando el maestro viera la necesidad, cuando el maestro sintiera su hambre y su sed, cuando fuera digno de recibir un regalo del maestro. Ese día ha llegado, ese momento afortunado ha llegado.

TASMAJ JNATAVYAM...

Buda dice: "Por lo tanto, oh Sariputra, esto es lo único que vale la pena conocer". Y ahora condensa todo su mensaje en unas pequeñas palabras, en una pequeña frase, en un mantra, en una máxima, en una fórmula. Este es el mantra más grande, porque Buda ha contenido en él todo lo que se necesita para todo el viaje. Lo ha puesto todo en esta pequeña, en esta pequeñísima fórmula.

POR LO TANTO... lo único que vale la pena saber es...

EL PRAJNAPARAMITA COMO EL GRAN HECHIZO, EL HECHIZO DEL GRAN CONOCIMIENTO, EL HECHIZO SUPREMO, EL HECHIZO INIGUALABLE...

Buda lo elogia como cualquier cosa; recurre a todos los superlativos posibles. Dice: "¡Este es el gran hechizo!". Hechizo, mantra, significa una fórmula mágica. Hay que entender lo que es un mantra. Un mantra es algo muy, muy especial que hay que entender. Es un hechizo, una fórmula mágica. Implica el fenómeno de que todo lo que tienes no está realmente ahí, y todo lo que crees que no tienes, ¡está ahí! Se necesita una fórmula mágica. ¡Tu problema no es real! - por eso se necesita una fórmula mágica.

Por ejemplo... una parábola:

Sucedió: Un hombre tenía mucho miedo a los fantasmas. Y desgraciadamente tenía que pasar por el cementerio todos los días, yendo y viniendo. Y a veces llegaba tarde, y por la noche tenía que pasar por el cementerio. Su casa estaba detrás del cementerio, y muy cerca de él. Y tenía tanto miedo a los fantasmas que su vida era una tortura constante. No podía dormir: toda la noche le molestaban los fantasmas. A veces llamaban a la puerta, a veces se movían dentro de la casa, y él oía sus pasos y sus susurros. A veces se le acercaban mucho e incluso podía sentir su aliento. Estaba en un infierno constante.

Acudió a un maestro y éste le dijo: "Esto no es nada. Has acudido a la persona adecuada". Igual que yo te digo a ti. "Toma este mantra - esto es suficiente, y no necesitas preocuparte. Sólo tienes que poner este mantra en una pequeña caja dorada y llevar la caja siempre contigo. Puedes colgártela del cuello".

Es como el medallón: es un mantra; o es como la caja mágica que doy a los sannyasins que se van lejos de mí. Es una caja mágica, es un mantra.

El maestro dijo: "Guarda este mantra. No hace falta que lo repitas; es tan potente que no hace falta repetirlo. Guárdalo en la caja. Guarda la caja contigo y ningún fantasma te molestará jamás". Y sucedió de verdad: aquel día pasó por el cementerio casi como si fuera a dar un paseo matutino. Nunca antes le había resultado tan fácil. Antes corría. Solía gritar y chillar, y tenía que cantar canciones al pasar. Aquel día caminó muy despacio con la caja en la mano, ¡y funcionó de verdad! No había fantasmas. Incluso estuvo de pie en medio del cementerio, esperando a que viniera alguien, y no apareció ningún fantasma. El silencio era total.

Luego se fue a casa. Puso la caja debajo de la almohada. Aquella noche nadie llamó a la puerta, nadie susurró, nadie se le acercó. Fue la primera vez en toda su vida que durmió bien. Fue un gran mantra. Pero ahora estaba demasiado apegado a la caja. No podía dejarla en ningún sitio, todo el día tenía que llevarla a todas partes.

La gente empezó a preguntar: "¿Por qué sigues llevando esta caja?".

Y dijo: "Esta es mi seguridad, mi protección".

Llegó a tener tanto miedo que ahora, si algún día se perdía esta caja, "¡tendré grandes problemas, y esos fantasmas se vengarán!". Comiendo - y tenía su caja. Y en el baño - tenía su caja. Haciendo el amor con su mujer - y tenía su caja. ¡Se estaba volviendo loco! Y ahora el miedo era excesivo: si se la roban, si alguien le juega una mala pasada o si la pierde en algún sitio, o si le pasa algo a la caja, ¿entonces qué? "¡Entonces durante meses esos fantasmas estarán deseando crearme problemas! Saltarán sobre mí desde todas partes, ¡y me matarán!".

El maestro preguntó un día cómo iban las cosas.

Dijo: "Todo está bien. Todo está perfectamente bien, pero ahora me torturan mis propios miedos. Otra vez no puedo dormir. Toda la noche tengo que ver si la caja sigue ahí. Una y otra vez tengo que despertarme y buscar la caja. Y si a veces se desliza aquí y allá en la cama y no la encuentro... ¡es tan aterrador! Me da mucho miedo".

El maestro dijo: "Ahora te daré otro mantra. Tira esta caja".

Luego dijo: "Entonces, ¿cómo voy a protegerme de los fantasmas?".

El maestro dijo: "No están ahí. Esta caja no tiene sentido. Esos fantasmas no están ahí; por eso esta caja ha funcionado. Esos fantasmas sólo están en tu imaginación. Si existieran de verdad, no tendrían miedo de la caja. Es sólo tu idea, esos fantasmas fueron tu idea.

Ahora tienes una idea mejor, porque tienes un maestro. Y el maestro te ha dado una caja, un hechizo mágico. Ahora sé más comprensivo: los fantasmas no están ahí, por eso te ha ayudado esta caja. Ahora no hay necesidad de obsesionarse tanto con la caja. Tírala".

Un mantra es un hechizo para eliminar cosas que en realidad no existen. Por ejemplo, un mantra te ayudará a deshacerte del ego. El ego es un fantasma, sólo una idea. Por eso te digo que estoy aquí para quitarte cosas que no están realmente contigo y para darte cosas que están realmente ahí. Estoy aquí para darte lo que ya tienes, y tengo que quitarte lo que nunca has tenido pero que piensas que tienes. Tus miserias, tus heridas, tus ambiciones, tus celos, tus miedos, tus codicias, tus odios, tus apegos, todo eso son fantasmas.

Un mantra no es más que un truco, una estrategia que te ayuda a eliminar tus fantasmas. Una vez que se han eliminado los fantasmas, también hay que eliminar el mantra. Uno no necesita llevar más el mantra en el momento en que siente que los fantasmas han desaparecido. Y entonces te reirás de todo lo absurdo: los fantasmas eran falsos y el mantra era falso, pero ayudó.

Sucedió: Un hombre tuvo la idea en sueños de que una serpiente había entrado en su boca, y que estaba allí en su estómago. Y sentía el movimiento de la serpiente. Tú conoces esas serpientes; todo el mundo las conoce. Y se sintió muy perturbado. Fue a los médicos y le hicieron radiografías, pero... Decía: "Está ahí, aunque la radiografía no lo muestre. No importa. Estoy sufriendo, mi sufrimiento es real".

Entonces acudió a un maestro sufí. Alguien le dijo: "Ve a un maestro sufí. Sólo un maestro puede ayudarte con esto. Los médicos no serán de mucha ayuda. Ellos tratan enfermedades reales; los maestros tratan enfermedades irreales. Ve a un maestro".

Así que fue, y el maestro le dijo: "Bien, haré algo. Mañana por la mañana saldrá".

A la mañana siguiente el maestro lo arregló: encontró una serpiente, se la dio a la mujer del hombre y le dijo: "Haz los arreglos necesarios para que cuando el hombre se despierte por la mañana encuentre la serpiente arrastrándose fuera de la cama".

Y el hombre chilló, y gritó y saltó. Y dijo: "¡Aquí! ¡Aquí está! ¡Esa serpiente! Y esos doctores tontos: decían que no hay serpiente, nada. Y aquí está". Pero desde ese día el problema desapareció. Esto era un mantra. El problema no era real.

Todos tus problemas son creaciones tuyas. Un mantra es una estrategia para quitarte las ilusiones, y cuando se quitan las ilusiones, lo que queda es la verdad. El mantra sólo se lleva lo falso. No puede darte lo real, sólo puede tomar lo falso. Pero eso es suficiente.

Una vez que se toma lo falso, una vez que se entiende lo falso como falso, surge la verdad. Y la verdad libera. La verdad es liberación.

Buda dice:

... EL PRAJNAPARAMITA, COMO EL GRAN HECHIZO, EL HECHIZO DEL GRAN CONOCIMIENTO, EL HECHIZO SUPREMO, EL HECHIZO INIGUALABLE - SARVA-DUHKHA PRASAMANAH - ALLAYER DE TODO SUFRIMIENTO.

Buda dice que este pequeño mantra es tan potencial, que es suficiente para todo tu sufrimiento. Sólo este mantra bastará, te llevará a la orilla más lejana.

... SATYAM AMITHYATVAT EN VERDAD - ¿QUÉ PODRÍA SALIR MAL?

Buda dice que sólo te mostrará lo falso como falso. Y cuando conoces la verdad, entonces ¿qué puede salir mal? Entonces nada puede ir mal - SATYAM AMITHYATVAT.

La palabra amithya proviene de la raíz mithya. Mithya significa falso, amithya significa no falso. La palabra mithya existe en la palabra inglesa 'myth'. Mito significa lo falso. Mito viene de la misma raíz, mithya. Un mito es aquello que aparece pero no es real.

En otra palabra inglesa, 'miss', como en 'echar de menos', también existe la misma raíz, mithya.

Malentendido - que 'mis' viene de mithya. O cuando decimos: "Falló", ese 'fallar' también viene de mithya.

La verdad es lo que nos falta. Seguimos perdiéndonos porque seguimos aferrados a lo falso. Nos perdemos la verdad porque nos aferramos a lo falso. Si dejamos lo falso no hay falta en absoluto. Y ese es tambien el significado raiz de la palabra pecado. Pecado' significa errar, no dar en el blanco. Siempre que te aferras a lo falso cometes un pecado, porque al aferrarte a ello, faltas a la verdad.

Te aferras a la idea de Dios y eso es falso. Todas las ideas son falsas. Te aferras a una cierta idea de Dios y esa es tu barrera. Buda dice que este mantra eliminará todas tus barreras; sólo te dará la nada. En la nada, surge la verdad, porque no hay nada que obstruya.

Nada" significa que ya no hay nada que obstruya - todas las falsas ideas han sido abandonadas en el camino. Sólo estás vacío, sólo estás receptivo, abierto; vienes desnudo, desnudo, vacío, a la verdad - esa es la única manera de llegar a ella. Entonces nada puede ir mal.

... PRAJNAPARAMITAYAM UKTO MANTRAH - POR EL PRAJNAPARAMITA HA SIDO ENTREGADO ESTE HECHIZO.

Y Buda dice: "He dado lo último, lo último en ello. No hay más, y no hay más posibilidad de mejorarlo".

Y también te digo: No hay más posibilidad de mejorarlo. 'Nada' es el mantra más grande. Si puedes entrar en la nada, entonces no necesitas nada más. Y ese es todo el mensaje del Sutra Prajnaparamita.

TADYATHA... CORRE ASÍ.

Ahora Buda condensa toda la escritura, todo el diálogo, todo el mensaje en unas pocas palabras.

TADYATHA... CORRE ASÍ:

GATE GATE PARAGATE PARASAMGATE BODHI SVAHA:

IDO, IDO, IDO MÁS ALLÁ, IDO TOTALMENTE MÁS ALLÁ.

¡QUÉ DESPERTAR, SALUD!

Buda utiliza "ido" cuatro veces. Éstas son las cuatro cosas para las que utiliza "ido": la geosfera, la biosfera, la noosfera y la crisosfera. Se ha ido": se ha ido de la materia, se ha ido del cuerpo, se ha ido de lo visible, de lo tangible. Vuelve a utilizar "ido" por segunda vez: ido de la vida, la llamada rueda de la vida y la muerte. Se ha ido más allá", la tercera vez que usa "ido" - ahora se ha ido más allá de la mente, el pensamiento, el pensar, el yo, el ego. Más allá de todo", lo utiliza por cuarta vez... incluso más allá del más allá, la cristoesfera. Ahora ha entrado en lo increado.

La vida ha recorrido un círculo completo. Este es el punto omega, y este es también el alfa. Este es el símbolo que debes haber visto en muchos libros, en muchos templos, en viejos monasterios - el símbolo de la serpiente sosteniendo su propia cola en la boca.

IDO, IDO, IDO MÁS ALLÁ, IDO DEL TODO...

Has vuelto a casa.

¡QUÉ DESPERTAR!

¡Qué satori! ¡Qué samadhi! Esto es el despertar, la budeidad...

¡ALELUYA! ¡Aleluya!

Puedes preguntarle a Aneeta: ella sigue cantando 'Aleluya'. Este es el aleluya. Éste es el estado de aleluya: cuando todo se ha ido, cuando todo ha desaparecido y sólo queda la nada pura.

Esta es la bendición - ¡aleluya! Este es el éxtasis que todos buscan. Con razón o sin ella, pero todo el mundo busca este éxtasis.

Eres un Buda y aún no eres un Buda: ése es el dilema, ésa es la paradoja.

Estás destinado a ser un Buda, pero te falta. Este sutra te tiende un puente, este sutra te ayuda a convertirte en aquello que estás destinado a ser. Este sutra te ayuda a realizar tu ser.

Recuerda, este sutra no es sólo para ser repetido como se ha hecho a lo largo de los siglos en China, Corea, Tailandia, Japón, Ceilán. Siguen repitiendo: gate gate paragate parasamgate bodhi svaha. Esa repetición no va a ayudar.

Este mantra no es sólo para ser repetido. Tiene que ser comprendido, tiene que convertirse en tu ser.

Sigue moviéndote más allá de todo nombre y forma, sigue moviéndote más allá de toda identidad, sigue alejándote de toda limitación. Sigue haciéndote más y más grande, enorme, enorme.

Ni siquiera el cielo es tu límite. Sigue...

Puerta paragate parasamgate bodhi svaha.

Svaha es la expresión del éxtasis supremo. No significa nada; es exactamente igual que aleluya. Es una gran exclamación de alegría. La bendición ha sucedido - estás realizado, completamente realizado. Pero este sutra no es sólo para ser repetido, recuerda. Buda lo ha condensado en pocas palabras para que puedas recordarlo. En estas pocas palabras ha puesto todo el mensaje, el mensaje de toda su vida.

Eres un Buda, y a menos que lo reconozcas como tal, sufrirás. Este sutra declara que eres un Buda. Por eso he empezado estos discursos saludando al Buda que hay en vosotros. ¡Os declaro Budas! Reconocedlo.

La palabra reconocimiento es hermosa. Significa: date la vuelta y mira. Respétate a ti mismo. La palabra respeto también es buena: significa respeta, vuelve a mirar. Eso es lo que quiere decir Jesús cuando dice arrepiéntete. La palabra aramea original significa volver; no tiene nada que ver con el arrepentimiento cristiano. Arrepentirse significa volver: un giro de ciento ochenta grados. Patanjali lo llama pratiyahar - entrar, retirarse hacia dentro. Y Mahavira lo llama pratikrama - no salgas, entra, vuelve a casa.

La brecha entre tu yo irreal y tu yo real es obviamente una brecha falsa, porque tu eres tu yo real todo el tiempo - solo soñando, pensando que eres otra persona. Deja eso. Mira quién eres. Y no te dejes engañar por creencias, ideologías, escrituras y conocimientos. ¡Déjalo todo! ¡Suéltalo incondicionalmente! Descarga todo el mobiliario que llevas en tu ser. Simplemente haz una habitación vacía allí, y esa habitación vacía te revelará la verdad. En ese reconocimiento, ¡svaha, aleluya! Un gran éxtasis estalla en el canto, en la danza, en el silencio, en la creatividad.

Uno nunca sabe lo que va a pasar. Nunca se sabe cómo expresarás ese éxtasis; cada uno lo expresará a su manera: Jesús a la suya, Buda a la suya, Meera a la suya. Cada uno lo expresa a su manera. Alguien se vuelve completamente silencioso - el silencio es su canción. Alguien empieza a cantar - una Meera, un Chaitanya - cantar es su silencio. Alguien baila - sin saber cómo decirlo, entra en una danza loca; esa es su manera. Alguien puede pintar, alguien puede componer música, alguien puede esculpir, o alguien hará otra cosa. Habrá tantas expresiones como personas. Así que nunca imites; sólo observa cómo tu propia expresión se apodera de ti. Deja que tu svaha, tu aleluya, sea tuyo, auténticamente tuyo. Y eso ocurre cuando eres una nada.

La nada es el sabor de todo este sutra. Conviértete en nada y lo serás todo. Sólo los perdedores pueden ser los ganadores en este juego. Piérdelo todo y lo tendrás todo. Aférrate, posee, y lo perderás todo.

Buda es conocido como mantra adipatti, otorgador de hechizos; maestro de hechizos, mahaguru - pero no en el sentido en que la palabra ha caído y se ha convertido en algo sucio. En los tiempos modernos guru se ha convertido en una palabra sucia de cuatro letras - no en ese sentido. Krishnamurti dice que es alérgico a los gurús. Es cierto.

Buda es realmente un mahaguru. La palabra guru significa pesado con el cielo, pesado con la alegría, con el éxtasis, pesado con svaha; pesado como una nube llena de lluvia, lista para regar a cualquiera que tenga sed, lista para compartir. Guru significa pesado, pesado con el cielo.

Gurú también significa aquel que destruye la oscuridad de los demás. No estoy hablando de los llamados gurús que vagan por el mundo. No destruyen tu oscuridad; te imponen su oscuridad, te imponen su ignorancia. Y estos gurus están proliferando como cualquier cosa. Puedes encontrarlos por todas partes: un Muktananda por aquí, otro Maharishi Mahesh Yogi por allá... están proliferando por todas partes.

Un gurú es aquel que te hace libre. Un gurú es aquel que te da la libertad. Un gurú es aquel que te libera. Buda es uno de los mahagurus. Su mensaje es el más grande que jamás haya sido entregado al hombre. Y este sutra es una de las mayores expresiones de Buda. Ha hablado durante cuarenta y dos años, y ha dicho muchas cosas, pero nada comparado con esto. Esto es único. Tienes suerte de haber estado aquí para escucharlo y meditar en él. Ahora sé aún más afortunado: conviértete en él.

Suficiente por hoy.

Sannyas: Entrar en la corriente

La primera pregunta:
Pregunta 1:
AMADO MAESTRO, ¿CUÁLES SON LAS CUALIDADES DE UN SANNYASIN?

Es muy difícil definir a un sannyasin, y más si vas a definir a mis sannyasins.

Sannyas es básicamente una rebelión contra todas las estructuras, de ahí la dificultad para definirlo. Sannyas es una forma de vivir la vida sin estructuras. Sannyas es tener un carácter sin carácter. Por "sin carácter" quiero decir que ya no dependes del pasado. Carácter significa el pasado, la manera en que has vivido en el pasado, la manera en que te has habituado a vivir - todos tus hábitos y condicionamientos y creencias y tus experiencias - eso es lo que es tu carácter. Un sannyasin es alguien que ya no vive en el pasado o a través del pasado; que vive en el momento, por lo tanto, es impredecible.

Un hombre de carácter es predecible; un sannyasin es impredecible porque un sannyasin es libertad. Un sannyasin no sólo es libre, él es la libertad. Es la rebelión viviente. Pero aun así, lo intentaré:

se pueden dar algunas pistas, no definiciones exactas, algunos indicios, dedos que apuntan a la luna.

No te dejes atrapar por los dedos. Los dedos no definen la luna, sólo la indican. Los dedos no tienen nada que ver con la luna. Pueden ser largos, pueden ser cortos, pueden ser artísticos, pueden ser feos, pueden ser blancos, pueden ser negros, pueden estar sanos, pueden estar enfermos, eso no importa. Simplemente indican. Olvídate del dedo y mira a la luna.

Lo que voy a dar no es una definición; eso no es posible en este caso. Y, de hecho, la definición nunca es posible sobre nada que esté vivo. La definición sólo es posible sobre algo que está muerto, que ya no crece, que ya no florece, que ya no tiene posibilidad, potencialidad, que está agotado y gastado. Entonces la definición es posible. Se puede definir a un muerto, pero no a un vivo.

La vida significa básicamente que lo nuevo sigue siendo posible.

Así que estas no son definiciones. El viejo sannyasin tiene una definición, muy clara; por eso está muerto. Yo llamo a mi sannyas 'neo-sannyas' por esta razón en particular: mi sannyas es una apertura, un viaje, una danza, un romance con lo desconocido, un romance con la existencia misma, en busca de una relación orgásmica con el todo. Todo lo demás ha fracasado en el mundo. Todo lo definido, lo claro, lo lógico, ha fracasado. Las religiones han fracasado, la política ha fracasado, las ideologías han fracasado, y eran muy claras. Eran planos para el futuro del hombre. Todos han fracasado. Todos los programas han fracasado.

Sannyas ya no es un programa. Es exploración, no un programa. Cuando te conviertes en sannyasin te inicio en la libertad, y en nada más. Es una gran responsabilidad ser libre, porque entonces no tienes nada en lo que apoyarte. Excepto tu propio ser interior, tu propia conciencia, no tienes nada como apoyo, como sostén. Te quito todos tus apoyos y soportes; te dejo solo, te dejo completamente solo. En esa soledad... la flor de sannyas.

Esa soledad florece por sí misma en la flor de sannyas.

Sannyas no tiene carácter. No tiene moralidad; no es inmoral, es amoral. O tiene una moralidad superior que nunca viene de fuera, sino que viene de dentro. No permite ninguna imposición del exterior, porque todas las imposiciones del exterior te convierten en siervo, en esclavo. Y mi esfuerzo es daros dignidad, gloria. Mi esfuerzo es daros esplendor.

Todos los demás esfuerzos han fracasado. Era inevitable, porque el fracaso estaba incorporado. Todos estaban orientados a la estructura, y todo tipo de estructura se vuelve pesada para el corazón del hombre, tarde o temprano. Toda estructura se convierte en una prisión, y un día u otro tienes que rebelarte contra ella.

¿No lo habéis observado a lo largo de la historia? - Cada revolución, a su vez, se vuelve represiva. Ocurrió en Rusia, ocurrió en China. Después de cada revolución, el revolucionario se convierte en antirrevolucionario. Una vez que llega al poder, tiene su propia estructura que imponer a la sociedad. Y una vez que empieza a imponer su estructura, la esclavitud se transforma en un nuevo tipo de esclavitud, pero nunca en libertad. Todas las revoluciones han fracasado.

Esto no es revolución, es rebelión. La revolución es social, colectiva; la rebelión es individual. No nos interesa dar ninguna estructura a la sociedad. ¡Basta de estructuras! Que desaparezcan todas las estructuras. Queremos individuos en el mundo - moviéndose libremente, moviéndose conscientemente, por supuesto. Y su responsabilidad viene a través de su propia conciencia. Se comportan correctamente no porque intenten seguir ciertos mandamientos; se comportan correctamente, se comportan con precisión, porque les importa.

¿Sabe usted que la palabra exacto viene de cuidado? La palabra preciso en su raíz significa preocuparse por algo. Cuando algo te importa, eres preciso. Si te preocupas por alguien, eres preciso en tu relación.

Un sannyasin es alguien que se preocupa por sí mismo y, naturalmente, por los demás, porque no puedes ser feliz solo. Sólo puedes ser feliz en un mundo feliz, en un clima feliz. Si todo el mundo llora y llora y está en la miseria, es muy, muy difícil para ti ser feliz. Por eso, quien se preocupa por la felicidad, por su propia felicidad, se preocupa por la felicidad de los demás, porque la felicidad sólo se produce en un clima feliz. Pero este cuidado no se debe a ningún dogma. Está ahí porque amas, y el primer amor, naturalmente, es el amor por ti mismo. Luego vienen otros amores.

Otros esfuerzos han fracasado porque estaban orientados a la mente. Estaban basados en el proceso de pensamiento, eran conclusiones de la mente. Sannyas no es una conclusión de la mente.

Sannyas no está orientado al pensamiento; no tiene raíces en el pensamiento. Sannyas es perspicacia; es meditación, no mente. Tiene sus raíces en la alegría, no en el pensamiento. Tiene sus raíces en la celebración, no en el pensamiento. Está arraigado en esa conciencia donde no se encuentran los pensamientos. No es una elección: no es una elección entre dos pensamientos, es el abandono de todos los pensamientos. Es vivir desde la nada.

POR LO TANTO, OH SARIPUTRA, LA FORMA ES LA NADA, LA NADA ES LA FORMA.

Sannyas es de lo que hablábamos el otro día: ¡svaha, aleluya! Es la alegría de ser.

¿Cómo se puede definir la alegría de ser? No se puede definir, porque la alegría de ser de cada uno va a ser diferente. Mi alegría de ser va a ser diferente de tu alegría de ser.

La alegría será la misma, su sabor será el mismo, pero la floración será diferente. Un loto florece, una rosa florece, una caléndula florece - todas florecen, y el proceso de floración es el mismo. Pero la caléndula florece a su manera, y la rosa a la suya, y el loto a la suya. Sus colores son diferentes, sus expresiones son diferentes, aunque el espíritu es el mismo. Y cuando florecen, y cuando pueden susurrar a los vientos, y cuando pueden compartir su fragancia con el cielo, todas están alegres.

Cada sannyasin será una persona totalmente única. No me interesa la sociedad. No me interesa la colectividad. Mi interés está absolutamente en los individuos - ¡en ti!

Y la meditación puede tener éxito donde la mente ha fracasado, porque la meditación es una revolución radical en tu ser - no la revolución que cambia el gobierno, no la revolución que cambia la economía, sino la revolución que cambia tu conciencia, que te transforma de la noosfera a la cristosfera, que te cambia de una persona somnolienta a un alma despierta. Y cuando estás despierto, todo lo que haces es bueno.

Esa es mi definición de "bien" y "virtud": la acción de una persona despierta es virtud, y la acción de una persona no despierta es pecado. No hay otra definición de pecado y virtud. Depende de la persona, de su conciencia, de la cualidad que aporta al acto. Así que a veces puede ocurrir que el mismo acto sea virtuoso y el mismo acto sea pecaminoso. Los actos pueden ser aparentemente los mismos, pero las personas detrás de los actos pueden ser diferentes.

Por ejemplo, Jesús entró en el templo de Jerusalén con un látigo en la mano para echar a los cambistas. Desbarató sus tablas de cambiar dinero. Solo, sin ayuda de nadie, echó a todos los cambistas del templo. Parece muy violento: Jesús con un látigo, echando a la gente del templo. Pero no era violento. Lenin haciendo lo mismo sería violento, y el acto sería pecaminoso. Jesús haciendo el mismo acto es virtuoso. Actúa por amor; se preocupa. También se preocupa por los cambistas. Es por su preocupación, por su amor, por su conciencia, por lo que actúa. Actúa drásticamente, porque sólo así se sobresaltan y se crea una situación en la que es posible algún cambio.

El acto puede ser el mismo, pero si una persona está despierta la calidad del acto cambia.

Un sannyasin es una persona que vive cada vez más en estado de alerta. Y cuantas más personas existan en estado de alerta, mejor será el mundo que se creará. La civilización aún no se ha producido.

Se dice que alguien preguntó al Príncipe de Gales: "¿Qué opina de la civilización?". Y se cuenta que el Príncipe de Gales respondió: "Es una buena idea. Hace falta que alguien lo intente. Aún no ha ocurrido".

Sannyas es sólo un comienzo, una semilla de un mundo totalmente diferente donde la gente es libre de ser ella misma, donde la gente no está constreñida, lisiada, paralizada, donde la gente no está reprimida, hecha para sentirse culpable, donde la alegría es aceptada, donde la alegría es la regla, donde la seriedad ha desaparecido, donde una sinceridad no seria, una alegría ha entrado. Éstas pueden ser las indicaciones, los dedos que apuntan a la luna.

Primero: apertura a la experiencia. Por lo general, las personas son cerradas, no están abiertas a la experiencia. Antes de experimentar algo, ya tienen prejuicios sobre ello. No quieren experimentar, no quieren explorar. Eso es una estupidez.

Viene un hombre y quiere meditar, y si le digo que vaya a bailar, dice: "¿Cuál será el resultado de bailar? ¿Cómo puede salir la meditación bailando?". Le pregunto: "¿Has bailado alguna vez?". Me contesta: "No, nunca". Esto es una mente cerrada. Una mente abierta dirá: "De acuerdo, lo investigaré y veré. Tal vez bailando pueda lograrlo". Tendrá una mente abierta para entrar en ello, sin prejuicios. Este hombre que dice, "¿Cómo puede ocurrir la meditación a partir de la danza?" - incluso si es persuadido de ir a la meditación, llevará esta idea en su cabeza:

"¿Cómo puede la meditación suceder fuera de la danza?" Y no le va a suceder. Y cuando no suceda, su viejo prejuicio se fortalecerá más. Y no ha sucedido debido al prejuicio.

Este es el círculo vicioso de la mente cerrada. Viene lleno de ideas, viene preparado.

No está disponible para nuevos hechos, y el mundo está continuamente bombardeado con nuevos hechos. El mundo sigue cambiando y la mente cerrada permanece anclada en el pasado. Y el mundo sigue cambiando, y a cada momento algo nuevo desciende al mundo. Dios sigue pintando el mundo de nuevo una y otra vez, y vosotros seguís con vuestras viejas ideologías muertas en la cabeza.

Así que la primera cualidad de un sannyasin es la apertura a la experiencia. No decidirá antes de haber experimentado. Nunca decidirá antes de haber experimentado. No tendrá ningún sistema de creencias. No dirá: "Esto es así porque Buda lo dice". No dirá: "Esto es así porque está escrito en los Vedas". Dirá: "Estoy dispuesto a investigarlo y ver si es así o no".

El último mensaje de Buda a sus discípulos fue éste: "Recordad"... y esto lo estuvo repitiendo durante toda su vida, una y otra vez; el último mensaje también fue este - "Recordad, no creáis en nada porque yo lo haya dicho. Nunca creáis en nada a menos que lo hayáis experimentado".

Un sannyasin no llevará muchas creencias; de hecho, ninguna. Sólo llevará consigo sus propias experiencias. Y la belleza de la experiencia es que la experiencia siempre está abierta, porque es posible explorar más. Y la creencia siempre está cerrada; llega a un punto completo. La creencia siempre está acabada. La experiencia nunca está acabada, permanece inacabada. Mientras vives, ¿cómo puede estar acabada tu experiencia? Tu experiencia crece, cambia, se mueve. Se mueve continuamente de lo conocido a lo desconocido y de lo desconocido a lo incognoscible. Y recuerda, la experiencia tiene belleza porque está inacabada. Algunas de las mejores canciones son las que están inacabadas. Algunos de los mejores libros son los que están inacabados. Algunas de las mejores músicas son las que están inacabadas. Lo inacabado tiene belleza.

He oído una parábola zen:

Un rey acudió a un maestro zen para aprender jardinería. El maestro le enseñó durante tres años, y el rey tenía un hermoso y gran jardín -en el que trabajaban miles de jardineros- y, dijera lo que dijera el maestro, el rey iba y experimentaba en su jardín. Al cabo de tres años, el jardín estaba totalmente listo y el rey invitó al maestro a venir a verlo. El rey también estaba muy nervioso, porque el maestro era estricto: "¿Apreciará?" - esto iba a ser una especie de examen: "¿Dirá: "Sí, me has entendido"?".

Y se tomaron todas las precauciones. El jardín estaba tan bien cuidado que no faltaba nada.

Sólo entonces trajo el rey al maestro para que lo viera. Pero el maestro estaba triste desde el principio. Miraba a su alrededor, se movía por el jardín de un lado a otro, se ponía cada vez más serio. El rey se asustó mucho. Nunca le había visto tan serio: "¿Por qué está tan triste? ¿Le pasa algo?"

Y una y otra vez el maestro asentía con la cabeza y decía en su interior "No".

Y el rey preguntó: "¿Qué ocurre, señor? ¿Qué ocurre? ¿Por qué no me lo dices? Te pones muy serio y triste, y niegas con la cabeza. ¿Por qué? ¿Qué es lo que va mal? ¿No veo nada malo? Esto es lo que me has estado diciendo, y lo he practicado en este jardín".

El maestro dijo: "Está tan acabado que está muerto. Está tan completo, que por eso niego con la cabeza. Tiene que permanecer inacabado. ¿Dónde están las hojas muertas?

¿Dónde están las hojas secas? No veo ni una sola hoja seca". Todas las hojas secas habían desaparecido: en los caminos no había hojas secas; en los árboles no había hojas secas, ni hojas viejas que se habían vuelto amarillas. "¿Dónde están esas hojas?"

Y el rey dijo: "He dicho a mis jardineros que lo quiten todo. Que sea lo más absoluto posible".

Y el maestro dijo: "Por eso parece tan aburrido, tan hecho por el hombre. Las cosas de Dios nunca están acabadas". Y el maestro salió corriendo, fuera del jardín. Todas las hojas secas estaban amontonadas: trajo unas cuantas hojas secas en un cubo, las lanzó al viento, y el viento las cogió y empezó a jugar con las hojas secas, y empezaron a moverse por los caminos. Estaba encantado, y dijo:

"¡Mira, qué vivo parece!". Y el sonido había entrado con las hojas secas: la música de las hojas secas, el viento jugando con las hojas secas. Ahora el jardín tenía un susurro; de lo contrario, estaba apagado y muerto como un cementerio. Aquel silencio no estaba vivo.

Me encanta esta historia. El maestro dijo: "Es tan completo, por eso está mal".

La otra noche Savita estuvo aquí. Me contaba que está escribiendo una novela y que no sabe qué hacer. Ha llegado a un punto en el que puede terminarse, pero existe la posibilidad de que se alargue; aún no está completa. Le dije: "Termínalo tú. Acábalo mientras esté inacabado, entonces tendrá algo misterioso a su alrededor, esa inacababilidad...".

Y le dije: "Si tu protagonista aún quiere hacer algo, que se haga sannyasin. Y entonces las cosas van más allá de su capacidad. Entonces, ¿qué puede hacer? Entonces llega a su fin, y sin embargo las cosas siguen creciendo".

Ninguna historia puede ser bella si está totalmente acabada. Estará completamente muerta. La experiencia siempre permanece abierta, es decir, inacabada. La creencia siempre está completa y acabada. La primera cualidad es la apertura a la experiencia.

La mente son todas tus creencias juntas. Apertura significa no-mente; apertura significa que pones tu mente a un lado y estás listo para mirar la vida una y otra vez de una manera nueva, no con los viejos ojos. La mente te da los viejos ojos, te da de nuevo ideas: "Mira a través de esto".

Pero entonces la cosa se colorea; entonces no la miras, entonces proyectas una idea sobre ella.

Entonces la verdad se convierte en una pantalla en la que sigues proyectando. Mira a través de la no-mente, mira a través de la nada - shunyata. Cuando miras a través de la no-mente tu percepción es eficiente, porque entonces ves lo que es. Y la verdad libera. Todo lo demás crea una esclavitud, sólo la verdad libera.

En esos momentos de no-mente, la verdad empieza a filtrarse en ti como la luz. Cuanto más disfrutas de esta luz, de esta verdad, más capaz y valiente te vuelves para abandonar tu mente. Tarde o temprano llega un día en el que miras y no tienes mente. No buscas nada, simplemente miras. Tu mirada es pura. En ese momento te conviertes en avalokita, alguien que mira con ojos puros. Ese es uno de los nombres de Buda - Avalokita: el que mira sin ideas, simplemente mira.

Una vez sucedió que un hombre escupió en la cara de Buda. Se limpió la cara y preguntó al hombre: "¿Tienes algo más que decir?".

Sus discípulos estaban muy sorprendidos y enfadados. Su discípulo principal, Ananda, le dijo: "¡Esto es demasiado! No podemos hacer nada porque tú estás aquí; de lo contrario, habríamos matado a este hombre. Este hombre te ha escupido y tú preguntas: "¿Tienes algo más que decir?" Buda respondió: "Sí, porque ésta es una forma de decir algo: escupir. Quizá el hombre está tan enfadado que las palabras no son adecuadas; por eso ha escupido". Cuando las palabras no son adecuadas, ¿qué haces? Sonríes, lloras, se te saltan las lágrimas, abrazas, abofeteas... haces algo. Si hay demasiada ira, ¿qué haces? No encuentras una palabra suficientemente fuerte, violenta.

¿Qué vas a hacer? - escupes.

Esta es la visión de Buda: sin mente. Él mira al hombre: "¿Cuál es el problema?

¿Por qué me escupe?" No participa en absoluto. No aporta sus experiencias pasadas ni sus ideas de que escupir es malo, de que esto es insultante y humillante. Ninguna idea interfiere. Simplemente observa la realidad de este hombre que le está escupiendo. Está totalmente preocupado: "¿Por qué? Este hombre debe tener un problema, un problema lingüístico. Quiere decir algo pero no tiene las palabras adecuadas para hacerlo. Por eso, torpemente, está escupiendo".

Buda dijo: "Por eso te pregunto si tienes algo más que decir". El hombre se quedó estupefacto porque esto no era lo que esperaba. Había venido a humillar a Buda, pero Buda no es humillado. La compasión de Buda se derrama sobre el hombre. Aquella noche no pudo dormir. Una y otra vez pensaba en ello. Le resultaba muy difícil asimilarlo: "¿Qué clase de hombre es éste? ¿Qué clase de hombre es éste? Escupo, y él simplemente pregunta -y con tremendo amor-: "¿Tienes algo más que decir?" A primera hora de la mañana regresó, cayó a los pies de Buda y dijo: "Señor, discúlpeme, perdóneme. No he podido dormir en toda la noche".

Buda se echó a reír y dijo: "¡Tonto! ¿Por qué? He dormido perfectamente bien. ¿Por qué te alteras tanto por una cosa tan pequeña? No me ha hecho daño. Ya ves que mi cara está como antes. ¿Por qué te preocupas tanto?"

Y el hombre le dijo: "He venido para convertirme en tu discípulo. Iníciame. Quiero estar contigo. He visto algo único, sobrehumano. Pero primero, perdóname".

Y Buda dijo: "Esto no tiene sentido. ¿Cómo puedo perdonarte? - porque ni siquiera he tomado nota de ello. No estaba enfadado, así que ¿cómo puedo perdonarte?". Habían pasado veinticuatro horas, y estaban sentados en la orilla del Ganges. Y Buda dijo: "Mira cuánta agua ha pasado por el Ganges en veinticuatro horas: tanta vida ha pasado en ti, tanta vida ha pasado en mí. Ya no es el mismo Ganges. Yo no soy el mismo hombre.

De hecho, nunca me habías escupido, fue otra persona; han pasado veinticuatro horas. Y tú no eres el mismo que había escupido... así que ¿quién puede perdonar a quién? Que se vaya lo ido".

Esta es la visión de la no-mente. Puede obrar milagros. El sannyasin vive abierto a todo.

La segunda cualidad es la vida existencial. No vive de ideas: uno debe ser así, uno debe ser así, uno debe comportarse de esta manera, uno no debe comportarse de esta manera. No vive de ideas, responde a la existencia. Responde con todo su corazón, sea como sea. Su ser es aquí-ahora. Espontaneidad, sencillez, naturalidad, esas son sus cualidades.

No vive una vida prefabricada. No lleva mapas: cómo vivir, cómo no vivir.

Permite la vida; dondequiera que le lleve, él va con ella. Un sannyasin no es un nadador, y no intenta ir río arriba. Va con el todo, fluye con la corriente. Fluye tan totalmente con la corriente que, poco a poco, deja de estar separado de ella y se convierte en ella. Eso es lo que Buda llama srotapanna - alguien que ha entrado en la corriente. Ese es también el comienzo del sannyas de Buda: alguien que ha entrado en la corriente, alguien que ha llegado a relajarse en la existencia. No lleva valoraciones, no juzga.

Vivir existencialmente significa que cada momento tiene que decidir por sí mismo. La vida es atómica. No se decide de antemano, no se ensaya, no se prepara cómo vivir. Cada momento llega, trae una situación; estás ahí para responder a ella - respondes. Normalmente, la gente vive una vida muy extraña. Si vas a dar una entrevista, te preparas, piensas qué te van a preguntar y cómo vas a responder, cómo te vas a sentar y cómo te vas a poner de pie. Todo se vuelve falso porque está ensayado. ¿Y entonces qué ocurre?

Cuando vas con un ensayo así, nunca estás totalmente allí. Te preguntan algo y estás buscando en tu memoria, porque llevas una respuesta preparada: si eso encajará o no, si esto servirá o no. Sigues sin entender. No estás totalmente allí; no puedes estar totalmente allí, estás involucrado en la memoria. Y entonces ocurre lo siguiente: cuando estás saliendo, empiezas a pensar que deberías haber respondido de esta manera. Esto se llama "el ingenio de la escalera": cuando estás bajando la escalera, y empiezas a pensar: "Debería haber contestado esto, debería haber dicho esto otro". Vuelves a ser muy sabio. Antes eres sabio, después eres sabio; ¡en el medio eres otra cosa! Y en el medio está la vida. La existencia está ahí.

La tercera cualidad de un sannyasin es la confianza en su propio organismo. La gente confía en los demás, el sannyasin confía en su propio organismo. Cuerpo, mente, alma, todos están incluidos. Si tiene ganas de amar, fluye en el amor. Si no tiene ganas de amar dice "Lo siento", pero nunca finge.

Un no-sannyasin sigue fingiendo. Su vida es una vida vivida a través de máscaras. Llega a casa, abraza a la esposa, y no quiere abrazar a la mujer. Y dice: "Te quiero", y esas palabras suenan tan falsas porque no salen del corazón. Vienen de Dale Carnegie. Ha estado leyendo "Cómo ganar amigos e influir sobre las personas" y ese tipo de tonterías. Y esta lleno de esas tonterias, y las lleva y las practica. Toda su vida se convierte en una falsa, pseudo vida, una parodia. Y nunca está satisfecho, naturalmente; no puede estarlo, porque la satisfacción sólo surge de la vida auténtica. Si no sientes amor, tienes que decirlo; no hay necesidad de fingir. Si estás enfadado, tienes que decirlo. Tienes que ser fiel a tu organismo, tienes que confiar en tu organismo. Y te sorprenderás: cuanto más confíes, más clara te resultará la sabiduría del organismo.

Tu cuerpo tiene su propia sabiduría: lleva la sabiduría de los siglos en sus células. Tu cuerpo tiene hambre y estás ayunando porque tu religión dice que este día tienes que ayunar, y tu cuerpo tiene hambre. No confías en tu organismo, confías en una escritura muerta, porque en algún libro alguien ha escrito que este día tienes que ayunar, así que ayunas. Escucha a tu cuerpo. Sí, hay días en los que el cuerpo dice: "¡Ayuna!". - Pues hazlo. Pero no hay necesidad de escuchar a las escrituras. El hombre que escribió esa escritura no la escribió pensando en ti, en absoluto. No pudo haberte concebido. No estabas presente para él, no estaba escribiendo sobre ti. Es como si te pones enfermo y vas a casa de un médico muerto y buscas en sus recetas, y encuentras una receta y empiezas a seguir la receta. Esa receta se hizo para otra persona, para otra enfermedad, en otra situación.

Recuerda confiar en tu propio organismo. Cuando sientas que el cuerpo te dice que no comas, para inmediatamente. Cuando el cuerpo diga come, entonces no te preocupes si las escrituras dicen que ayunes o no. Si tu cuerpo te dice que comas tres veces al día, perfecto. Si te dice que comas una vez al día, perfecto. Empieza a aprender a escuchar a tu cuerpo, porque es tu cuerpo. Estás en él; tienes que respetarlo y confiar en él. Es tu templo; es un sacrilegio imponer cosas a tu cuerpo. No se debe imponer nada por ningún otro motivo. Y esto no sólo te enseñará a confiar en tu cuerpo, sino que también te enseñará a confiar en la existencia, porque tu cuerpo es parte de la existencia. Entonces tu confianza crecerá, y confiarás en los árboles y las estrellas y la luna y el sol y los océanos: confiarás en la gente. Pero el principio de la confianza tiene que ser la confianza en tu propio organismo. Confía en tu corazón.

Ahora alguien ha hecho una pregunta: ha decidido vivir con su esposa porque piensa que vivir con la esposa de uno y nunca dejarla, nunca separarse, y nunca hacer el amor con otra mujer, es una gran cualidad espiritual.

Puede que para algunos sí, puede que para otros no. Depende.

Ahora el interrogador dice: "He decidido esto, y los problemas están ahí. Me siento atraído por otras mujeres: Me siento culpable. Y no me siento atraído por mi mujer: entonces también me siento culpable. No quiero hacer el amor con mi mujer porque no me surge el deseo. Pero tengo que hacer el amor con mi mujer para satisfacerla. Si hago el amor con ella, entonces me siento culpable de mí mismo, de que no estoy siendo sincero conmigo mismo. Y parece una aventura arrastrada".

Cuando no quieres hacer el amor, entonces el amor es la cosa más fea del mundo. Sólo lo más bello puede ser lo más feo. El amor es una de las experiencias más bellas, pero sólo cuando fluyes en él, cuando es espontáneo, cuando es apasionado, cuando estás lleno de él, dominado por él, poseído por él, borracho de él, absorto en él... sólo entonces. Entonces te lleva a la cima más alta de la alegría. Pero si no estás poseído por ella, y ni siquiera sientes amor por tu mujer o tu marido, y la estás haciendo... entonces la expresión inglesa es correcta: making love. Entonces lo estás haciendo, no está sucediendo. Es feo, es prostitución. No importa a quién se lo hagas; es prostitución. Es criminal. Y esto no te hará de ninguna manera espiritual. Sólo te reprimirás sexualmente, eso es todo. Si haces el amor te sentirás culpable, si no haces el amor te sentirás culpable.

Ahora este hombre tiene una idea de cómo deben ser marido y mujer. Ahora la esposa también debe estar sufriendo. Ambos están enganchados, ambos están aburridos el uno del otro, ambos quieren deshacerse el uno del otro pero no pueden deshacerse el uno del otro porque no confían en su organismo. Si sus organismos están diciendo: "Estén juntos, crezcan juntos, fluyan juntos"; si su organismo se siente feliz y emocionado y excitado y hay éxtasis, vayan con la mujer una vida, dos vidas, tres vidas, tantas vidas como quieran estar juntos, y se irán acercando cada vez más a Dios. Y tu intimidad tendrá una cualidad de espiritualidad.

Pero no este tipo de intimidad. Una intimidad forzada te hará cada vez más poco espiritual, y tu mente empezará, naturalmente, a buscar algunos caminos: tu mente se obsesionará cada vez más con el sexo. Y cuando hay demasiada obsesión, ¿cómo puedes crecer en espiritualidad?

Escucha al organismo y ten el valor suficiente para hacer lo que dice tu organismo.

Y no estoy diciendo que te separes de tu esposa. Pero si eso tiene que venir, tiene que venir. Y será bueno para ambos. Al menos eso se lo debes a tu mujer. Si te importa algo la esposa, y ya no la quieres, entonces tienes que decirlo. Con profunda tristeza... la despedida será triste, pero ¿qué se puede hacer? No puedes hacer nada. No te separarás con ira, no te separarás con rencor y queja. Te separarás con una inmensa impotencia en tu corazón. Querías estar con ella, pero tu organismo te dice que no. ¿Qué puedes hacer? Puedes forzar a tu organismo, y el organismo puede ir allí, y continuar en la relación, pero no habrá alegría. Y sin alegría, ¿cómo puedes tener una relación? Entonces el matrimonio es falso; legal, pero por lo demás falso.

Un sannyasin es alguien que confía en su propio organismo, y esa confianza le ayuda a relajarse en su ser, y le ayuda a relajarse en la totalidad de la existencia. Aporta una aceptación general de uno mismo y de los demás. Da una especie de arraigo, de centrado. Y entonces hay una gran fuerza y poder, porque estás centrado en tu propio cuerpo, en tu propio ser. Tienes raíces en la tierra. De lo contrario, ves a la gente desarraigada, como árboles que han sido arrancados de la tierra.

Simplemente están muriendo, no están viviendo. Por eso no hay mucha alegría en la vida. No se ve la calidad de la risa; falta la celebración. E incluso si la gente celebra eso también es falso.

Por ejemplo, es el cumpleaños de Krishna y la gente lo celebra. ¿Cómo puedes celebrar el cumpleaños de Krishna? Ni siquiera has celebrado tu propio cumpleaños. Y alguien que nació hace cinco mil años, ¿qué te importa eso y cómo puedes celebrarlo? Todo es falso. ¿Cómo puedes celebrar el cumpleaños de Jesucristo? Es imposible. No has celebrado al Dios que ha venido a ti, que está dentro de ti. ¿Cómo puedes celebrar a otro Dios que nació en un establo hace dos mil años?

En tu propio cuerpo, en tu propio ser, en este mismo momento, Dios está ahí - y no lo has celebrado. No puedes celebrarlo. La celebración tiene que ocurrir primero en tu propia casa, de cerca. Luego se convierte en un gran maremoto y se extiende por toda la existencia.

La cuarta es la sensación de libertad.

El sannyasin no sólo es libre, sino que es la libertad. Siempre vive de una manera libre. Libertad no significa libertinaje. El libertinaje no es libertad, el libertinaje es sólo una reacción contra la esclavitud; así que te vas al otro extremo. La libertad no es el otro extremo, no es una reacción. La libertad es una percepción: "Tengo que ser libre, si es que tengo que serlo. No hay otra forma de serlo. Si estoy demasiado poseído por la iglesia, por el hinduismo, por el cristianismo, por el mahometismo, entonces no puedo serlo. Entonces seguirán creando límites a mi alrededor. Seguirán forzándome a encerrarme en mí mismo como un ser lisiado. Tengo que ser libre. Tengo que correr el riesgo de ser libre. Tengo que asumir este peligro".

La libertad no es muy conveniente, no es muy cómoda. Es arriesgada. Un sannyasin toma ese riesgo. No significa que se pelee con todo el mundo. No significa que cuando la ley dice que te mantengas a la derecha o a la izquierda, él vaya en contra de ella, no. No se preocupa por trivialidades. Si la ley dice mantente a la izquierda, se mantiene a la izquierda - porque no es una esclavitud. Pero sobre cosas importantes, esenciales... Si el padre dice: "Cásate con esta mujer porque es rica y vendrá mucho dinero", él dirá: "No. ¿Cómo voy a casarme con una mujer de la que no estoy enamorado? Esto será una falta de respeto a la mujer". Si el padre dice: "Ve a la iglesia todos los domingos porque has nacido en un hogar cristiano", él dirá: "Iré a la iglesia si me siento, no iré porque tú lo digas". El nacimiento es accidental; no importa mucho. La iglesia es muy esencial... "Si me apetece, iré".

No digo que no vayas a la iglesia, pero ve sólo cuando tu sentimiento haya surgido para ello. Entonces habrá comunión. De lo contrario, no hay necesidad de ir.

Sobre las cosas esenciales el sannyasin siempre mantendrá intacta su libertad. Y porque respeta la libertad, respetará también la libertad de los demás. Nunca interferirá en la libertad de nadie, sea quien sea.

Si tu mujer se ha enamorado de alguien te sentirás herido, llorarás lágrimas de tristeza, pero ese es tu problema. No interferirás con ella. No dirás: "¡Para, porque estoy sufriendo!". Dirás: "Esta es tu libertad. Si sufro, es mi problema. Tengo que afrontarlo. Si siento celos, tengo que deshacerme de mis celos. Pero tú vas por tu cuenta. Aunque me duela, aunque me hubiera gustado que no te hubieras ido con nadie, ese es mi problema. No puedo invadir tu libertad".

El amor respeta tanto que da libertad. Y si el amor no da libertad no es amor, es otra cosa.

Un sannyasin es inmensamente respetuoso con su propia libertad, muy cuidadoso con su propia libertad, y también lo es con la libertad de los demás. Este sentido de la libertad le da una individualidad; no es sólo una parte de la mente de la masa. Tiene cierta singularidad: su modo de vida, su estilo, su clima, su individualidad. Existe a su manera, ama su propia canción.

Tiene sentido de la identidad: sabe quién es, sigue profundizando en su sentimiento de quién es y nunca se compromete.

Independencia, rebelión -recuerda, no revolución sino rebelión- esa es la cualidad de un sannyasin. Y hay una gran diferencia. La revolución no es muy revolucionaria. La revolución también sigue funcionando en la misma estructura.

Por ejemplo, en la India, durante siglos los intocables, la casta más baja, no han podido entrar en los templos. Los brahmanes nunca les han permitido entrar en el templo: "El templo se ensuciará si entran". Durante siglos en la India los intocables no han entrado en el templo. Esto es horrible. Entonces llegó Mahatma Gandhi, que se esforzó y luchó mucho. Quería que los intocables pudieran entrar en los templos; toda su vida luchó por ello. Es revolucionario pero no rebelde. ¿Por qué revolucionario? Entonces, ¿qué es la rebelión?

Alguien preguntó a J. Krishnamurti sobre la lucha de Gandhi para que se permitiera a los intocables entrar en los templos. ¿Y sabes lo que J. Krishnamurti dijo? Dijo: "Pero Dios no está en los templos". Esto es rebelión.

El planteamiento de Gandhi es revolucionario, pero también cree que Dios está en los templos tanto como los brahmanes. La estructura es la misma. Cree que es muy, muy importante que la gente vaya a los templos; si no van a los templos se perderán a Dios. Esa es la idea del brahmán, esa es la idea de la sociedad que ha reprimido a los intocables para que no entren, les ha prohibido la entrada. La idea es la misma: que Dios vive en los templos, y aquellos que van a entrar en los templos se acercarán a Dios, por supuesto. Y aquellos a los que no se les permita, se lo perderán. Gandhi es revolucionario, pero la revolución cree en la misma estructura. Es una reacción.

J. Krishnamurti es rebelde. Dice: "Pero Dios no está en los templos, así que ¿para qué molestarse?

Ni los brahmanes lo consiguen allí, ni los intocables lo conseguirán. ¿Por qué molestarse? Es estúpido". Todas las revoluciones son reaccionarias, reacciones a un cierto patrón. Siempre que reaccionas no es una revolución porque crees en el mismo patrón. Por supuesto que vas contra él, pero crees. En el fondo, el sustrato es el mismo.

Gandhi está pensando que los brahmanes están disfrutando mucho; están recibiendo a Dios demasiado.

¿Y los intocables? - están desprovistos. Pero no ha mirado a los brahmanes: a lo largo de los siglos han estado adorando en los templos y no han conseguido nada. Esto es una tontería. Los que están dentro del templo no tienen nada, así que ¿para qué molestarse? ¿Y por qué traer a gente que no está dentro? No tiene sentido.

Un sannyasin es rebelde. Por rebelión quiero decir que su visión es completamente diferente. No funciona en la misma lógica, en la misma estructura, en el mismo patrón. No está en contra del modelo, porque si estás en contra de un modelo determinado, tendrás que crear otro modelo para luchar contra él. Y los patrones son todos iguales. Un sannyasin es alguien que simplemente se ha salido. No está en contra del patrón, ha comprendido la estupidez de todos los patrones. Ha mirado en la estupidez de todos los patrones y se ha escabullido. Es rebelde.

La quinta es la creatividad. El antiguo sannyas era muy poco creativo. Se pensaba que alguien se convertía en sannyasin y se iba a una cueva del Himalaya y se sentaba allí, y eso estaba perfectamente bien. No se necesitaba nada más. Puedes ir y ver a los monjes Jaina: están sentados en sus templos, sin hacer nada - absolutamente poco creativos, de aspecto aburrido y estúpido, sin ninguna llama de inteligencia. Y la gente les adora y les toca los pies. Preguntamos: "¿Por qué le tocas los pies?", y nos dicen: "Este hombre ha renunciado al mundo", como si renunciar al mundo fuera en sí mismo un valor. "¿Qué ha hecho?" y dirán: "Ha ayunado. Ayuna durante meses", como si no comer fuera un valor en sí mismo.

Pero pregúntale qué ha pintado, qué belleza ha creado en el mundo, qué poema ha compuesto, qué canción ha hecho existir, qué música, qué danza, qué invención, ¿cuál es su creación? - y dirán: "¿De qué estás hablando? Es un sannyasin".

Simplemente se sienta en el templo y permite que la gente toque sus pies, eso es todo. Y hay mucha gente sentada así en la India.

Mi concepción de un sannyasin es que su energía será creativa, que traerá un poco más de belleza al mundo, que traerá un poco más de alegría al mundo, que encontrará nuevas formas de entrar en la danza, el canto, la música, que traerá algunos bellos poemas. Creará algo, no será poco creativo. Los dias de sannyas no creativos han terminado. El nuevo sannyasin solo puede existir si es creativo.

Debería aportar algo. Permanecer sin creatividad es casi un pecado, porque existes y no contribuyes. Comes, ocupas espacio y no aportas nada. Mis sannyasins tienen que ser creadores. Y cuando estás en profunda creatividad estás cerca de Dios.

Eso es realmente la oración, eso es la meditación. Dios es el creador, y si no sois creadores estaréis muy lejos de Dios. Dios sólo conoce un lenguaje, el lenguaje de la creatividad. Por eso cuando compones música, cuando estás completamente perdido en ella, algo de lo divino empieza a filtrarse en tu ser. Esa es la alegría de la creatividad, ese es el éxtasis - ¡svaha!

El sexto es el sentido del humor, la risa, el juego, la sinceridad sin seriedad. El antiguo sannyas era poco risueño, muerto, aburrido. El nuevo sannyasin tiene que traer más y más risa a su ser. Tiene que ser un sannyasin risueño, porque tu risa es tu relajación, y tu risa puede crear situaciones para que otros también se relajen. El templo debe estar lleno de alegría, risas y bailes. No debe ser como una iglesia cristiana. La iglesia parece un cementerio. Y con la cruz allí parece casi un culto a la muerte... un poco morboso. No se puede reír en una iglesia. Una carcajada no estaría permitida; la gente pensaría que estás loco o algo así. Cuando la gente entra en una iglesia se pone seria, rígida... caras largas.

Para mí, la risa es una cualidad religiosa, muy esencial. Tiene que formar parte del mundo interior de un sannyasin: el sentido del humor.

La séptima es la meditatividad, la soledad, las experiencias místicas cumbre que suceden cuando estás solo, cuando estás absolutamente solo dentro de ti mismo.

Sannyas te hace estar solo; no solitario, sino solo; no solitario, sino que te da una soledad.

Puedes ser feliz solo, ya no dependes de los demás. Puedes sentarte solo en tu habitación y ser completamente feliz. No hay necesidad de ir a un club, no hay necesidad de tener siempre amigos a tu alrededor, no hay necesidad de ir al cine. Puedes cerrar los ojos y caer en la felicidad interior: en eso consiste la meditación.

Y la octava es el amor, el parentesco, la relación. Recuerda, sólo puedes relacionarte cuando has aprendido a estar solo, nunca antes.

Sólo dos individuos pueden relacionarse. Sólo dos libertades pueden acercarse y abrazarse. Sólo dos nadaes pueden penetrar la una en la otra y fundirse la una en la otra. Si no eres capaz de estar solo, tu relación es falsa. Es sólo un truco para evitar tu soledad, nada más.

Y eso es lo que hacen millones de personas. Su amor no es más que su incapacidad para estar solos. Así que se mueven con alguien, se cogen de la mano, fingen que aman, pero en el fondo el único problema es que no pueden estar solos. Así que necesitan a alguien a su lado, necesitan a alguien a quien aferrarse, necesitan a alguien en quien apoyarse. Y el otro también les utiliza de la misma manera, porque el otro tampoco puede estar solo, es incapaz. Él o ella también te encuentra instrumental como ayuda para escapar de sí mismo.

Así que dos personas que dices que están enamoradas se odian más o menos a sí mismas. Y debido a ese odio, están escapando. El otro les ayuda a escapar, así que se vuelven dependientes del otro, se vuelven adictos al otro. No puedes vivir sin tu mujer, no puedes vivir sin tu marido porque eres adicto. Pero un sannyasin es uno...

Por eso digo que la séptima cualidad es la soledad, y la octava el amor-relación.

Y estas son las dos posibilidades: se puede ser feliz solo y también se puede ser feliz juntos. Son dos tipos de éxtasis posibles para la humanidad. Puedes entrar en samadhi cuando estás solo y puedes entrar en samadhi cuando estás con alguien, en el amor profundo. Y hay dos tipos de personas: a los extrovertidos les resultará más fácil llegar a la cima a través del otro, y a los introvertidos les resultará más fácil llegar a la cima estando solos. Pero el otro no es antagónico; ambos pueden moverse juntos. Uno será más grande, y ése será el factor decisivo para saber si eres introvertido o extrovertido. El camino de Buda es el camino del introvertido; sólo habla de meditación. El camino de Cristo es extrovertido; habla del amor.

Mi sannyasin tiene que ser una síntesis de ambos. Habrá un énfasis: alguien estará enfáticamente más en sintonía consigo mismo que con los demás, y alguien será justo lo contrario: más en sintonía con otra persona. Pero no hay necesidad de engancharse a un tipo de experiencia. Ambas experiencias pueden seguir estando disponibles.

Y la novena es la trascendencia, el Tao, sin ego, sin mente, sin cuerpo, la nada, en sintonía con el todo.

Ese es todo el mensaje del Prajnaparamita Sutra, el Sutra del Corazón: gate gate paragate - ido, ido, ido más allá - parasamgate bodhi svaha - ido totalmente más allá. ¡Qué éxtasis!

¡Aleluya!

La trascendencia es la última y más elevada cualidad de un sannyasin.

Pero esto son sólo indicaciones, no son definiciones. Tómatelas de forma muy líquida.

No empieces a tomarte lo que he dicho de forma rígida... muy líquida, en una especie de visión vaga, en una visión crepuscular -no como cuando hay pleno sol en el cielo-. Entonces las cosas están muy definidas. En un crepúsculo, cuando el sol se ha puesto y la noche aún no ha descendido, es ambas cosas, justo en medio, el intervalo. Toma todo lo que te he dicho de esa manera. Permanece líquido, fluido. Nunca crees rigidez a tu alrededor. Nunca te vuelvas definible.

La segunda pregunta:

Pregunta 2:

AMADO MAESTRO,

SI FUERAS TAXISTA, ¿DE VERDAD NO TE RECONOCERÍA?

EN PRIMER LUGAR, EN LUGAR DE LLEVARME DIRECTAMENTE A MG ROAD, ME VOLVERÍAS LOCO DURANTE HORA Y MEDIA. EN SEGUNDO LUGAR, TE NEGARÍAS A ACEPTAR EL PRECIO DEL BILLETE Y EXIGIRÍAS MI VIDA. EN TERCER LUGAR, MIENTRAS ME DEJABAS EN TOTAL DESAMPARO, TE MARCHABAS CON UNA SONRISA CELESTIAL Y ENCENDÍAS TU

LETRERO: 'BASTA POR HOY'. ¿PODRÍA SEGUIR ECHANDO DE MENOS A ESTE TAXISTA? ENTONCES MEJOR ME VOY A PIE.

La pregunta es de Swami Anand Adi. Adi está tan loco que no puedo estar muy seguro de si será capaz de reconocerme o no. ¡Puede que sí! Los locos son locos.

Sobre los locos no se puede estar tan seguro. Sí Adi, es posible: puede que me reconozcas incluso como taxista.

Y dices: "En primer lugar, en lugar de llevarme directamente a MG Road, me volverías loco durante hora y media". Eso es verdad.

Ayúdame a volverte loco - porque tu cordura no vale nada. Tu cordura es como una roca en tu corazón. Deja que te la quite. Es una especie de cirugía: duele, duele. Te gustaría aferrarte a la roca. Te gustaría ir directamente a MG Road. Pero todo mi enfoque es que no hay ningún lugar al que ir, no hay MG Road. No hay meta en la vida; la vida es un viaje sin destino. Así que tengo que llevarte en zigzag, una y otra vez, hasta que estés realmente cansado y digas: "¡Basta! Basta por hoy!"

"En segundo lugar, te negarías a aceptar la tarifa y en su lugar exigirías mi vida." Eso también es correcto, Adi. Menos que eso no servirá. Menos que eso no vale nada. Esa es toda mi enseñanza: ¡que no tienes nada que perder, excepto todo!

"Tercero, mientras me dejabas en total desamparo, te alejabas con una sonrisa celestial, y encendías tu letrero: "¡Basta por hoy!".

Eso depende de ti. Puedes participar conmigo en mi "sonrisa celestial". Se necesita valor. Has invertido tanto en tu angustia que sigues manteniéndola. Pero recuerda que cuanto más la conservas, más crece la inversión cada día.

Déjalo. Hoy es más fácil: mañana será más difícil, porque habrás invertido veinticuatro horas más en ello. Déjalo cuanto antes. No lo pospongas, porque todo aplazamiento es peligroso. Mientras lo pospongas, tu angustia se hará más fuerte y echará raíces en tu ser.

Sé por qué te aferras a tu angustia: porque tu idea es que "algo es mejor que nada". Y todo mi enfoque es: Nada es Dios. Sigues aferrándote a tu angustia porque te da la sensación de que tienes algo, al menos algo -tal vez sea angustia, ansiedad, miseria, pero algo, al menos algo: "No estoy vacío". Tienes mucho miedo al vacío, y sólo a través del vacío aparece Dios.

Dejad que os ayude a convertiros en la nada. Y entonces llega esa sonrisa celestial: sale de la nada. Cuando dentro de ti esté la nada, tendrás una sonrisa por todas partes.

No está sólo en los labios, está por todas partes. Es la sonrisa de la nada.

Mira que llevas una gran carga de angustia, y mira que la llevas. Y date cuenta de que eres responsable de llevarla o de no llevarla: puedes soltarla en este mismo momento.

Y dejarlo es de lo que se trata sannyas.

Tendré que decir sobre Anand Adi: Me temo que me reconocería aunque fuera taxista. Tal vez me reconocería mucho mejor de lo que me reconoce ahora. Está loco.

Hay mucha más gente que me reconocerá de todos modos, en cualquier lugar. Sólo esas son las personas que están conmigo - que me reconocerán en cualquier lugar.

Jesús murió. Su cuerpo fue guardado en una cueva después de la crucifixión. María Magdalena fue a verlo al tercer día, y el cuerpo no estaba allí. Así que miró a su alrededor para preguntar, y vio a un jardinero trabajando fuera. Así que se dirigió al jardinero y le preguntó: "¿Has visto dónde han sacado el cuerpo de Jesús?".

El jardinero se echó a reír y dijo: "¿No me reconoces?". Era Jesús mismo, resucitado. Cuando Jesús habló, entonces, sólo entonces, Magdalena lo reconoció. Pero ella era una mujer. Hizo bien -no perfectamente bien, porque primero pensó que era un jardinero. Pero aun así, inmediatamente, en cuanto él pronunció una sola palabra y ella lo miró a los ojos, lo reconoció.

Pero entonces Jesús fue en busca de sus otros discípulos. Encontró a dos discípulos en el camino - iban a otro pueblo, y hablaban continuamente de lo que le había sucedido a su maestro: lo habían crucificado, y cuáles iban a ser las repercusiones de ello, y no había sucedido ningún milagro, y ellos esperaban el milagro... Y Jesús caminaba con ellos, y ellos también hablaban con Jesús, pensando que era un forastero. Durante cuatro millas caminaron juntos y no podían reconocer a Jesús: y él hablaba y ellos no podían reconocerlo. Nunca le miraron. Luego se sentaron a comer en un restaurante, y en el momento en que Jesús partió el pan, entonces lo reconocieron, porque la manera que tenía de partir el pan era sencillamente suya, única. Ese gesto era suyo; nadie podría haberlo imitado: con tanto respeto, reverencia, con tanta oración, como si el pan fuera Dios. Entonces le reconocieron, pero tardaron mucho. Durante cuatro millas caminaron, durante cuatro millas hablaron, y no pudieron reconocerle.

Muchos están aquí que me reconocerán en cualquier forma. Pero también hay muchos que ni siquiera me han reconocido en esta forma. Depende de ti. Si tienes ciertos conceptos, entonces es muy difícil.

Alguien me ha escrito que es seguidor de Sri Aurobindo; está desconcertado y quiere elegir. Y no puede elegir si debe permanecer con Aurobindo o conmigo.

Y me pregunta: "Tú decides".

¿Cómo puedo decidir esto? Y si lo decido estará mal. Tendrás que investigarlo. Y no estoy diciendo que elijas, estoy diciendo que lo investigues. Si usted ha amado realmente a Sri Aurobindo, entonces ¿cuál es el punto de venir aquí? Si ha sucedido a través de él, ha sucedido; no hay necesidad de venir aquí. Si no ha sucedido y has venido a mí, entonces despídete de él.

Pero la gente es muy lista: quieren montar los dos caballos. Tendrás problemas.

Esto ocurre todos los días. La gente viene a verme y está enganchada a otro sitio. Si están enganchados en alguna parte, entonces sus ojos no están preparados para verme. Ahora este hombre dice, "Si usted puede decir que Sri Aurobindo mismo me ha enviado a usted, será muy fácil para mí aceptarle" - a través de Aurobindo. Ahora, tengo que decir esta mentira. ¿Por qué debería Aurobindo enviarte a mí? ¿Y por qué tengo que decirte esto? - Para que de alguna manera puedas llegar a un compromiso, para que puedas decir: "Bien, así que es la voluntad de Aurobindo. Así que no voy en contra de Aurobindo". ¡Qué cobarde eres! ¡Qué miedo de perder el control de algo! Si algo ha sucedido, no estoy diciendo que lo pierdas - vete, este no es el lugar para ti. Si nada ha sucedido entonces olvida todo sobre Sri Aurobindo; sólo entonces puedes estar conmigo. Y para esto, la opción no es necesaria, sino la penetración. ¡Simplemente vea adentro!

Y la última pregunta:

Pregunta 3:

AMADO MAESTRO,

CUANDO LLEGUÉ AYER POR LA TARDE A MI HABITACIÓN DE HOTEL, HABÍA UN PEQUEÑO LAGARTO EN MI ALMOHADA.

Ma Anand Suneeta - tienes suerte de que no fuera una rana bonita, porque las ranas bonitas tienen tendencia a convertirse por la noche en príncipes feos. Un lagarto es muy inocente; no te preocupes.

Y el muy, muy último:

Pregunta 4:

AMADO MAESTRO,

AHORA TENGO SESENTA Y CINCO AÑOS Y PIENSO CONTINUAMENTE EN EL SEXO. ¿QUÉ ME PASA?

No hay nada malo en que sigas vivo, en que sigas siendo joven. Sólo una cosa parece estar mal: que pienses que el sexo tiene algo de malo. No hay nada malo en el sexo en sí.

Pero debes haber estado reprimiendo, de lo contrario lo habrías superado. Ahora no esperes más - termínalo. ¡Inténtalo! De lo contrario, en tu tumba darás vueltas y vueltas y pensarás en sexo.

Aún estás vivo; algo se puede hacer. Y no te sientas culpable. No hay nada de lo que sentirse culpable; es una energía hermosa. Puede convertirse en el pasaje, en el vehículo hacia Dios. Sí, ha sido condenada a lo largo de los siglos, pero no hay necesidad de creer en esas condenas. Ha sido un condicionamiento en ti de que está mal, pero puedes dejar el condicionamiento. Puedes volver a sentirte fresco y empezar a moverte hacia ello. Y no te preocupes por tener sesenta y cinco años...

Una tarde, un rabino, un cura y un pastor -tres clérigos ancianos- estaban tomando el té juntos y la conversación giró en torno a sus momentos más embarazosos. Cuando le llegó el turno al rabino, explicó cómo su madre le había sorprendido mirando por una rendija de la puerta del baño mientras la criada se bañaba.

Los otros dos se rieron. "Sí", dijo el sacerdote, "ciertamente hicimos algunos trucos en nuestra juventud".

"¿De qué estás hablando?", dijo el rabino. "¡Esto fue ayer!"

No te preocupes demasiado. Ya has reprimido bastante. Ahora adéntrate en ello. Acéptalo como un don de Dios, de lo contrario la represión conduce a perversiones.

Esta pequeña historia... medítala.

Hay un viejo italiano que tiene una fábrica de pasta y sus tres hijas trabajan para él. Un día estaban todas sentadas haciendo la pasta, y le dijo a la mayor: "Agnesa, si no estuvieras aquí haciendo los raviolis y los espaguetis, ¿quién en todo el mundo te gustaría ser?".

"Oh papá, me gustaría ser Sophia Loren. ¡Es tan guapa! Todos los hombres la persiguen".

"Muy bien", dice el padre. "Y tú, María, dile a tu padre que si no estuvieras aquí, en la vieja Nápoles, haciendo espaguetis, ¿quién te gustaría ser?".

"Me gustaría ser Gina Lollobrigida. ¡Es tan guapa! Todos los hombres van detrás de ella.

Tiene un Alfa Romeo y un Cadillac".

"Muy bien", dice el padre. Luego dice, dirigiéndose a la más joven: "¡Lucia! ¡Bella!

Bueno, dile a tu padre que si no estuvieras aquí hasta los codos de raviolis, ¿quién te gustaría ser en el mundo?".

"Me gustaría ser... ¡Veectoria Pepeleena!"

"¡¿Qué?!", grita el padre. "¿Quién demonios es Veectoria Pepeleena?"

Ella saca un recorte de periódico de su sujetador y se lo enseña: Victoria Pipeline será follada por 400 hombres en dos semanas.

Suficiente por hoy.